轻松掌握

汽车传感器
识别与检测

吴文琳　主编　　　　林瑞玉　副主编

化学工业出版社
·北京·

本书从实用角度出发，全面系统地介绍了汽车常用及新型传感器的识别与检测方法等内容。全书共分十章，内容包括概述、汽车传感器的检测方法、温度传感器的识别与检测、压力传感器的识别与检测、位置与角度传感器的识别与检测、气体和液体流量传感器的识别与检测、气体浓度传感器的识别与检测、爆震与碰撞传感器的识别与检测、速度与加速度传感器的识别与检测以及其他传感器的识别与检测，并对每一种传感器的检测方法都给出了具体车型示例，便于读者查阅。本书内容丰富、图文并茂、力求通俗易懂、注重解决实际问题、实用性强，具有较强的可操作性。

本书可供从事汽车维修及管理的工程技术人员以及汽车电工、修理工和驾驶人学习使用，也可作为大中专院校相关专业师生和培训学校的参考教材。

图书在版编目（CIP）数据

轻松掌握汽车传感器识别与检测/吴文琳主编. —北京：化学工业出版社，2020.5
ISBN 978-7-122-36291-9

Ⅰ.①轻⋯ Ⅱ.①吴⋯ Ⅲ.①汽车-传感器-识别②汽车-传感器-检测 Ⅳ.①U463.6

中国版本图书馆CIP数据核字（2020）第032573号

责任编辑：辛　田　　　　　　　　　文字编辑：冯国庆
责任校对：杜杏然　　　　　　　　　装帧设计：王晓宇

出版发行：化学工业出版社（北京市东城区青年湖南街13号　邮政编码100011）
印　　刷：三河市航远印刷有限公司
装　　订：三河市宇新装订厂
787mm×1092mm　1/16　印张17¼　字数447千字　2020年5月北京第1版第1次印刷

购书咨询：010-64518888　　　　　售后服务：010-64518899
网　　址：http://www.cip.com.cn

凡购买本书，如有缺损质量问题，本社销售中心负责调换。

定　　价：78.00元　　　　　　　　　　　　　　　版权所有　违者必究

前言

随着汽车电子技术和计算机的普及，为了提高汽车的动力性、经济性、安全性、舒适性以及减少排气污染，电子控制技术已在汽车电子控制系统中广泛应用。在汽车电子控制系统中，汽车传感器是至关重要的元件，担负着信息的采集和传输任务，汽车传感器工作性能的好坏，直接关系到汽车的运行状况和车辆行驶的安全性、经济性和舒适性。

当汽车发生故障时，有必要对相关传感器进行检测。不同电子控制系统中的传感器，数量和类型有所不同，即便是相同类型的传感器，由于应用于不同的控制系统中，其结构形式、安装调整位置也不尽相同，检测方法和检测数据也有较大的差异。若想掌握好现代汽车的维修技术，必须了解和掌握汽车传感器的结构原理、识别与检测技术。为了满足广大读者的迫切要求，我们编写了本书。

本书从实用角度出发，全面系统地介绍了汽车常用及新型传感器的识别与检测方法等内容。全书共分十章，内容包括概述、汽车传感器的检测方法、温度传感器的识别与检测、压力传感器的识别与检测、位置与角度传感器的识别与检测、气体和液体流量传感器的识别与检测、气体浓度传感器的识别与检测、爆震与碰撞传感器的识别与检测、速度与加速度传感器的识别与检测以及其他传感器的识别与检测。对每一种传感器的检测方法都给出了具体车型示例，便于读者查阅。

本书由吴文琳任主编，林瑞玉任副主编，参加编写的人员还有林志强、林国强、黄志松、林志坚、何木泉、杨光明、林宇猛、陈谕磊、李剑文等。在本书编写过程中，参阅了一些文献资料，在此谨向原作者及相关人员表示诚挚的谢意。

由于笔者水平有限，书中不妥之处在所难免，恳请广大读者批评指正。

编　者

目录

第一章　概述　　　／1

　　一、汽车传感器的定义与组成　　／1
　　二、汽车传感器的类型、基本特征与原理　　／2
　　三、汽车传感器的应用　　／5
　　四、汽车传感器的常见故障及影响　　／11

第二章　汽车传感器的检测程序、注意事项及检测方法　　／14

　　第一节　汽车传感器的检测程序及注意事项　　／14
　　　　一、汽车传感器的检测程序　　／14
　　　　二、传感器检测及使用注意事项　　／15
　　第二节　汽车传感器的检测方法　　／16
　　　　一、故障征兆现象判断法　　／17
　　　　二、解码器检测法　　／17
　　　　三、万用表检测法　　／18
　　　　四、数据流测试法　　／20
　　　　五、模拟法　　／21
　　　　六、替代法　　／21
　　　　七、示波器检测法　　／22

第三章　汽车温度传感器的识别与检测　　／31

　　第一节　热敏电阻式温度传感器的识别与检测　　／32
　　　　一、冷却液温度传感器　　／32
　　　　二、进气温度传感器　　／36
　　　　三、车内、外空气温度传感器　　／40
　　　　四、空调蒸发器出口温度传感器　　／45
　　　　五、排气温度传感器　　／48
　　　　六、废气再循环系统监测温度传感器　　／50
　　　　七、液压油温度传感器　　／50
　　　　八、燃油温度传感器　　／51
　　　　九、混合动力汽车蓄电池温度传感器　　／53

十、辅助蓄电池温度传感器　　/ 54
十一、混合动力系统电动机温度传感器　　/ 55
第二节　热敏铁氧体式温度传感器的识别与检测　　/ 56
一、热敏铁氧体式温度传感器的识别　　/ 56
二、热敏铁氧体式温度传感器的检测　　/ 57

第四章　汽车压力传感器的识别与检测　　/ 58

第一节　机油压力开关的识别与检测　　/ 58
一、机油压力开关的识别　　/ 58
二、机油压力开关的检测　　/ 59
第二节　进气压力传感器的识别与检测　　/ 59
一、半导体压敏电阻式进气压力传感器　　/ 59
二、电容式进气歧管压力传感器　　/ 61
三、真空膜盒式进气压力传感器　　/ 62
第三节　涡轮增压压力传感器的识别与检测　　/ 63
一、涡轮增压压力传感器的识别　　/ 63
二、涡轮增压压力传感器的检测　　/ 63
第四节　大气压力传感器的识别与检测　　/ 65
一、大气压力传感器的识别　　/ 65
二、大气压力传感器的检测　　/ 66
三、大气压力传感器检测示例　　/ 67
第五节　蓄能器压力传感器的识别与检测　　/ 68
一、蓄能器压力传感器的识别　　/ 68
二、蓄能器压力传感器的检测　　/ 68
第六节　共轨压力传感器的识别与检测　　/ 69
一、共轨压力传感器的识别　　/ 69
二、共轨压力传感器的检测　　/ 70
第七节　其他压力传感器的识别与检测　　/ 71
一、空调压力开关　　/ 71
二、空调制冷剂压力传感器　　/ 72
三、发动机机油液面传感器　　/ 73
四、制动油压力传感器　　/ 74
五、燃油压力传感器　　/ 75
六、燃烧压力传感器　　/ 77
七、绝对压力型高压传感器　　/ 77
八、轮胎压力传感器　　/ 77

第五章　汽车位置与角度传感器的识别与检测　　/ 80

第一节　曲轴位置传感器的识别与检测　　/ 81

一、电磁感应式曲轴位置传感器　／81

　　二、光电式曲轴位置传感器　／85

　　三、霍尔效应式曲轴位置传感器　／87

第二节　凸轮轴位置传感器的识别与检测　／90

　　一、霍尔效应式同步信号传感器　／90

　　二、磁阻元件式凸轮轴位置传感器　／93

第三节　节气门位置传感器的识别与检测　／96

　　一、开关触点式节气门位置传感器　／97

　　二、线性输出式节气门位置传感器　／99

　　三、霍尔效应式节气门位置传感器　／102

第四节　车辆高度传感器的识别与检测　／104

　　一、舌簧开关式车身高度传感器　／105

　　二、霍尔效应式车身高度传感器　／105

　　三、滑动电阻式车身高度传感器　／106

　　四、光电式车身高度传感器　／107

第五节　方向盘转角传感器的识别与检测　／109

　　一、滑动电阻式方向盘转角传感器　／109

　　二、磁感应式方向盘转角传感器　／109

　　三、霍尔效应式方向盘转角传感器　／110

　　四、光电式方向盘转角传感器　／110

　　五、各向异性磁阻式方向盘转角传感器　／112

第六节　液位传感器的识别与检测　／114

　　一、浮子舌簧开关式液位传感器　／114

　　二、浮子可变电阻式液位传感器　／116

　　三、热敏电阻式液位传感器　／117

　　四、电容式液位传感器　／118

　　五、电极式液位传感器　／119

　　六、半导体型液位传感器　／120

第七节　溢流环位置传感器的识别与检测　／121

第八节　离合器踏板位置传感器的识别与检测　／122

　　一、离合器踏板位置传感器的识别　／122

　　二、离合器踏板位置传感器的检测　／123

　　三、离合器踏板位置传感器检测示例　／124

第九节　加速踏板位置传感器的识别与检测　／125

　　一、电磁感应式加速踏板位置传感器　／125

　　二、电位计式加速踏板位置传感器　／127

　　三、双霍尔效应式加速踏板位置传感器　／129

第十节　制动踏板位置传感器的识别与检测　／133

第十一节　喷油器针阀升程传感器的识别与检测　／134

一、喷油器针阀升程传感器的识别　　/ 134

　　二、喷油器针阀升程传感器的检测　　/ 135

　第十二节　座椅位置传感器的识别与检测　　/ 136

　　一、霍尔效应式座椅位置传感器　　/ 136

　　二、滑动电阻式座椅位置传感器　　/ 139

　第十三节　方位传感器的识别与检测　　/ 139

　　一、磁通量闸门式方位传感器　　/ 139

　　二、双线圈发电机型地磁矢量方位传感器　　/ 140

　第十四节　废气再循环系统位置传感器的识别与检测　　/ 141

　　一、废气再循环系统位置传感器的识别　　/ 141

　　二、废气再循环系统位置传感器的检测　　/ 142

　　三、废气再循环系统位置传感器的检测示例　　/ 142

　第十五节　超声波距离传感器与激光传感器的识别与检测　　/ 144

　　一、压电式超声波传感器　　/ 144

　　二、激光雷达　　/ 147

　　三、电磁波测距传感器　　/ 147

第六章　汽车气体和液体流量传感器的识别与检测　　/ 149

　第一节　翼片式空气流量传感器的识别与检测　　/ 149

　　一、翼片式空气流量传感器的识别　　/ 149

　　二、翼片式空气流量传感器的检测　　/ 151

　　三、翼片式空气流量传感器的检测示例　　/ 152

　第二节　卡尔曼涡流式空气流量传感器的识别与检测　　/ 153

　　一、超声波式卡尔曼涡流式空气流量传感器　　/ 153

　　二、反光镜式卡尔曼涡流式空气流量传感器　　/ 156

　第三节　热线式与热膜式空气流量传感器的识别与检测　　/ 157

　　一、热线式空气流量传感器　　/ 157

　　二、热膜式空气流量传感器　　/ 161

　第四节　量芯式空气流量传感器的识别与检测　　/ 167

　　一、量芯式空气流量传感器的识别　　/ 167

　　二、量芯式空气流量传感器的检测　　/ 167

　第五节　光电式燃油流量传感器的识别与检测　　/ 168

　　一、光电式燃油流量传感器的识别　　/ 168

　　二、光电式燃油流量传感器的检测　　/ 169

　第六节　静电式冷媒流量传感器的识别与检测　　/ 169

第七章　汽车气体浓度传感器的识别与检测　　/ 172

　第一节　氧传感器的识别与检测　　/ 172

　　一、二氧化锆式氧传感器　　/ 173

二、二氧化钛式氧传感器 / 176

第二节 稀薄混合气传感器的识别与检测 / 178
一、稀薄混合气传感器的识别 / 178
二、稀薄混合气传感器的检测 / 180

第三节 全范围空燃比传感器的识别与检测 / 180
一、全范围空燃比传感器的识别 / 180
二、全范围空燃比传感器的检测 / 181
三、全范围空燃比传感器的检测示例 / 182

第四节 烟雾浓度传感器的识别与检测 / 183
一、烟雾浓度传感器的识别 / 183
二、烟雾浓度传感器的检测 / 185

第五节 柴油机烟度传感器的识别与检测 / 186
一、柴油机烟度传感器的识别 / 186
二、柴油机烟度传感器的检测 / 187

第六节 NO_x 传感器的识别与检测 / 188

第八章 汽车爆震与碰撞传感器的识别与检测 / 190

第一节 爆震传感器的识别与检测 / 190
一、压电式爆震传感器 / 191
二、共振型磁致伸缩式爆震传感器 / 194
三、火花塞座金属垫型爆震传感器 / 195

第二节 碰撞传感器的识别与检测 / 196
一、滚球式碰撞传感器 / 197
二、滚轴式碰撞传感器 / 198
三、偏心锤式碰撞传感器 / 199
四、电阻应变计式碰撞传感器 / 200
五、压电式碰撞传感器 / 201
六、水银开关式碰撞传感器 / 201
七、阻尼弹簧式碰撞传感器 / 202
八、中央加速度传感器 / 202
九、碰撞传感器的检测 / 204

第九章 汽车速度与加速度传感器的识别与检测 / 207

第一节 发动机转速传感器的识别与检测 / 208
一、柴油发动机用转速传感器 / 208
二、舌簧开关式发动机转速传感器 / 209

第二节 车速传感器的识别与检测 / 211
一、舌簧开关式车速传感器 / 211
二、电磁感应式车速传感器 / 212

三、光电式车速传感器　　/ 215

　　四、霍尔效应式车速传感器　　/ 216

　　五、可变磁阻式车速传感器　　/ 217

　第三节　轮速传感器的识别与检测　　/ 221

　　一、电磁感应式轮速传感器　　/ 222

　　二、霍尔效应式轮速传感器　　/ 224

　　三、磁阻式轮速传感器　　/ 227

　第四节　加速度与减速度传感器的识别与检测　　/ 229

　　一、光电式减速度传感器　　/ 230

　　二、水银式减速度传感器　　/ 231

　　三、差动变压器式减速度传感器　　/ 232

　　四、压电式减速度传感器　　/ 232

　　五、压阻式减速度传感器　　/ 233

　　六、开关式加速度传感器　　/ 235

　第五节　横摆角速度传感器与组合传感器的识别与检测　　/ 236

　　一、横摆角速度传感器　　/ 236

　　二、组合传感器　　/ 236

第十章　其他传感器的识别与检测　　/ 240

　第一节　转矩传感器的识别与检测　　/ 240

　　一、霍尔效应式转矩传感器　　/ 240

　　二、光电式转矩传感器　　/ 241

　　三、电位计式转矩传感器　　/ 241

　　四、磁阻元件式转矩传感器　　/ 241

　第二节　光量传感器的识别与检测　　/ 241

　　一、日照传感器　　/ 241

　　二、光电式光量传感器　　/ 242

　　三、装有光电二极管的自动控制器用光量传感器　　/ 243

　　四、热释电式红外线传感器　　/ 245

　第三节　湿度传感器的识别与检测　　/ 246

　　一、热敏电阻式湿度传感器　　/ 246

　　二、结露传感器　　/ 247

　　三、空气湿度传感器　　/ 247

　第四节　电流检测用传感器的识别与检测　　/ 249

　　一、晶体管式电流传感器　　/ 249

　　二、舌簧开关式电流传感器　　/ 250

　　三、电阻-集成电路式电流传感器　　/ 250

　　四、集成电路式灯泡断丝检测传感器　　/ 251

　　五、制动器摩擦片磨损检测传感器　　/ 251

第五节　雨滴传感器的识别与检测　/ 254
　　一、压电式雨滴传感器　/ 254
　　二、光电式雨滴传感器　/ 256
第六节　视觉传感器的识别与检测　/ 257
　　一、CCD 图像传感器　/ 258
　　二、CMOS 图像传感器　/ 258
第七节　存储式反射镜用传感器的识别与检测　/ 259
　　一、存储式反射镜用传感器的识别　/ 259
　　二、存储式反射器用传感器的检测　/ 260
第八节　燃油含水率传感器的识别与检测　/ 261
　　一、燃油含水率传感器的识别　/ 261
　　二、燃油含水率传感器的检测　/ 261
　　三、燃油含水率传感器的检测示例　/ 261
第九节　空调压缩机锁定传感器的识别与检测　/ 262
　　一、空调压缩机锁定传感器的识别　/ 262
　　二、空调压缩机锁定传感器的检测　/ 262
第十节　汽车导航传感器的识别与检测　/ 263
　　一、罗盘传感器的识别　/ 263
　　二、罗盘传感器的检测　/ 263

附录　汽车导线线径、颜色代码与标志　/ 264

参考文献　/ 266

第一章

概　述

过去汽车传感器单纯地用于发动机上，随着电子技术和计算机在汽车上的广泛应用，它已扩展到底盘、车身和电气上的各种电控系统，这些系统采用的传感器有 100 多种。汽车电控系统主要由传感器、电控单元和执行器组成。传感器在这些系统中承担了信息采集和传输工作，它将采集到的信息传送到电控单元（ECU），电控单元根据这些信息向执行器发出指令，使执行器相应动作，完成电子控制。汽车传感器可以及时识别汽车本身和周围环境的变化，进行信息反馈，实现电控系统的自动控制。

在现代汽车电子控制系统中，传感器是一个相当重要的关键部件。电子控制装置要实现各类精确控制，需要各种必要的信息来提供判断依据，而这些信息的采集又是利用各种传感器来实施监测，并发送汽车工况参数的信号。如果没有各类传感器提供发动机、汽车工作状况和外部环境等信息，电子控制装置就失去了决策依据。

目前汽车用传感器和传感器技术都得到了迅速发展，敏感器件的类型越来越多，捕捉信息的范围也越来越宽，精度不断提高，寿命逐渐增长，价格有所下降，并且向微型化、多功能化、集成化和智能化发展。

一、汽车传感器的定义与组成

1. 汽车传感器的定义

汽车传感器是一种能检测物理量、电量和化学量等信息，并把它转换成 ECU 能接收的电信号，也就是对信息进行采集和传输的器件。在国标《传感器通用术语》（GB 7655—1987）中，将传感器定义为："能够感觉规定的被测量，并按一定的规律将其转换成输出信号的器件或装置，通常由敏感元件和转换元件组成"。敏感元件指传感器中能直接感受或响应的被测量的部分；转换元件指传感器中能将敏感元件感受或响应的被测量转换成适合于传输的电信号的部分。国际电工委员会的定义为："传感器是测量系统中的一种前置部件，它将输入变量转换成可供测量的信号"。

2. 汽车传感器的组成

传感器一般由敏感元件、转换元件和其他辅助元件组成，如图 1-1 所示。有时也将信号调节与转换电路及辅助电源作为传感器的组成部分。

敏感元件指直接感受被测量（一般为非电量），并输出与被测量成确定关系的其他量（一般为电量）的元件。如应变式压力传感器的弹性膜片就是敏感元件，它的作用是将压力转换成膜片的变形。

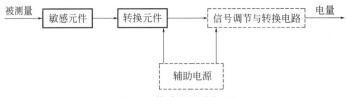

图 1-1 传感器组成框图

转换元件指传感器中能将敏感元件感受（或响应）的被测量转换成适合于传输和（或）测量的电信号部分。当输出为规定的标准信号时，则一般称为变送器，又称转换器，一般情况下不直接接受被测量，而是将敏感元件输出的量转换为电量输出。如应变式压力传感器的应变片，它的作用是将弹性膜片的变形转换为电阻值的变化。

信号调节与转换电路一般是指能把传感元件输出的电信号转换为便于显示、记录、处理和控制的有用电信号的电路，信号调节与转换电路的选择要视传感元件的类型而定，常用电路有信号放大器电桥、振荡器、阻抗变换器等。

二、汽车传感器的类型、基本特征与原理

1. 汽车传感器的类型

汽车传感器的类型很多，已由从前一般的电磁、光电传感器等发展为利用激光、光导纤维、磁敏、气敏、力敏、热敏、陶瓷、霍尔效应、半导体、光栅、雷达等技术做成的各类传感器，精度也有很大提高。且一种被测参数可用多种不同类型的传感器来测量，而同一种传感器往往也可以测量多种被测参数。在类型繁多的传感器中，常见的类型如图 1-2 所示。

汽车用传感器的种类见表 1-1。

表 1-1 汽车用传感器的种类

种类	检测量或检测对象
温度传感器	冷却液、排出气体、吸入空气、发动机机油、自动变速器油、车内空气、燃油
压力传感器	进气歧管压力、大气压力、燃烧压力、发动机机油压力、自动变速器油压、各种泵压、轮胎压力、燃油压力、共轨压力、冷却液压力
转速传感器	曲轴转角、曲轴转速、方向盘转角、车轮速度
速度、加速度传感器	车速、加速度
流量传感器	吸入空气量、燃料流量、废气再循环量、二次空气量、制冷剂流量
液量传感器	燃油、冷却液、电解液、洗涤液、机油、制动液
位移方位传感器	节气门开度、废气再循环阀开度、车辆高度、行驶距离、行驶方位、全球定位(GPS)
气体浓度传感器	氧气、二氧化碳、NO_x、HC、柴油烟度
其他传感器	转矩、爆震、燃料成分、湿度、玻璃结霜、鉴别饮酒及睡眠状态、蓄电池电压、蓄电池容量、灯泡断线、荷重、冲击物、轮胎损坏、风量、日照、光照、电磁、雨滴等

(1) 温度传感器　如发动机冷却液温度传感器、进气温度传感器、排气温度传感器、燃油温度传感器，自动变速系统采用的自动传动液温度传感器，空调控制系统采用的车内温度传感器等。

(2) 压力传感器　如发动机控制系统采用的进气歧管压力传感器、大气压力传感器、排气压力传感器、气缸压力传感器，自动变速系统采用的燃油压力传感器，发动机爆震控制系统采用的爆震传感器等。

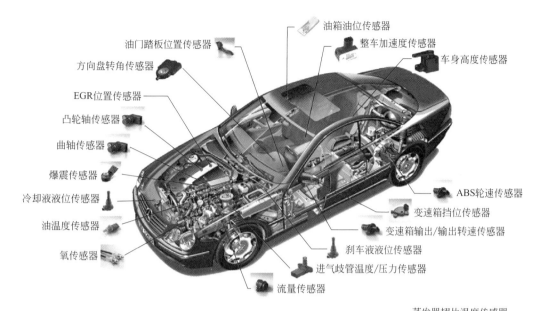

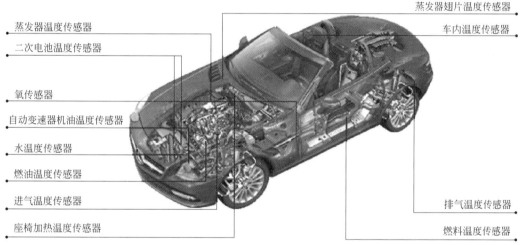

图 1-2 汽车传感器的常见类型

（3）浓度传感器　如发动机控制系统采用的氧传感器，安全控制系统采用的酒精浓度传感器和烟雾传感器等。

（4）流量传感器　如发动机燃油喷射系统采用的翼片式、量芯式、涡流式、热丝式与热膜式空气流量传感器等。

（5）位置传感器　如发动机燃油喷射和微机控制点火系统采用的曲轴位置传感器（又称为发动机转速与曲轴转角传感器）、凸轮轴位置传感器、节气门位置传感器，电子调节悬架系统采用的车身高度传感器，信息显示系统和液面监控系统采用的各种液面位置（或高度）传感器，自动变速系统采用的选挡操纵手柄位置传感器；巡航控制系统采用的节气门拉线位置传感器，电子控制动力转向系统采用的方向盘转角传感器等。

（6）速度传感器　发动机控制系统采用的转速传感器，自动变速以及巡航控制系统采用的车速传感器、温度传感器、变速器输入轴转速传感器、输出轴转速传感器、压力传感器，方向器上采用的转角传感器、转矩传感器、液压传感器，防抱死制动系统采用的车轮速度传感器、车身纵向和横向加（减）速度传感器，悬架上采用的车速传感器、加速度传感器、车身高度传感器、侧倾角传感器、转角传感器等。

（7）碰撞传感器　如辅助防护系统采用的滚球式、滚轴式、偏心锤式、压电式和水银式碰撞传感器等。

2. 汽车传感器的基本特征

汽车传感器的基本特征有静态特性和动态特性两种。

（1）静态特性　传感器的静态特性是指被测量的值处于稳定状态的输入量、输出量关系。只考虑传感器的静态特性时，输入量与输出量之间的关系中则不含时间的变量。衡量静态特性的主要指标是线性度、灵敏度、迟滞和重复性等。理想的传感器线性度好、灵敏度高、迟滞不明显、重复性好。

（2）动态特性　传感器的动态特性是指其输出对随时间变化的输入量的响应特性。当输入量随时间变化时（即属于时间函数时），则传感器的输出量也是时间的函数，其时间关系用动态特性来表示。一个理想的传感器其输出信号与输入信号具有相同形态的时间函数。

3. 常用传感器的原理

（1）磁电式传感器　根据法拉第电磁感应定律，线圈在磁场中运动，切割磁力线（或线圈所在磁场的磁通变化）时，线圈中所产生的感应电动势的大小取决于穿过线圈的磁通的变化率。

① 直线移动式磁电传感器。直线移动式磁电传感器由永久磁铁、线圈和传感器壳体等组成。当壳体随被测振动体一起振动且在振动频率远大于传感器的固有频率时，由于弹簧较软，运动件重量相对较大，运动件来不及随振动体一起振动（静止不动）。此时，磁铁与线圈之间的相对运动速度接近振动体的振动速度。

② 转动式磁电传感器。软铁、线圈和永久磁铁固定不动。由导磁材料制成的测量齿轮安装在被测旋转体上，每转过一个齿，测量齿轮与软铁之间构成的磁路磁阻变化一次，磁通量也变化一次。线圈中感应电动势的变化频率（脉冲数）等于测量齿轮上的齿数和转速的乘积。

（2）霍尔效应式传感器

① 霍尔效应。半导体基片或金属薄片（称为霍尔元件）置于磁场中，当电流通过放在磁场中的半导体基片且电流方向和磁场方向垂直时，在垂直于磁场和电流的方向上产生电动势，这种现象称为霍尔效应。

② 霍尔元件。目前常用的霍尔元件材料有锗（Ge）、硅（Si）、锑化铟（InSb）、砷化铟（InAs）等。N 型锗容易加工制造，霍尔系数、温度性能、线性度较好；P 型硅的线性度最好，霍尔系数、温度性能同 N 型锗，但电子迁移率较低，带负载能力较差，通常不作为单个霍尔元件使用。

（3）压电式传感器

① 压电效应。某些电介质在沿一定方向且受到外力的作用而变形时，其内部会产生极化现象，同时在它的两个相对表面上出现正负相反的电荷。当外力撤除后，又会恢复到不带电的状态，这种现象称为正压电效应。在电介质的极化方向施加电场，电介质会在一定方向上产生机械变形或机械压力，当外电场去除后，变形或应力随之消失，此现象称为逆压电效应。

② 压电元件。压电式传感器是物性型的发电式传感器。常用的压电材料有石英晶体（SiO_2）和人工合成的压电陶瓷。压电陶瓷的压电常数是石英晶体的几倍，灵敏度较高。

（4）光电式传感器

① 光电效应。当光线照射物体时，可看作一串具有能量 E 的光子轰击物体，如果光子

的能量足够大，则物体内部电子吸收光子能量后，会摆脱内部力的约束而发生相应电效应的物理现象，称为光电效应。

a. 在光线作用下，电子逸出物体表面的现象，称为外光电效应。利用该现象工作的元件有光电管、光电倍增管等。

b. 在光线作用下，物体的电阻率改变的现象，称为内光电效应。利用该现象工作的元件有光敏电阻、光敏二极管、光敏三极管、光敏晶闸管等。

c. 在光线作用下，物体产生一定方向电动势的现象，称为光生伏特现象。利用该现象工作的元件有光电池（属于对感光面入射光点位置敏感的器件）等。

② 光敏电阻。光敏电阻受到光线照射时，电子迁移，产生电子-空穴对，使电阻率变小。光照越强，阻值越低。入射光线消失，电子-空穴对恢复，电阻值逐渐恢复原值。

③ 光敏管。光敏管（光敏二极管、光敏三极管、光敏晶闸管等）属于半导体器件。

④ 电致发光。固体发光材料在电场激发下产生的发光现象称为电致发光。电致发光是将电能直接转换成光能的过程。发光二极管（LED）是以特殊材料掺杂制成的半导体电致发光器件。当其 PN 结正向偏置时，由于电子-空穴复合时产生过剩能量，该能量以光子形式放出而发光。

(5) 热电式传感器

① 热电效应。将两种不同性质的金属导体 A、B 接成一个闭合回路，如果两接合点温度不相等（$T_0 \neq T$），则在两导体间会产生电动势，并且回路中有一定大小的电流存在，此现象称为热电效应。

② 热电阻传感器。热电阻材料通常为纯金属，广泛使用的是铂、铜、镍、铁等。

③ 热敏电阻传感器。热敏电阻用半导体制成，与金属热电阻相比有以下特点。

a. 电阻温度系数大，灵敏度高。

b. 结构简单，体积小，易于点测量。

c. 电阻率高，且适合动态测量。

d. 阻值与温度变化的关系是非线性的。

e. 稳定性较差。

(6) 磁阻效应　磁阻效应是指半导体材料的电阻值随与电流相同或垂直方向的磁场强弱而变化的现象。在一个长方形半导体元件的两端面通电，无磁场时，电流电极间的电阻值取最小电流分布。当长方形元件处于磁场中时，由于两电极间的电流路径因磁场作用而加长，从而使电极间的电阻值增加。利用磁阻效应，可实现磁和电→电阻的转换。对于非铁磁性物质，外加磁场通常使电阻率增加，即产生正的磁阻效应。

通过半导体元件的磁通量发生变化时，半导体元件的电阻会随之发生变化。该半导体元件被称为磁阻元件。

(7) 自感与互感　由线圈内部磁通量的变化而在线圈自身中产生感应电动势的现象称为自感。由自感产生的感应电动势称为自感电动势。

由一个线圈中的电流变化而使另一个线圈产生感应电动势的现象称为互感现象。由互感产生的感应电动势称为互感电动势。

(8) 焦耳定律　1841 年英国物理学家焦耳发现载流导体中产生的热量 Q（称为焦耳热）与电流 I 的平方、导体电阻 R、通电时间 t 成正比，这个规律称为焦耳定律。

三、汽车传感器的应用

现代汽车电子控制中，传感器广泛应用在发动机、底盘和车身电气各个系统中。汽车传感器在这些系统中担负着信息的采集和传输功用，它采集的信息由控制单元进行处理后，形成向执行器发出的指令，完成电子控制。传感器在电子控制和自诊断系统中是非常重要的装置，它能及时识别外界的变化和系统本身的变化，再根据变化的信息去控制系统本身的工作。各个系统控制过程正是依靠传感器进行信息反馈，从而实现自动控制工作的。

车用传感器所检测的信息包括车辆运动状态以及驾驶操纵、车辆控制、运行环境、异常状态监控等所需信息。汽车电子控制系统上应用了多种传感器，如空气流量传感器（空气流量计）、压力传感器、位置传感器、速度传感器、温度传感器、气体浓度传感器等。在这些传感器的共同作用下，汽车电子控制系统对发动机、底盘、行驶安全、信息等进行集中控制。

控制单元不断地检测各个传感器的信号，一旦检测出某个输入信号不正常，就可将错误的信号存入存储器内，需要时可以通过专用诊断仪或采取人工方法读取故障信息，再根据故障信息内容进行维修。

1. 发动机控制

发动机采用的电控系统主要有发动机电控燃油喷射系统（EFI）、怠速控制系统（ISC）、空燃比反馈控制系统（AFC）、断油控制系统（SFIS）、加速踏板控制系统（EAP）、微机控制点火系统（MCI）、发动机爆震控制系统（EDCS 或 DCS）、巡航控制系统（CCS）以及第二代车载故障诊断系统（OBD-Ⅱ）等。

汽车电控系统主要由各种传感器、电控单元（ECU）和各种执行器组成。捷达 GT、GTX 轿车发动机电控系统的组成如图 1-3 所示。

（1）发动机电控燃油喷射系统（EFI） 汽油发动机电控燃油喷射系统可分为空气供给系统和燃油供给系统 2 个主要部分。空气供给系统向发动机提供清洁的空气，并根据发动机工况控制进气量，燃油供给系统供给发动机最佳计量的燃油。如图 1-4 所示为发动机电控燃油喷射系统。

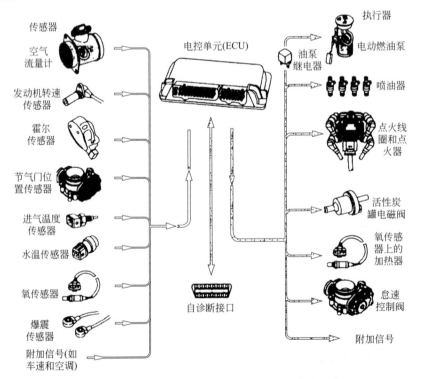

图 1-3 捷达 GT、GTX 轿车发动机电控系统的组成

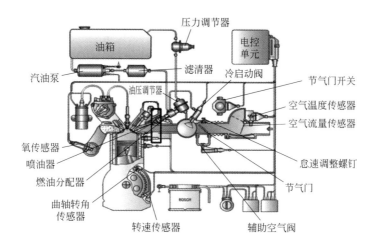

图 1-4 发动机电控燃油喷射系统

汽油发动机电控燃油喷射系统根据空气流量传感器或进气压力传感器、发动机转速传感器、节气门位置传感器、凸轮轴位置传感器、进气温度传感器、冷却液温度传感器、氧传感器等信号计算喷油量。该系统能使发动机在各种工况下达到空气与燃油匹配最佳、提高功率、降低油耗、减少排气污染等功效。在一定条件下,控制单元可根据氧传感器输出的含氧浓度信号修正燃油供给量,使混合气浓度保持在理想状态。

（2）电控点火系统　电控点火系统（ESA）的主要功能是点火提前角控制。发动机运转时,控制单元根据空气流量传感器或进气压力传感器、发动机转速传感器、凸轮轴位置传感器、温度传感器等信号,使发动机在最佳点火提前角工况下工作,输出最大功率和扭矩,将油耗和排放降到最低限度。该系统可通过爆震传感器进行反馈控制,其点火时刻的控制精度比无反馈控制时高,但排气净化差。

电控点火系统如图 1-5 所示,它一般由传感器、ECU、点火线圈、火花塞、点火故障报警器组成。电控点火系统在高电压下产生火花,在最佳正时点燃压缩在气缸内的混合气,根据所收到的由各个传感器发来的信号,由发动机 ECU 实施控制,达到最佳的点火正时。

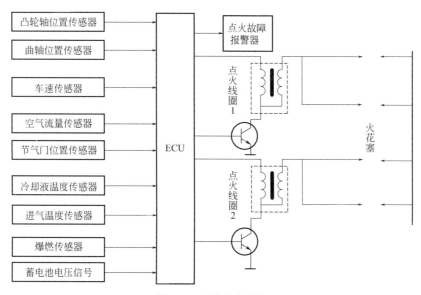

图 1-5 电控点火系统

（3）柴油机电控喷射控制　电子控制高压共轨燃油系统的基本组成如图1-6所示。

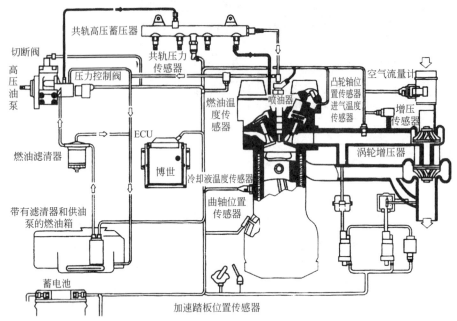

图1-6　电子控制高压共轨燃油系统的基本组成

目前柴油机电控系统中应用各种不同类型、不同功能的传感器，如曲轴位置传感器、凸轮位置传感器、加速踏板位置传感器、冷却液温度传感器、油压和温度传感器等。这些传感器输入信号到电控制单元，用于发动机整个工作范围内控制最优燃油喷射量和喷射时间，以减小废气排放并提高发动机功率的燃油经济性。

柴油机电控系统中的主要传感器及其作用见表1-2。

表1-2　柴油机电控系统中的主要传感器及其作用

传感器类型		作　用
温度传感器	燃油温度传感器	向ECU提供燃油温度信号，一般设置在第二级燃油滤清器盖内。ECU将根据燃油的温度变化调节供给单体式喷油器的脉宽调制信号，因为燃油随着温度升高而膨胀，将会导致发动机功率降低
	冷却液温度传感器	用于向ECU提供发动机冷却液温度信号，该传感器可以用于触发自动降低发动机功率的保护功能，像机油压力和机油温度超限一样，当冷却液温度超限时也会使发动机停机。现在许多重型货车还利用该传感器对冷却风扇进行控制
	进气温度传感器	向ECU指示进气管内空气温度，ECU将根据进气温度调节喷油脉宽调制信号，以控制排放
	机油温度传感器	始终向ECU指示发动机的机油温度。通常，ECU及发动机保护功能可以提供像机油压力过低时同样的保护特性。当机油温度超过正常的安全限值时，首先会将仪表板上的黄色报警灯点亮，当机油温度进一步升高到预设的最高温度限值时，将会触发发动机停机功能，之后，发动机将像机油压力超限后一样停止运转。许多电控发动机在启动时，特别是在寒冷气温状态下，该传感器信号将使ECU进入快怠速控制，有些发动机的ECU在这种情况下是根据冷却液温度传感器的输入信号进行快怠速控制的。该信号会使ECU改变喷油PWM时间，以控制发动机冷态时的白烟排放。当机油温度或冷却液温度达到预设限值或发动机运转规定时间之后，发动机的急速转速将自动恢复到正常

续表

传感器类型		作　用
位置传感器	加速踏板位置传感器	在加速踏板下面安装一个电位计或变阻器,用于向ECU传送驾驶人所希望提供的油量。加速踏板位置传感器从ECU接收5V基准直流电压,当驾驶人踩下加速踏板时,加速踏板位置传感器向ECU反映加速踏板踩下的比例(%)。在加速踏板位置传感器上设有怠速确认开关,该开关可以保证即使在加速踏板位置传感器电路发生故障时发动机仍然能够保持怠速运转,在加速踏板处于怠速位置时,ECU加加速踏板位置传感器电位供给5V电压,电位计滑臂所处的位置使输入电压通过整个线圈,通过滑臂向ECU返回的电压大约只有0.5V,微处理器将加速踏板位置传感器的输入信号与储存的加速踏板关闭时的电压值进行比较。在加速踏板全开位置时,通过滑臂向ECU返回的电压大约只有4.5V,将该电压与储存的代表加速踏板全开的电压值进行比较。加速踏板位于怠速和全开之间的任何位置时,由电位计滑臂位置决定的输出信号电压值与驾驶人要求的供油量成正比例,因此,按照驾驶人要求的供油量,加速踏板位置传感器输出的电压信号在0.5~4.5V之间变化。
	调节滑套位置传感器	喷油定时的基准信号
	针阀升程传感器	喷油定时的基准信号
	冷却液液位传感器	用于监测散热器上水室或膨胀水箱中冷却液液位。通常该传感器信号与ECU的发动机保护系统相关,当冷却液液位过低时,会使发动机停止运转。此外,当该传感器测到冷却液液位过低时,发动机将不能启动,并使仪表板上的报警灯点亮
压力传感器	空气流量传感器	发动机控制单元利用空气流量传感器测得的进气量来计算喷油量和废气再循环率
	共轨压力传感器	共轨压力传感器的作用是以足够的精度,在相应较短的时间内,测定共轨中的实时压力,并向ECU提供电信号
	燃油压力传感器	一般监测第二级燃油滤清器出口处的燃油压力,该传感器压力用于诊断目的
	进气歧管压力传感器	进气歧管压力传感器提供的信号用于检查增压压力。发动机控制单元将实际测量值与增压压力图上的设定值进行比较。若实际值偏离设定值,则发动机控制单元通过电磁阀调整增压压力,实现增压压力控制
	机油压力传感器	向ECU通报发动机机油主油道压力,当机油压力低于期限值时,ECU将启用降低发动机转速和功率的保护功能,来调节发动机的转速和功率。当检测到危险的机油压力时,ECU将使仪表板上的红色报警灯闪亮,向驾驶人发出报警信号,有些发动机或汽车还可能伴有蜂鸣声。如果ECU设有停机保护功能,当机油压力低于限值30s后会使发动机自动停机。此系统可能还有手动延时按钮,按下该按钮后,发动机的运转时间将延长30s,以便驾驶人能够将汽车安全地停靠到路边
	冷却液压力传感器	一般用于大排量发动机,严密监测水泵和气缸体内冷却液的压力
	大气压力传感器	向发动机控制单元传送一个瞬时环境空气压力信号,此值取决于海拔。有了该信号,发动机控制单元可以计算出一个控制增压压力和废气再循环的大气压力修正值
	曲轴箱压力传感器	通常用于矿山、电站和船舶的大排量发动机上,该传感器直接监测曲轴箱内的压力。在二冲程发动机上,该传感器用于监测发动机气缸体中曲轴箱的空气压力
速度传感器	发动机转速传感器	发动机转速传感器产生的信号用于记录发动机转速和准确的曲轴位置,利用此信息,发动机控制单元计算出喷油始点和喷油量
	气缸判别传感器	凸轮轴每转一圈向ECU提供一个信号,ECU据此确定哪个气缸的活塞处于压缩冲程上止点(TDC)
	车速传感器	该传感器一般安装在汽车变速器输出轴上,向ECU提供汽车速度信号。该信号用于进行巡航控制、车速限制

2. 底盘电控系统

底盘电控系统主要包括电控自动变速系统（ECT）、防抱死制动系统（ABS）、驱动防滑控制系统（ASR）、电控动力转向控制系统（EPS）、电控悬架系统（ECS）以及轮胎气压控制系统（TPC）等。

3. 车身电气电控系统

车身电气电控系统主要包括辅助防护安全气囊系统（SRS）、安全带张紧控制系统（STTS）、中央门锁控制系统（CLCS）、车辆安保系统（VESS）、前照灯控制与清洗系统（HAW）、刮水器与清洗器控制系统（WWCS）以及座椅调节系统（SAMS）等。

4. 综合控制系统

综合控制系统主要包括维修周期显示系统（LSID）、液面与磨损监控系统（FWMS）、车载计算机（OBC）、车载电话（CPH）、信息显示系统（IDS）、交通控制与通信系统（TCIS）、控制器区域网络系统（CAN）、自动空调系统（ACS）以及车距报警系统（PWS）等。

5. 电动汽车传感器

电动汽车传感器与传统汽车传感器一样，也由敏感元件、转换元件和其他辅助元件组成，也将信号调节与转换电路及辅助电源作为传感器的组成部分。其中敏感元件是指传感器中能直接接收或响应被测量的部分；转换元件指传感器中能将敏感元件感受的或响应的被探测量转换成适合传输和测量的电信号部分。

电动汽车传感器按照其功用大致可分为使驾驶人了解电动汽车各部分当前状态的显示传感器和用于控制汽车运行状态的控制传感器 2 大类。电动汽车常用的控制类传感器见表 1-3。

表 1-3 电动汽车常用的控制类传感器

检测内容	传感器/检测方法	检测内容	传感器/检测方法
电动机转子位置	转速传感器	充电状态	软件检测
电动机转速	软件检测	蓄电池温度	温度传感器
蓄电池电压	检测电路	电动机电压	检测电路
蓄电池电流	电流传感器	电动机电流	电流传感器

（1）温度传感器　电动汽车温度传感器主要包括检测电池温度的传感器、检测电动机温度的传感器以及用于电池冷却系统的温度传感器等。

① 检测电池温度的传感器。电动汽车电池只有在精确定义的工作温度下才能提供最佳的能量输出，因此要求对电池温度进行可靠的监控和调节，以防止电池出现过热现象，最大限度地延长其工作寿命。当计算电池组荷电量（SOC）、充放电比功率、动力电池的温度时使用多个温度传感器来检测电池温度。

② 检测电动机温度的传感器。为了确保电动机的长寿命和发挥它的最佳性能，电动机的温度也需要持续受到监控，因而确定定子绕组的温度也是至关重要的。为了测量定子的温度，还要求传感器应便于安装，且要确保传感器在安装和操作过程中免受机械压力的影响及具有高介电强度，后者可防止驱动器电流电路到测量电流电路之间产生飞弧现象。

（2）电动汽车转速传感器　转速传感器主要用于电动汽车电动机旋转速度的检测。目前，常用的转速传感器有三种，分别为电磁感应式转速传感器、光电感应式转速传感器、霍尔效应式转速传感器，均采用非接触式测量原理，以增强检测的安全性，提高检测精度。

（3）车速传感器　车速传感器用于测量电动汽车行驶速度。车速传感器信号主要用于仪表板的车速表显示及电动汽车加速期间的控制等。目前车速传感器主要有电磁感应式、光电式、可变磁阻式和霍尔效应式。电动汽车上普遍采用电磁感应式和霍尔效应式车速传感器。

四、汽车传感器的常见故障及影响

1. 发动机控制

发动机控制用传感器常见故障及影响见表 1-4。

表 1-4　发动机控制用传感器常见故障及影响

传感器名称	故障部位	对电控燃油喷射系统的影响	对电控发动机的影响
翼板式空气流量传感器	电位计电阻值不准确	空气流量信号不正确	发动机功率下降、运转不平稳、油耗增加
	电位计滑动臂与碳膜电阻接触不良	空气流量信号时有时无	发动机间断运行或不工作
	回位弹簧力变弱	喷油量过多	发动机油耗过高
	油泵开关触点接触不良	启动后燃油泵断电不工作	发动机启动困难或发动机启动后随即熄火
热膜式空气流量传感器	热膜沾污	空气流量信号电压下降而使供油量过少	发动机运转不平稳或不工作,运转无力、加速不良
	热膜损坏	无空气流量信号输出	发动机不工作
	热敏电阻不良	空气流量信号电压不准确	发动机油耗过高或运转不平稳
卡尔曼涡旋式空气流量传感器	电子元件损坏	不能正确传递频率信号	发动机不易启动、怠速不稳、燃油消耗量大、爆燃、加速不良
电阻应变计式进气压力传感器	真空管破裂	不能准确反映进气歧管绝对压力,进气量检测信号不准确,从而影响基本喷油量	发动机工作性能不良、加速性能差、油耗增加、发动机无力
	压力转换元件损坏	不能准确测量进气量	发动机启动困难、动力不足、工作性能不良、油耗增加、加速性差
真空膜盒式进气压力传感器	真空管破裂	不能准确反映进气歧管绝对压力,进气量检测信号不准确,从而影响基本喷油量	发动机工作性能不良、加速性能差、油耗增加、发动机无力
	电路板损坏	不能准确测量进气量	发动机启动困难、动力不足、工作性能不良、油耗增加、加速性差
进气温度传感器	内部线路接触不良或断线、热敏元件性能变化	进气温度传感器无信号或信号不准	发动机不能启动,运转不平稳、停转或间断运转,功率下降
开关式节气门位置传感器	怠速触点接触不良	无怠速信号	怠速不稳或无怠速
	怠速触点调整不当	怠速信号不正确	发动机怠速不稳或怠速熄火或怠速过高不能调低,开空调或用动力转向时熄火
	全负荷触点接触不良	无全负荷信号	发动机加速困难

续表

传感器名称	故障部位	对电控燃油喷射系统的影响	对电控发动机的影响
滑动电阻式节气门位置传感器	电位计电阻值不准确	节气门位置信号不正确	发动机动力不足
	电位计滑动臂与碳膜电阻接触不良	节气门位置信号时有时无	发动机工作性能不良、发抖、喘振、加速性能差、加速失速
综合式节气门位置传感器	怠速触点接触不良	无怠速信号	怠速不稳或无怠速
	怠速触点调速不当	怠速信号不正确	发动机怠速不稳或怠速熄火或怠速过高不能调低，开空调或动力转向时熄火
	全负荷触点接触不良	无全负荷信号	发动机加速困难
	电位计电阻值不准确	节气门位置信号不正确	发动机动力不足
	电位计滑动臂与碳膜电阻接触不良	节气门位置信号时有时无	发动机工作性能不良、发抖、喘振、加速性能差、加速失速
曲轴位置传感器	集成电路损坏或线路断路	不能正确将曲轴上止点的信号传输给电控单元	发动机无法启动或启动困难、加速不良、怠速不稳、容易熄火、间歇性熄火
凸轮轴位置传感器	集成电路损坏或线路断路	不能正确传输凸轮轴位置信号	发动机无法启动或不易启动、运转不佳、怠速不稳、间歇性熄火、高压火弱
冷却液温度传感器	内部线路接触不良或断线、热敏元件性能变化	进气温度传感器无信号或信号不准	发动机不能启动、运转不平稳、停转或间断运转、功率下降
爆震传感器	爆震传感器损坏	不能正确检测爆震信号	发动机转速下降、加速无力
氧传感器	内部线路断路或脱落，陶瓷元件破损，加热电阻丝烧断	不能得到排气管中氧浓度的信息	发动机油耗和排气污染增加、怠速不稳、缺火、喘振(抖)

2. 自动变速器控制

自动变速器控制用传感器常见故障及影响见表1-5。

表1-5 自动变速器控制用传感器常见故障及影响

传感器名称	常见故障	对自动变速器电控系统的影响	对自动变速器的影响
车速传感器	线路断路或短路	不能正确检测车速	换挡时刻不正确
转速传感器	线路断路或短路	不能正确检测变速器转速	换挡时产生冲击
油温传感器	线路短路或断路	不能正确检测油温信号	换挡时会产生冲击

3. 电控悬架控制

电控悬架控制用传感器常见故障及影响见表1-6。

表1-6 电控悬架控制用传感器常见故障及影响

传感器名称	常见故障	对电控悬架的影响	对汽车车身的影响
车身高度传感器	车身高度传感器及线路损坏	不能正确检测汽车悬架装置的位移量	不能正确调节车身高度
转角传感器	转角传感器损坏	不能正确检测汽车转向轮的偏转角及偏转方向	

4. 电控动力转向控制

电控动力转向控制用传感器常见故障及影响见表 1-7。

表 1-7 电控动力转向控制用传感器常见故障及影响

传感器名称	常见故障	对电控系统的影响	对电控动力转向系统的影响
转矩传感器	转矩传感器损坏	不能准确输出信号或无信号输出	方向盘无助力感

第二章

汽车传感器的检测程序、注意事项及检测方法

 第一节

汽车传感器的检测程序及注意事项

一、汽车传感器的检测程序

汽车传感器的检测程序如下。

（1）征兆判断　推断可能发生故障的部位。

（2）解码器检测　确认被怀疑的传感器在解码器中是否有故障码，并在数据流中加以强化判断。

（3）传感器周围的检查　为防止不是因为传感器本身故障而导致的传感器误判，要首先对怀疑的传感器部位进行外部检查，看是否有短路、断路、脏污、脱开、连线、水泡、腐蚀、氧化、接触不良、传感器变形等情况。

（4）外部电压、搭铁及线束导通的检查　为防止有源传感器由于没有供给电源而导致不能正常工作，要首先对外部电源进行检查。例如，霍尔效应式曲轴位置传感器如果没有12V或5V电压的供给，传感器是不会有信号输出的。如果电源和搭铁不正常，则应检查线路。

（5）本体检查　主要是外观检查和电阻检查，不用连接外部电路。针对能够进行电阻测量的传感器，如可变电阻式传感器、磁电式传感器，可以直接进行电阻的测量。例如轮速传感器电阻检查，可以关闭点火开关，拔下传感器连接器，检查前后轮的轮速传感器端子电阻，应均为1.0～13kΩ。同样，节气门位置传感器、磁电式曲轴位置传感器的电阻和电阻变化的平稳性，可以用万用表的电阻挡直接测量，从而判断传感器是否正常。

（6）输出信号检查　输出信号检查主要是将传感器连接到外部经检查已经是正常的线路中，或是额外提高传感器工作条件，来对传感器输出信号进行检查的过程。输出信号检查，应该是检测结果比电阻检查更前进了一步。这是因为控制单元要接收的是输出的信号，而不是传感器本身的电阻。传感器本身电阻正常，输出的信号不一定正常。

因此，无论是有源传感器，还是无源传感器，都可以在模拟工作状况下，进行输出信号检查。需要说明的是，无源传感器必须在正确供给工作电源的情况下，才可以对传感器输出信号进行检测。输出信号的检查可以使用万用表的电压挡或电流挡进行,但使用汽车专用万用表对输出信号只是做简单的判断,更精确地判断出信号可以使用示波器来进行。

① 模拟直流信号:如节气门位置传感器,用汽车专用万用表的直流电压量程检测即可满足要求。

② 模拟交流信号:ABS轮速传感器、磁电式曲轴位置传感器,用汽车专用万用表的交流电压量程检测即可满足要求。

③ 脉冲脉宽调制信号/频率调制信号的电子信号:虽然可以使用万用表,但结果不够准确,要想看清具体的变化过程,必须使用示波器。

例如,三菱汽车用的卡门涡流式空气流量传感器,在怠速时,输出信号为2.2~3.2V,此电压为频率调制信号的平均电压,但用示波器就可以很方便地看出空气流量传感器信号的频率和幅值是否符合规定。

(7) 维修与更换 对传感器进行以上检查后,可以基本确定其好坏。更换传感器时,要严格按照操作规程操作,切忌蛮干。要关闭点火开关,且不可带电操作,否则容易损坏其他电子部件。安装时要轻拿轻放。

(8) 注意事项 维修与更换传感器后,要切记用解码器清除故障码并重新试车,模拟故障出现状况,如果在试车过程中故障现象没有重复出现,检查故障码也没有重新出现,说明判断准确,安装正确,传感器检修操作完成。

二、传感器检测及使用注意事项

传感器检测及使用的注意事项如下。

① 除在测试过程中特殊指明外,不能用指针式万用表测试ECU及传感器,应使用高阻抗数字式万用表或汽车专用万用表进行测试。禁止使用"划火法"检查晶体管电路的通、断状况。不要用普通试灯去测试任何与ECU相连接的电气装置,以防止晶体管损坏,脉冲电路应采用LED灯或示波器检查。

注意:谨慎将测试设备的探针(数字式万用表等)插入连接器或熔丝盒端子中,测试探针的直径会使大多数端子变形,端子变形会引起接触不良,从而导致系统故障,最好使用端子测试组件从前部探测端子;谨慎用回形针或其他替代物去探测端子。

② 在拆卸或安装电感性传感器时,应将点火开关断开(OFF),以防止其自感电动势损伤ECU和产生新的故障。

③ 在车身上进行电弧焊时,应先断开ECU电源。在靠近ECU或传感器的地方进行车身修理作业时,更应特别注意。

④ ECU和传感器必须防止受潮。不允许将微机或传感器的密封装置损坏,更不允许用水冲洗。ECU必须防止受剧烈振动。

⑤ 电控系统中,故障大多不是ECU、传感器和执行部件,而是连接器。连接器常会因松旷、脱焊、烧蚀、锈蚀和脏污而接触不良或瞬时短路,因此当出现故障时不要轻易地更换电子器件,而应首先检查连接器的状况。

⑥ 断开蓄电池时需注意:必须关闭点火开关,如果在点火开关接通的状态下断开蓄电池连接,电路中的自感电动势会对电子元器件有击穿的危险;检查自诊断故障码是否存在,若有故障码,应记下代码后再断开蓄电池;断开蓄电池前,应牢记带防盗码的音响设备的编码,否则在下次使用中,音响系统自锁会影响使用。

⑦ 蓄电池搭铁极性切不可接错,必须负极搭铁。严禁在发动机高速转动时将蓄电池从电路中断开,以防产生瞬时过电压将ECU和传感器损坏。

⑧ 跨接启动其他车辆或用其他车辆跨接本车时，需先关闭点火开关和所有电气附件，才能拆装跨接线。

a. 两车跨接的时候，启动支援车，把怠速提升到 1200~1500r/min 并稳定运转 5min 以上，以此帮助启动故障车。

b. 如果跨接很难尝试启动，则停止跨接启动。如果再强行使用支援车会使它的电动机过载或电子系统被电火花击穿而损坏。

c. 保证两车身之间没接触。避免车辆在启动过程中电流经接触的车身流向支援车。

d. 禁止使用超过 16V 的电压跨接启动，过高的电压会损坏汽车的电气部件。

e. 故障车正在启动时不能断开连接电缆，否则支援车上的电气部件可能会被高电压击穿而损坏。

⑨ 在点火开关接通的情况下，不要进行断开任何电气设备的操作，以免电路中产生的感应电动势损坏电子元件。

⑩ ECU 有学习功能，但 ECU 的电源电路一旦被切断（如拆下蓄电池）后，它在发动机运行过程中存储的数据就会消失，因此，蓄电池断开后要装复。如果出现发动机工作状况不如以前时，先不要随便更换零部件，因为这种情况可能是蓄电池断开后 ECU 中的学习修正记忆消除的缘故。因为 ECU 根据系统实际情况进行的学习修正与根据厂家存储在只读存储器（ROM）中的数据进行控制，相比起来发动机工作状况会有差异。如果是此种原因，待发动机运行一段时间后，ECU 会自动建立修正记忆。如果想让 ECU 完全"恢复记忆"，则需通过在不同工况下的路试让 ECU 重新学习，发动机工作的不良状况会自动消失。

⑪ 注意检查搭铁线的状况，其电阻值一般不应大于 1.5Ω。

⑫ 带有安全气囊系统的汽车，对安全气囊进行检修时，如果操作不当将会使安全气囊意外张开，因此必须严格按操作程序进行。对安全气囊进行检修作业时，将点火开关置于关闭位置，先断开蓄电池负极，等待 90s 再进行操作，以免发生意外。

⑬ 检修氧传感器时，注意不要让氧传感器跌落碰撞到其他物体，不要用水冷却。换氧传感器时，一定要用专用的防粘胶液刷涂螺纹，以免下次拆卸困难。

⑭ 某些故障报警灯的功率不得随意改变，否则会出现异常情况。

⑮ 注意屏蔽线。对于电磁式凸轮轴位置传感器输出信号情况，单单通过测量电压或电阻来确定其好坏是不全面的。有很多电磁式传感器，测量其电阻和电压都正常，但线路屏蔽不好也会导致故障。

当 ECU 判断出某一电路发生故障时，只是提供了故障的性质和范围，最终确定是传感器还是执行器，还是相应的配线故障，需要进一步检查配线、插头、ECU 和相关部件，才能准确找到故障原因。

发动机电控系统各种传感器正常工作时，其输入 ECU 的信号电压是在一定范围内变化的。当某一传感器电路出现超出规定范围的信号时，ECU 判断为该电路信号发生了故障。如果 ECU 在一段时间内收不到某一传感器的输入信号，ECU 亦判断发生了故障。发动机在工作中，如果偶然出现一些不正常的信号，ECU 则不判断为故障。只有不正常的信号持续一定时间或多次出现时，才判断为故障。

第二节 汽车传感器的检测方法

当汽车电子控制系统发生故障时，通过自诊断测试，指明某传感器有故障或怀疑某传感器有故障时，可应用示波器、万用表等对传感器进行测试，也可通过读取数据流并加以确定。测试前要明确测试数据、测试方法和测试条件。

汽车传感器检测方法主要有：故障征兆现象判断法、解码器检测法、万用表检测法和数据流测试法等几种。

一、故障征兆现象判断法

依据故障征兆，运用经验判断，是最直观、最简单的解决车辆故障和判断传感器好坏的方法。但缺点是经验积累时间长，短时间内不可能达到很高水平；判断结果准确率低，误判的可能性较大。

例如，在维修大众车系发动机时，如果出现发动机油耗和排气污染增加，发动机出现怠速不稳、缺火、喘振等故障现象，则很大可能是氧传感器出现故障。因为从车型来看，该车型出现氧传感器故障的概率比较高；从现象上来看，氧传感器出现故障，将使电子燃油喷射系统的电控单元不能得到排气管中氧浓度的信息，因而不能对空燃比进行反馈控制，从而出现发动机油耗和排气污染增加。

二、解码器检测法

1. 汽车自诊断系统

汽车上的电控系统一般都具有自诊断功能。尤其是进口高档车的电子控制系统只有靠仪器等专用设备（汽车故障检测仪，俗称解码器）才能进行诊断。解码器通常分为原厂解码器和非原厂解码器。原厂解码器是指由汽车制造厂家提供或指定的解码器，如大众（奥迪）汽车用 VAG1551、丰田汽车用 Intelligent Tester 等。非原厂解码器则指不是汽车制造厂家提供或指定，而由其他仪器设备厂商生产的汽车解码器，如德国博世公司生产的 KTS300/500、美国生产的红盒子 Scanner MT2500、瑞典生产的 AUTODGAGNOS 及我国生产的电眼睛、修车王、车博士等。

汽车车载故障自诊断系统时刻监测汽车电控系统的工作，一旦发现问题便设定相应的故障码，维修人员利用汽车故障检测仪通过数据连接器可以读取故障码，依据故障码的提示便可以确定车辆的故障部位。

汽车电控系统的传感器故障内容多以故障码形式储存于控制单元自诊断系统的存储器中。因此可以通过读取故障码的方法判断传感器或其相关电路是否产生了故障；在读取故障码时可利用随车自诊断系统或车外自诊断系统进行。

2. 使用解码器的注意事项

读取与清除故障码是解码器的主要功能，因此很容易判断出故障的大致方向和部位，为传感器的检测和排查提供了方向，但应注意下列事项。

① 在读取故障码之前，发动机应处于规定的初始状态：蓄电池电压高于 11V；节气门完全关闭（节气门位置传感器内的怠速开关闭合）；变速器位于空挡，自动变速器位于驻车挡；关闭所有附属设备（如空调器、音响、灯光等）；发动机处于正常工作温度。

② 并不是所有的故障都会出现故障码。例如，三菱 V73 的 6 线式步进电动机由于是 ECU 以脉冲方式进行控制的，因此没有监控装置，所以出现故障后，没有故障码。又如，当水温传感器的电阻发生漂移而不准确时，如果电阻总值没有超出规定范围，虽然有故障，但不会显示故障码。

③ 故障码的含义说明需弄清楚，是传感器或执行器自身故障还是线路故障；线路故障

要分清是短路还是断路,是与电源短路或断路,还是与接地短路或断路等。只有清楚、明白故障码的确切含义,才能更好地利用故障码排除故障,维修起来也可以少走弯路。

④ 通过解码查出的故障码,只是说明某一系统或相关系统有故障,不要看到故障码就断定是该传感器或执行器有故障,就要更换,其他与之相关系统也会造成同样故障而出现相同的故障码。

例如,在检查 ABS 系统时,如果出现含义为"轮速传感器信号不良"的故障码,不要立即更换轮速传感器,首先要检查电路各连接插头与插座针脚接触是否良好,传感器触发轮是否有脏污、锈蚀、断路或短路等现象,有些安装在车轮上的传感器其磁芯经常会吸附一些制动鼓磨掉的铁屑而导致工作不良,此时只需拆下传感器并清除磁芯上的污垢即可解决问题。同时还要观察感应齿圈是否有变形、缺齿等现象,这些都是导致出现含义为"轮速传感器信号不良"的故障码的原因,而轮速传感器本身并不一定损坏。

⑤ 要弄清楚是历史性故障码还是当前的故障码,以及故障码出现的次数。如果是历史性故障码,则表示故障较早之前出现过,现在不出现了,但在 ECU 里面有一定的存储记忆;而当前故障码则表示是最近出现的故障,当前故障码绝大部分和目前出现的系统故障有密切关系。

例如,大众公司的解码器上故障码前显示"SP",均表示临时的偶发性故障。故障发生的原因不外乎以下几种情况:发动机运转或点火钥匙打开的过程中拔下了某个电气插头,或者某个传感器或执行器的插头虚接,是软故障,不是硬故障。

⑥ 当读不出故障码但车辆依旧有故障症状,此时要利用解码器的数据流对传感器和执行器进行深入的分析和判断。所谓数据流,简单来说就是电控系统中的一些主要传感器和执行器的当前工作参数值(如发动机转速、蓄电池电压、空气流量、喷油时间、节气门开度、点火提前角、水温等)。维修过程中,可以通过阅读数据流来分析、发现故障所在,特别是当电控系统无故障码可供参考时,数据流分析就更加重要。每个传感器和执行器在一定条件下的工作参数值是有一定标准范围的,可以通过实际值与标准值的比较来判断某传感器和执行器是否存在异常。

⑦ 当参考故障码排除故障后,要利用解码器来清除故障码,也就是从 ECU 内部记忆体中清除其故障码记忆,并在发动机运转一段时间后(有条件的话,可以进行路试),再通过解码器来测试是否还会出现相似的故障现象,或者存储同样的故障码。

⑧ 清除故障码,不提倡用拔掉蓄电池负极的办法来进行。早期的车辆,如三菱和现代车型,在清除故障码时可以使用拔掉蓄电池负极的方法来进行,但随着汽车技术的发展,越来越多的车辆已将故障码存储在 ECU 和 EEPROM 中,用拔掉蓄电池负极的方法是消除不掉故障的。使用拔掉蓄电池负极的方法来清除故障码,不但清除不掉故障码,还会导致许多问题:一是很多车辆的 ECU 具备了自适应和自学习功能,拔掉蓄电池负极后,存储在 KAM(可保持存储器)中的自适应信息丢失,导致车辆运行不稳定;二是会触发音响防盗等的防盗功能起作用导致锁死,如果不知道密码,音响便不能正常使用,预先设置在音响中的播放顺序、座椅的预定设置位置信息也会因此丢失。

注意: 随车自诊断系统通常只能提供与电控系统有关的电气装置或线路故障诊断,一般只能得出初步诊断结论,具体故障原因,还需要通过直接诊断和简单仪器进行深入诊断。

三、万用表检测法

汽车电控系统检测一般都不主张使用指针式万用表,甚至在检测某些元件时,特别是半导体元件、有关 ECU 电路时，强调必须使用数字式万用表。这是因为数字式万用表阻抗大，通过元器件的电流小，可以避免在测量时烧毁其他元器件。

1. 电阻检测法

通常是采用测量传感器线束插接器相关端子间电压或电阻，若检测结果不符合规定，则应修理或更换传感器。电阻检测法主要用于可变电阻、电位计传感器、磁电式传感器电阻的检测，对于半导体元件，一般要与标准元件的测量值对比才能得出结论。

检测方法：将点火开关闭，拆下传感器插接器，用数字式高阻抗万用表 $R \times 1$ 挡，测试传感器两端电阻值。将测得的值与标准值比较，若不符合标准，则应修理或更换传感器。例如，对磁电式轮速传感器，可以用欧姆表检测其电阻，一般在室温时，电阻在 $600 \sim 2300\Omega$ 范围内为正常。电阻太小为线圈短路；电阻过大为连接不良；电阻非常大为断路；线圈与外壳导通为搭铁。

另外，通过万用表对电路或元器件的各项参数进行测试，并与正常技术状态的参数对比来判断故障部位所在。

注意：检测通断功能，一般万用表被测电阻小于 $50 \sim 100\Omega$ 时蜂鸣器就会发出警报，所以检测 CAN 线通断时不建议使用此功能，因为检测 CAN 高和低之间蜂鸣器也可能会响，可以利用电阻挡检测 CAN 线通断。

2. 电压检测法

对于有源传感器，由于工作时自身可以产生电压，因此可以使用电压检测法来检测传感器工作是否正常。当点火开关置于"ON"位置时，检测传感器的输出信号电压，将测得的值与标准值比较，若不符合标准，则应修理或更换传感器。

例如，氧气传感器、磁电式曲轴位置/凸轮轴位置传感器、爆震传感器等。仍以 ABS 用磁电式轮速传感器为例，拆开 ABS ECU 接线插座或拔下轮速传感器的接线插头，使被测车轮以 1r/s 的速度转动时，使用万用表交流"mV"挡测量各车轮的轮速传感器对应端子间的电压，万用表指示值应为 7mV 以上。如测量值低于规定值，原因可能是传感器与轮齿的间隙过大或传感器本身有问题，需要更换新件。

另外，用万用表检测线路各点的直流电压，如有电压说明该测试点至电源间的电路畅通；如无电压，说明该测试点与上一个测试点之间的电路断路。

如果检测发现有故障的传感器，只能更换。

注意：采用数字式万用表检测搭铁点接触不良故障时，应采用直流 20V 电压挡（或其他相应挡位）。采用数字式万用表两表笔去检测搭铁点两端的电压值，该电压正常值为 0V，如果检测到的电压大于 0.3V，则说明被检测的搭铁点存在接触不良现象，该处出现的接触电阻已经对线路的正常工作产生了影响。

3. 电流检测法

电流检测法主要用于产生电流调制信号的新型的集成电路传感器，如主动型轮速传感器，通过万用表也可以对传感器进行检测，如图 2-1 所示。

将万用表拨至量程在 200mA 以上的电流挡处，将表笔串接在其中一根输出线上，另一根输出正常接线（对于指针式万用表要注意极性），接通汽车电路使 ABS 系统通电，用手缓慢转动传感器安装侧的车轮，正常情况下，电流指示应在 $7 \sim 14$mA 之间来回波动。如果读数值只固定在 7mA 或 14mA 上，同时调整空气间隙无效时，则说明传感器损坏。另外，如果接通电路后电流数值直接显示为 0 或 100mA 以上时，在确认万用表接线无误后，可以判定传感器已经断线或短路。

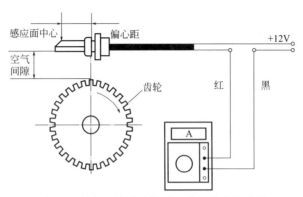

图 2-1　用电流检测法检测主动型轮速传感器

4. 传感器与 ECU 连接线束电阻值的检测

用高阻抗万用表电阻挡,测量传感器与 ECU 两连接线束的电阻值(传感器信号端、地线端分别与对应 ECU 的两端子间电阻),线路应导通,若不导通或电阻值大于规定值,说明传感器线束存在断路或插接器插头接触不良,应进一步检查或更换。

四、数据流测试法

1. 汽车数据流测试仪

汽车数据流是指控制单元(ECU)与传感器和执行器交流的数据参数通过诊断接口,由专用诊断仪读取的数据,且随时间和工况而变化。数据的传输就像队伍排队一样,一个一个通过数据线流向诊断仪。

汽车控制单元(ECU)中所记忆的数据流真实地反映了各传感器和执行器的工作电压和状态,为汽车故障诊断提供了依据,数据流只能通过专用诊断仪器读取。汽车数据流可作为汽车 ECU 的输入和输出数据,使维修人员随时可以了解汽车的工作状况,及时诊断汽车的故障。

使用汽车故障控制单元检测仪,可以得到大量的汽车运行数据,使用和分析这些数据,可以帮助分析故障,找到故障原因。数据流分析是运用各种测试手段对电控系统的各类相关数据参数进行综合分析的过程。

读取汽车数据流可以检测汽车各传感器的工作状态,并检测汽车的工作状态,通过数据流还可以设定汽车的运行数据。

2. 数据流分析的一般步骤

(1) 有故障码时　在进行故障码分析并确认有故障码存在时,一方面可以利用查看记录故障码时的冻结数据帧,确认故障码产生时的车辆运行工况,同时可以使车辆在冻结数据帧提示的工况下进行故障验证,从而快速准确地确定故障部位;另一方面,可以直接找出与该故障码相关的各组数据进行分析,并根据故障码设定的条件,分析故障码产生的原因,进而对数据的数值波形进行分析,找出故障点。

(2) 无故障码时　在进行故障码分析并确认无故障码存在时,从故障现象入手,根据控制系统的工作原理和结构,推断相关数据参数,再用数据分析的方法对相关数据参数进行观察和全面分析。在进行数据分析时,常常需要知道所修车辆系统的基本原理和结构、基本的控制参数及其在不同工况条件下的正确读取,并经过认真的分析,才有可能做出准确的判断。

（3）数据流综合分析步骤

① 数据综合测量。

a.发动机故障码测量。当发动机故障灯点亮时，故障码一定存在，此时经过查阅维修手册，便可明确故障类型，并相应地找到解决办法。

b.发动机数据流测量。当系统中没有故障码时，读取标准工况下的控制单元数据比较关键，特别要注意数据标准及数据变化量。常规测量工况应选择热车状态下怠速工况和发动机转速在2000r/min时的无负荷工况。

c.发动机真实数据流测量。一般要测量的数据应该是车辆工作的基本数据，例如对于发动机系统，这些数据包括进气歧管的真空度、气缸压力、点火正时、发动机转速、燃油系统压力、机油压力、发动机冷却液温度、进气阻力（真空法测量）、废气排放值、排气阻力及曲轴箱通风压力等。测量完成后，需要将实测值与故障诊断仪读取的数据进行对比，差值过大的数据即为故障所在。例如，发动机控制单元显示冷却液温度为60℃，而实测冷却液温度为85℃，则说明发动机冷却液温度传感器数据存在偏差，故障原因可能在于线路接触电阻过大，控制单元A/D（模/数）转换器值偏差等。

② 数据综合分析。

a.建立数据群模块。所谓建立数据群模块，即将某一故障现象所涉及的数据集中起来，逐一检查，对比及分析。例如发动机怠速转速过高，达到1000r/min，这所涉及的数据将包括冷却液温度、节气门开度、怠速控制阀步数（或开度）、点火提前角、进气歧管绝对压力、氧传感器信号、喷油脉宽、燃油系统压力、蓄电池电压、空调开关状态、转向助力开关状态、车速、挡位开关状态及发动机废气排放等。

b.分析数据。分析数据时应注意如下事项。

ⓐ 将控制单元的数据与实际测量数据进行对比，差值越小，说明控制单元及传感器越精确。

ⓑ 将控制单元数据与维修手册标准对比，若误差值超过极限，说明相应的数据为工作不良数据。

ⓒ 找出疑问数据进行分析。例如，氧传感器信号电压变化值为0.1～0.9V，无故障码。简单看，氧传感器无故障，数据也在维修手册规定范围内，但与新车0.3～0.7V的正常值相比，却有了很大变化。由此说明氧传感器接触到的发动机废气中的氧含量变化不稳定，即燃烧时混合气的空燃比不稳定。而导致此种故障发生的原因包括发动机进气管漏气、气门积炭、气门关闭不严、曲轴箱通风阀堵塞及发动机活塞环密封不严等。

c.综合分析。为了准确地分析故障，需要将几个问题数据间的关联关系逐一进行分析。

五、模拟法

模拟法就是在断开传感器连接、其他线路连接正常的情况下，用传感器模拟测试仪模拟汽车电控单元的输入信号，代替传感器工作，依据故障现象的消失或存在，来判断传感器好坏的方法。

常用的具有传感器模拟测试功能的仪器有ADD91信号模拟仪、电控系统分析仪SKS3058等，它们都可以模拟发动机控制系统各传感器的各类信号，如具有模拟电压信号、频率信号、直流信号、占空比信号等功能。

六、替代法

替代法又称试换法，是指对于可疑传感器，通过试换新传感器来查找故障的方法。替代法可确定故障部位或缩小故障范围，但不一定能确定故障原因。在检验传感器时，最好使用相同车型、相同年款、相同型号、相同规格的传感器，暂时替代有疑问的传感器。替代后如果故障现象消失，则说明该故障是由传感器引起的，被替代传感器存在问题；如果故障现象依然存在，则说明该故障并不是由传感器引起的，故障在其他部位。

注意：不能用不同输出特性的传感器来替代，否则容易引起错误判断；不要绝对地认为新零件就是好零件，否则有可能导致误判，因为有的新零件本身就是坏的。

七、示波器检测法

汽车专用示波器主要用来显示控制系统中输入、输出信号的电压波形，以供维修人员根据波形分析判断电控系统故障。在实际操作时，像点菜单一样，只要选择好需要测试的内容，不再需要任何设定和调整就可以直接观察电子部件的波形。

示波器波形显示是用电压随时间变化的图形来反映一个电信号，可以非常直观、准确地判断工作部件的工作状况，为查找故障提供了方便。在电控系统中，无论高速信号，还是慢速信号，都可用示波器来观察被测部件的工作状况，并且可以通过观察波形知道故障是否已经排除。

用汽车示波器测试传感器输出的信号波形及信号电压的变化情况，可以确定传感器本身性能的好坏，由此可以确定某个系统的运行情况。例如，在装有氧传感器的反馈系统的汽车上，使用示波器测试氧传感器的信号，可以很好地了解整个反馈系统的运行情况，为捕捉故障信息提供方便条件。

1. 波形电子信号分析

（1）电控系统电子信号的类型 对于电控系统而言，其电子信号一般有直流（DC）信号、交流（AC）信号、频率调制信号、脉宽调制信号和串行数据（多路）信号5大类型。

汽车电子信号是控制系统中各个传感器、电控单元（ECU）和其他设备之间相互通信的基本语言，电子信号各有不同的特点，用于不同的通信目的。

① 直流（DC）信号。在任何周期里，方向不随时间变化的电压和电流信号均属于直流信号。在汽车电控系统中产生直流（DC）信号的传感器或电源装置有蓄电池电压或电控单元（ECU）输出的传感器参考电压；模拟传感器信号，如发动机冷却液温度传感器、燃油温度传感器、进气温度传感器、自动变速器油温度传感器、蒸发器温度传感器、节气门位置传感器、废气再循环阀位置传感器、旋转翼片式或热线式空气流量传感器和节气门开关，以及通用汽车、克莱斯勒汽车和亚洲汽车的进气歧管绝对压力传感器等，如图2-2所示。

② 交流（AC）信号。在任何周期内大小和方向均随时间变化的信号属于交流信号。在汽车电控系统中产生交流信号的传感器主要有磁电式传感器和爆燃传感器等。例如，车速传感器（VSS）、磁脉冲式曲轴位置（CKP）传感器、凸轮轴位置（CMP）传感器、从模拟进气歧管绝对压力传感器（MAP）信号得到的发动机真空平衡波形和爆燃传感器（KS）等，如图2-3所示。

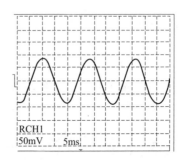

图2-2 直流信号波形　　　　　图2-3 交流信号波形（车速传感器信号）

③ 频率调制信号。保持波的幅度恒定而改变频率称为频率调制。在汽车中产生可变频率信号的传感器和装置有光电式传感器和霍尔效应式传感器。例如，数字式空气流量传感器、数字式进气歧管绝对压力传感器、光电式车速传感器（VSS）、霍尔效应式车速传感器（VSS）、光电式凸轮轴位置（CMP）和曲轴位置（CKP）传感器、霍尔效应式凸轮轴位置（CKP）和曲轴等，如图 2-4 所示。

④ 脉宽调制信号。脉冲宽度调制（PWM）简称脉宽调制。脉宽调制信号就是经过脉冲宽度调制的信号。脉冲宽度就是在一个周期内元件的持续工作时间，其信号波形如图 2-5 所示。

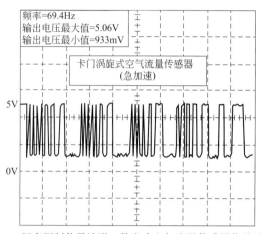

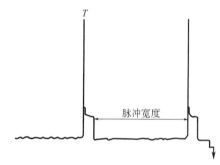

图 2-4　频率调制信号波形（数字式空气流量传感器信号波形）

图 2-5　脉宽调制信号波形

在汽车电控系统中产生脉宽调制信号的电路或装置有点火线圈一次侧、电子点火正时电路、废气再循环控制（EGR）阀、排气净化电磁阀、涡轮增压电磁阀和其他控制电磁阀、喷油器、怠速控制电动机、怠速控制电磁阀等。

⑤ 串行数据（多路）信号。串行数据（多路）信号是指按时序逐位将组成数据和字符的码元予以传输的信号。串行数据传输所需通信线路少，串行传送的速度低，但传送的距离可以很长，因此串行适用于长距离而速度要求不高的传输场合。若汽车中具备自诊断能力和其他串行数据传送能力的控制模块，则串行数据由发动机控制单元（PCM）、车身控制单元（BCM）、防盗和防滑制动（ABS）系统或其他控制模块产生，如图 2-6 所示。

（2）汽车波形的识别

① 任何一个汽车电控系统电子信号的波形都应该具有幅值、频率波形、占空比、脉冲宽度和阵列 5 个可以度量的参数指标，其波形如图 2-7～图 2-9 所示。

ECU 需要通过分辨这些特征来识别各个传感器提供的各种信息，并依据这些特征发出各种命令，指挥不同的执行器动作。

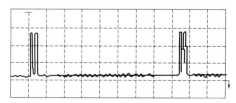

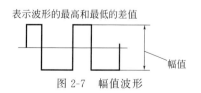

图 2-6　串行数据（多路）信号波形（车载网络系统通信信号）

图 2-7　幅值波形

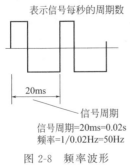

图 2-8 频率波形　　　　图 2-9 占空比、脉冲宽度波形

② 波形界面识别。目前，测试用汽车示波器多为双通道显示，也有四通道显示。示波器有多个通道接口，能够同时显示多个波形，把示波器连接到四个不同传感器与执行器，即可以把四种信号波形同时显示出来，便于分析判断。单、双通道和四通道波形如图 2-10 所示，图 2-10（c）为同时测试了两个喷油器、点火正时与参考信号等四个信号波形。

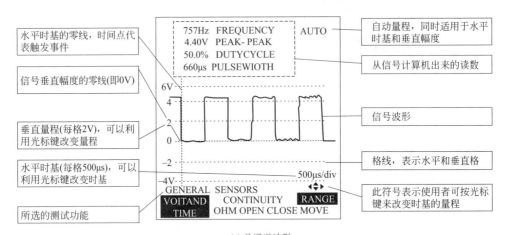

(a) 单通道波形

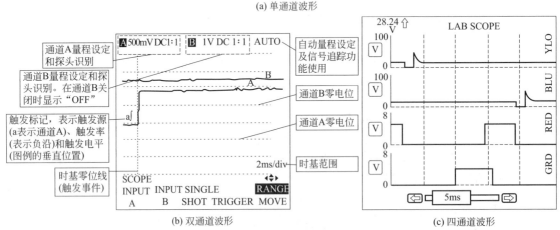

(b) 双通道波形　　　　(c) 四通道波形

图 2-10　波形界面识别

③ 波形数据的识别。氧传感器波形数据的识别如图 2-11 所示。

当测试波形信号需要进行分析时，通过功能键操作可对波形进行锁定和存储，以便仔细分析波形，进行判断，也可以通过功能键的操作重新查看和删除。

通过设定信号电压的大小和改变扫描时间的长短，可以确定所测波形的大小与屏幕坐标是否相配，使观察方便。

示波器设有波形资料库，它收集有各系统电子元件的标准波形，如传感器波形和执行器波形、点火波形等。可以通过测试波形与标准波形的对比进行分析。通过功能键可以调出所需要的标准波形。

示波器的附加功能是万用表功能和发动机性能测试功能。它的万用表功能可以很直接地显示出一些简单选定的信号，为使用者提供方便。示波器备有一些附加测试探头与车辆连接，可以测试发动机的启动电流、交流发电机二极管等。

2. 汽车专用示波器安全操作注意事项

① 确定被测试车辆挡位在 P 位，并且拉起驻车制动手柄。
② 确定车轮在地面上被锁止。
③ 使车辆在通风顺畅的地方。
④ 在切断测试接头之前，应先断开搭铁线接头。
⑤ 注意保护仪器免受液体浸入。

3. 传感器的波形测试与分析

（1）翼片式空气流量传感器波形测试及分析　翼片式空气流量传感器标准波形如图 2-12 所示。

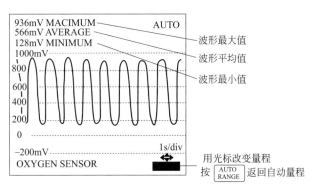

图 2-11　氧传感器波形数据的识别

① 波形测试方法。测试时应关闭所有用电设备，启动发动机，并使其怠速运转。当怠速稳定运转后，检查怠速时输出信号电压。做加速和减速试验，应有类似图 2-13 中的波形

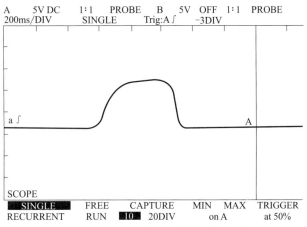

图 2-12　翼片式空气流量传感器标准波形

出现。将发动机转速从怠速至节气门全开，持续 2s；将发动机降至怠速并保持 2s；再从怠速急加速至节气门全开，然后减小节气门开度，使发动机怠速；锁止波形。

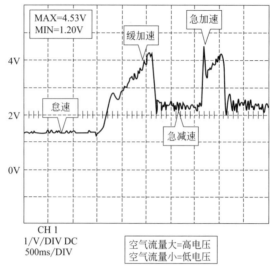

图 2-13 翼片式空气流量传感器波形测试

② 波形分析。空气流量传感器波形有问题时，应进一步检查蓄电池电压是否在 12V 以上；空气滤清器是否脏污而阻塞；进气管是否存在漏气；风扇运转是否正常；传感器电源线路是否连接正确；主继电器工作是否正常；传感器搭铁电压是否小于 0.1V；连接线路接头是否松动；传感器本身是否有损伤。

空气流量传感器信号波形分析见图 2-14。

a. 测量出的电压值波形可以参照维修资料进行对比分析，正常旋转翼片式空气流量传感器怠速时输出电压约为 1V，节气门全开时应超过 4V，急减速（急抬加速踏板）时输出电压并不是非常快地从急加速电压回到怠速电压。通常（除丰田汽车外），旋转翼片式空气流量传感器的输出电压都是随空气流量的增加而升高的。

b. 波形幅值在气流不变时应保持稳定，一定的空气流量应有相对应的输出电压。当输出电压与气流不符（可以从波形图中检查出来，而发生这种情况将使发动机的工作状况明显地受到影响）时，应更换旋转翼片式空气流量传感器。

c. 若波形中有间断性的毛刺出现，则说明旋转翼片式空气流量传感器可变电阻器的碳刷少许磨损，用波形分析方法更容易发现可变电阻器（电位计）的磨损点。若波形中除了最高点和最低点以外，在平稳加速过程中有波形平台（电压值在某处出现停顿），则说明发动机运转时翼片有间歇性卡滞现象。

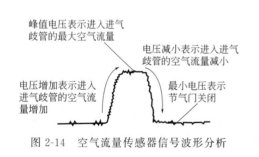

图 2-14 空气流量传感器信号波形分析

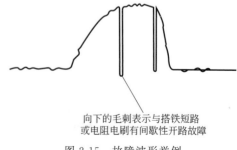

图 2-15 故障波形举例

d. 出现如图 2-15 所示的向下的毛刺，则表示传感器中有与搭铁短路或可变电阻器碳刷有间歇性的开路故障。

e. 在急加速时，波形中的小尖峰是由于翼片过量摆动造成的，控制单元正是根据这一点来判定加速加浓信号的，这不是故障，而是正常波形。

（2）热线（热膜）式空气流量传感器波形测试及分析　热线（热膜）式空气流量传感器信号波形如图 2-16 所示。热线（热膜）式空气流量传感器输出电压，在怠速时为 0.2V，节气门全开时电压升至 4V，全减速时输出电压比怠速时的电压稍低。

① 波形测试方法。关闭所有用电设备，启动发动机，使之怠速运转，检查怠速时输出的信号电压，做加速和减速试验。将发动机转速从怠速到节气门全开，持续 2s，不要超速；减速回到怠速工况，持续 2s；再加速至节气门全开，然后回到怠速；锁止波形，仔细观察分析空气流量传感器波形。

热线（热膜）式空气流量传感器实测波形如图 2-17 所示。

② 波形分析。热线（热膜）式空气流量传感器信号波形分析如图 2-18 所示。

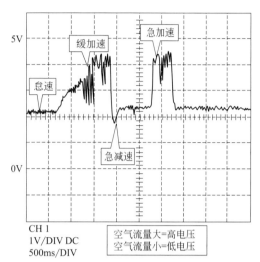

图 2-16　热线（热膜）式空气流量传感器信号波形

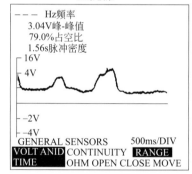
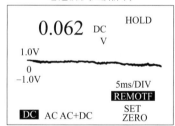
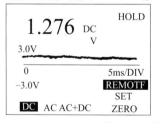
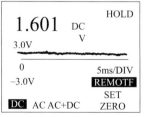
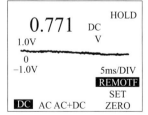

图 2-17　热线（热膜）式空气流量传感器实测波形

a. 从维修资料中找出输出信号电压参考值进行比较，通常热线（热膜）式空气流量传感器输出信号电压范围是从怠速时超过 0.2V 变至节气门全开时超过 4V，当急减速时输出信号电压应比怠速时的电压稍低。

b. 发动机运转时，波形的幅值看上去在不断地波动，这是正常的，因为热线（热膜）

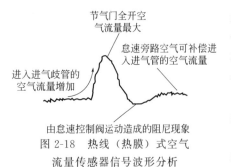

图 2-18 热线(热膜)式空气流量传感器信号波形分析

式空气流量传感器没有任何运动部件,因此没有惯性,所以,它能对空气流量的变化做出快速反应。在加速时,波形上的杂波实际是在低进气真空之下,各缸进气口上的空气气流脉动引起的,发动机 ECU 中的超级处理电路读入后,会清除这些信号,所以,这些脉冲没有关系。

c. 不同的车型输出电压会有很大差异,在怠速时,信号电压是否为 0.25V 也是判断空气流量传感器好坏的办法;另外,从混合气是否正常或是否冒黑烟也可以判断空气流量传感的好坏。

d. 如果信号波形与上述情况不符,或空气流量传感器在怠速时输出信号电压太高,而节气门全开时输出信号电压又达不到 4V,则说明空气流量传感器已经损坏;如果在车辆急加速时,空气流量传感器输出信号电压波形上升缓慢,而在车辆急减速时空气流量传感器输出信号电压波形下降缓慢,则说明空气流量传感器的热线(热膜)脏污。

(3) 数字式进气歧管压力传感器波形测试与分析　部分轿车上装有数字式进气压力传感器。这种压力传感器产生的是频率调制式数字信号,其频率随进气真空而改变,当没有真空时,输出信号频率为 160Hz,怠速时真空度为 64.3kPa,产生约 105Hz 的输出信号,检测时应按照维修手册中的资料来确定真空度和输出频率信号的关系。

① 数字式进气压力传感器测试。打开点火开关,但不启动发动机,用手动真空泵给进气压力传感器施加不同的真空度,并观察示波器的波形显示。确定判定参数(如幅值、频率、形状)是相同的,精确性和重复性好,幅值接近 5V,频率随真空度变化,形状(方波)保持不变。确定在给定真空度的条件下,传感器能发出正确的频率信号。

② 数字式进气压力传感器波形分析。波形的幅值应该是满 5V 的脉冲,同时形状正确,例如波形稳定,上升沿垂直,频率与对应的真空度应符合维修资料给定的值,如图 2-19 所示。可能的缺陷和参数值的偏差主要是不正确的频率值、脉冲宽度变短、不正常波形等,如图 2-20 所示。

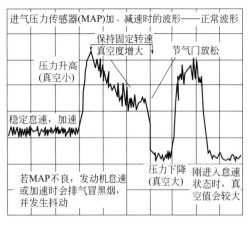

图 2-19　正常波形

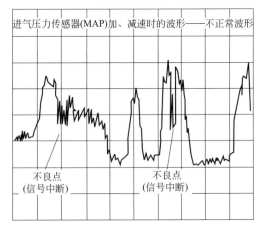

图 2-20　不正常波形

(4) 爆震传感器波形测试与分析　爆震传感器的波形与爆震程度有关,振动越大,电压峰值越大。当波形达到一定高的频率时,会发生爆震并产生敲缸。爆震传感器的量程为 5~15kHz。

① 爆震传感器波形测试。打开点火开关，不启动发动机，用一些金属物敲击发动机机体（在传感器附近的地方）。在敲击发动机机体之后，紧接着在示波显示上应有一个振动，敲击越重，振动幅度就越大。如果启动发动机或敲击传感器时的波形是一条平线，则应检查传感器和示波器的连接，确定该回路没有搭铁，然后判断传感器是否损坏。

最普通的爆震传感器损坏的方式是传感器根本不产生信号，波形显示只是一条直线。通常是由于某些物体碰伤，造成了传感器物理损坏（传感器内晶体断裂，使其不能使用）。

② 爆震传感器顶部波形分析。爆震传感器顶部波形分析如图 2-21 所示。波形的峰值电压（峰高度或振幅）和频率（振幅的次数）将随发动机的负载和每分钟转速的增加而增加，如果发动机因点火过早、燃烧温度不正常、废气再循环不正常流动等引起爆震或敲击声，则其幅度和频率也增加。为做关于爆震传感器的试验，必须改变示波器的电压分度至 50mV/div。

（5）氧传感器的波形测试与分析　氧传感器输出的信号电压直接送入控制单元。控制单元根据氧传感器输入信号调整供油量，保持空燃化接近 14.7∶1。对于氧化锆型氧传感器输出高电位，表明混合气过浓；输出低电位，表明混合气过稀。氧化钛型氧传感器根据排气中的含氧量不同而改变电阻值，当它输出低电位时，表明混合气过浓；输出高电位时，表明混合气过稀。控制单元根据氧传感器输入的信号，即根据混合气浓稀情况调整喷油量，以保证空燃比最佳值。

① 氧传感器良好与损坏的波形分析。良好的氧传感器波形与损坏的氧传感器波形叠加比较，振幅大的波形表示良好者，振幅小的波形表示损坏者。损坏的氧传感器波形表明，燃料反馈控制系统的正常运行受到了严重的抑制。但从其波形中的"稍浓""稍稀"振动来分析，燃料反馈控制系统一旦接收到正确的氧传感器反馈信号是有控制空燃比能力的。由于损坏的氧传感器的反应速率迟缓，限制了浓稀转换次数，使混合气空燃比超出了三元催化转化器要求的范围，故此时排放指标恶化。如图 2-22 所示，良好的氧传感器波形反映的是更换了氧传感器之后的情况。

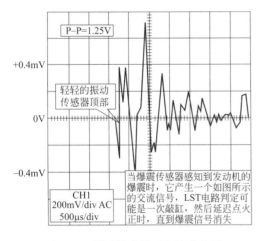

图 2-21　爆震传感器顶部波形分析

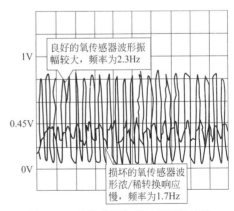

图 2-22　氧传感器良好与损坏的波形

② 个别缸喷油器堵塞造成各缸喷油不均衡的故障现象有怠速非常不稳、加速迟缓、动力下降。

在冷启动后或重新热启动后的开环控制期间情况稍好，一旦反馈燃油控制系统进入闭环控制，症状就变得显著。用示波器检测氧传感器，检测发动机在 2500r/min 和其他稳定转速下的氧传感器波形，以检查燃料反馈控制系统。氧传感器在所有的转速和负荷下都显示出严重的杂波。严重的杂波表明排气中氧不均衡或存在缺火。这些杂波彻底毁坏了燃料反馈控制系统对混合气的控制能力。通常可以采用排除其他故障可能性的方法（即排除法）来判定喷油不均衡，包括用示波器检查、判断点火系统和气缸压缩压力以排除其可能性。

③ 急加速法检测氧传感器信号电压波形。

a. 以 2500r/min 的转速预热发动机和氧传感器 2~6min，然后让发动机怠速运转 20s。

b. 在 2s 内将发动机节气门从全闭（怠速）至全开 1 次，共进行五六次。不要使发动机空转转速超过 4000r/min，只要用节气门进行急加速和急减速即可。

c. 定住屏幕上的波形，如图 2-23 所示，接着可根据氧传感器的最高、最低信号电压值和信号的响应时间来判断氧传感器的好坏。在信号电压波形中，上升的部分是急加速造成的，下降的部分是急减速造成的。

④ 严重杂波。严重杂波是指振幅大于 200mV 的杂波，在波形测试设备上表现为从氧传感器的信号电压波形顶部向下冲（冲过 200mV 或达到信号电压波形的底部）的尖峰，并且在发动机持续运转期间，它会覆盖氧传感器的整个信号电压范围。发动机处在稳定的运行方式时，例如稳定在 2500r/min 时，如果严重杂波能够持续几秒，则意味着发动机有故障，通常是由点火不良或各缸喷油器喷油量不一致引起的，如图 2-24 所示。因此，这类杂波必须予以排除。

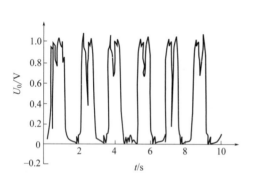

图 2-23　急加速时氧传感器的波形

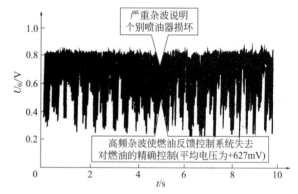

图 2-24　喷油器损坏引起的杂波

第三章

汽车温度传感器的识别与检测

汽车温度传感器广泛应用于现代汽车发动机的燃油喷射、自动变速器的换挡、离合器的锁定和空调等系统，以检测发动机的冷却液温度、进气温度、自动变速器油温度、空调系统环境温度和室内温度等，为发动机的油压控制以及自动控制提供重要依据。因为车型不同，检测的目的和检测的范围也不一样，其数量、使用的类型也不同。目前使用的温度传感器类型有绕组电阻式、热敏电阻式、扩散电阻式、半导体二极管式、金属芯式和热电偶式等。

目前在汽车上应用的温度传感器主要有热敏电阻式温度传感器、热电偶式温度传感器、热敏铁氧体式温度传感器，其中又以热敏电阻式温度传感器应用最为广泛。热电偶式温度传感器由于热电位差不高，在汽车上应用较少，主要用于排气系统中排气温度的确定。热敏铁氧体式温度传感器在汽车上主要用于控制散热器的冷却风扇。

① 热敏电阻式温度传感器是根据热电阻效应制成的传感器，其中热电阻效应是指物质的电阻率随其本身温度的变化而变化。热电阻按材料的不同分为金属热电阻和热敏电阻。

② 热敏铁氧体式温度传感器实际上是一种开关式传感器，即制成热敏铁氧体式温度传感器的材料具有强磁性，当此材料的环境温度超过某一温度时，其磁性急剧变化，从而形成不同的磁场，使传感器的舌簧开关导通或断开，进而形成电路的通断。

③ 热电偶式温度传感器也是根据热电效应制成的，即将两种不同材料的金属导体黏合在一起。如图 3-1 所示，当在 A、B 两点间形成温度差 ΔT_{AB} 时，两点间就会出现电位差 ΔU_{AB}，热电偶式（又称温差电动势）温度传感器就是通过测定 ΔU_{AB} 来求出温度的。

图 3-1　热电偶的原理

测量方法：将 A、B 任一端置于恒温箱中，另一端置于被测物中，当被测物温度发生变化时，ΔU_{AB} 也将发生变化。而由于 A 端或 B 端中有一端是置于恒温箱中的，因此置于恒温箱中一端的 U 是不变的，这样 ΔU_{AB} 的变化实际上是被测物温度变化的反映。

以上三种典型的温度传感器的特点见表 3-1。

表 3-1 典型温度传感器的特点

测量用部件	优点	缺点
热敏电阻	①可测量很小部位的温度 ②可缩短滞后时间 ③灵敏度高 ④不能忽略导线电阻造成的误差 ⑤最适于测量微小的温度差 ⑥测量机构简单且价格低廉 ⑦因信噪比较高,所以对系统性计量工程来说经济性好	①因电阻与温度间的非线性程度较严重,有时需要做线性处理 ②有时需要互换电阻 ③振动严重的场合可能会造成破坏
热电偶	①可测定很小部位的温度 ②可缩短滞后时间 ③耐振动与冲击 ④适于测定温度差 ⑤测定范围宽	①需要标准触点 ②标准触点与补偿导线有误差 ③在常温下,不注意修正时,难以得到较高的精度
热电阻	①适于测定较大范围的平均温度 ②不需要标准触点等 ③与热电偶相比,常温左右的精度较高	①难以缩短滞后时间 ②在振动严重的场所可能出现破损 ③受导线电阻的影响,需要修正

第一节

热敏电阻式温度传感器的识别与检测

在汽车上,绝大多数温度传感器使用的是负温度系数热敏电阻,热敏电阻式温度传感器的灵敏度高、测量温差小、结构简单、价格低廉、经济性好,在汽车的电子控制系统中有着越来越广泛的应用。

一、冷却液温度传感器

1. 冷却液温度传感器的识别

(1) 冷却液温度传感器的结构 冷却液温度传感器又称水温传感器,它的作用是检测发动机冷却液温度,并将此信号输送到发动机的电控单元(ECU),作为燃油喷射系统和点火正时的修正信号,用于空燃比及点火,同时也可作为其他控制系统的控制信号。

冷却液温度传感器一般装在电喷发动机的气缸体、气缸盖的水套或节温器内并伸入水套中等处,如图 3-2 所示。

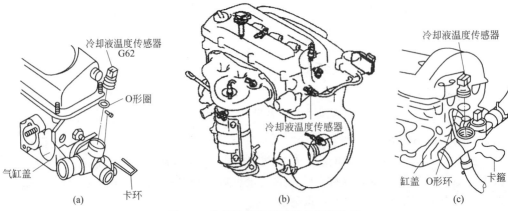

图 3-2 冷却液温度传感器的安装位置

冷却液温度传感器有两端子式和单端子式两种，它主要由热敏电阻、金属引线、接线插座和壳体组成，其外形和结构如图 3-3 所示。

（2）冷却液温度传感器的工作原理　冷却液温度传感器采用负温度系数的热敏电阻，即当冷却液温度较低时，传感器的电阻较大，而当冷却液温度升高时，传感器的电阻却明显变小。这样在实际使用中，传感器就能感知到冷却液温度的变化，并将这种变化通过电路的连接转化为电信号输送给电控单元（ECU），电控单元根据输入的电信号（对应着冷却液温度的变化信号）来对电喷发动机的喷油量及喷油时间进行修正，同时调整空燃比，使进入发动机内的混合气能稳定的燃烧，冷机时供给较浓的可燃混合气，热机时供给较稀的可燃混合气，使发动机稳定而良好的工作。

冷却液温度传感器电阻与冷却液温度有关。冷却液温度传感器（热敏电阻）特性如图 3-4 所示，温度与电阻的关系见表 3-2。

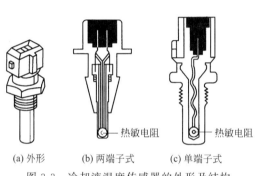

图 3-3　冷却液温度传感器的外形及结构

(a) 外形　(b) 两端子式　(c) 单端子式

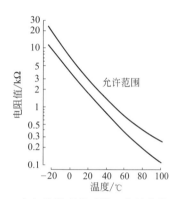

图 3-4　冷却液温度传感器（热敏电阻）特性

表 3-2　冷却液温度传感器信号输出范围（温度与电阻的关系）

测试温度/℃	输出电阻特性		温度误差精度(±)/℃	测试温度/℃	输出电阻特性		温度误差精度(±)/℃
	电阻/Ω	电阻值误差(±)/%			电阻/Ω	电阻值误差(±)/%	
−40	100865	4.9	0.7	60	670.9	2.2	0.6
−35	72437	4.6	0.7	65	559.4	2.2	0.6
−30	52594	4.4	0.7	70	469.7	2.1	0.6
−25	38583	4.2	0.7	75	394.6	2.1	0.6
−20	28582	4.0	0.7	80	333.8	2.0	0.6
−15	21371	3.8	0.7	85	283.5	2.0	0.6
−10	16120	3.6	0.7	90	241.8	2.1	0.7
−5	12261	3.4	0.6	95	207.1	2.2	0.7
0	9399	3.2	0.6	100	178	2.3	0.8
5	7263	3.1	0.6	105	153.5	2.4	0.8
10	5658	2.9	0.6	110	133.1	2.5	0.9
15	4441	2.8	0.6	115	118.7	2.6	0.9
20	3511	2.6	0.6	120	100.9	2.7	2.7
25	2795	2.5	0.6	125	88.3	2.8	2.8
30	2240	2.5	0.6	130	77.5	2.8	2.8
35	1806	2.4	0.6	135	68.3	2.8	2.8
40	1465	2.4	0.6	140	60.3	2.9	1.2
45	1195	2.3	0.6	145	53.4	2.9	1.2
50	980.3	2.3	0.6	150	47.5	2.9	1.2
55	808.8	2.2	0.6				

2. 冷却液温度传感器的检测

(1) 冷却液温度传感器与 ECU 的连接 如图 3-5 所示为冷却液温度传感器与 ECU 的连接电路及电路图,其中 THW 为信号端子,E_2 为车体搭铁线。

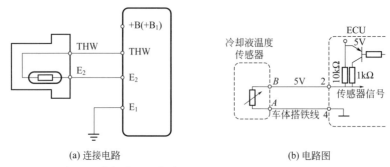

图 3-5 冷却液温度传感器与 ECU 的连接电路及电路图

图 3-5(b) 中,ECU 使 5V 的电压通过 1kΩ 电阻和晶体三极管串联后再与 10kΩ 电阻并联的电路,然后经过传感器接搭铁。在温度比较低时,传感器的热敏电阻的阻值较大,此时 ECU 使晶体三极管截止,5V 的电压仅仅通过 10kΩ 电阻及传感器后接搭铁,由于传感器的热敏电阻的阻值与 10kΩ 电阻的阻值相差不大,这样传感器所测得的数值比较准确;而当温度达到一个特定值 51.6℃时,热敏电阻的阻值发生了很大变化,此时其阻值相对于 10kΩ 已经较小,这样测得的数值就不再准确,这时 ECU 使晶体管导通,这样 5V 电压就通过 1kΩ 电阻和晶体三极管串联后再与 10kΩ 电阻并联的电路,然后经过传感器接搭铁,由于并联后的阻值与 1kΩ 相差不大,即与温度升高后的传感器阻值相差不大,这样即使温度升高后也能使测量结构准确。

(2) 冷却液温度传感器的检测 冷却液温度传感器的工作性能好坏直接影响着电喷发动机的喷油量,从而影响发动机的燃烧性能,若传感器损坏,会使汽车发动机出现不易启动、工作不平稳等故障。若出现此类故障时应对此传感器进行检测。

常见的电喷发动机冷却液温度传感器与 ECU 的连接电路如图 3-6 所示,其中一条是信号线,输出电压随热敏电阻值的变化而变化,ECU 根据电压的变化测得发动机的水温;另一条是搭铁线。

冷却液温度传感器的检测方法如下。

① 冷却液传感器电阻的检测。

a. 关闭点火开关,拔下冷却液传感器连接器接头,用高阻抗数字式万用表的电阻挡就车检查传感器接头两端子间电阻。其电阻值应在表 3-3 所示的范围内。若电阻值偏差过大、过小或∞,说明传感器损坏,应更换新的传感器。

表 3-3 冷却液温度与电阻值对应关系

冷却液温度/℃	电阻值/kΩ	冷却液温度/℃	电阻值/kΩ
-20	10～20	40	0.9～1.3
0	4～7	60	0.4～0.7
20	2～3	80	0.2～0.4

注:不同车型的冷却液温度传感器的标准电阻值有所不同。

b. 从车上拆下冷却液温度传感器,并将其置于水杯中,缓慢加热提高水温,同时用万用表测量传感器两端子的电阻值,如图 3-7 所示,其电阻值应在表 3-3 所示的范围内,否则说明传感器已损坏，应更换传感器。

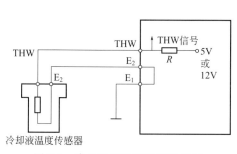

图 3-6　常见的电喷发动机冷却液温度传感器与 ECU 的连接电路

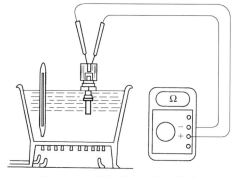

图 3-7　水温升高时冷却液温度传感器电阻值的测量

② 冷却液温度传感器电压的检测。

a. 拆下冷却液温度传感器线束插头，打开点火开关，测量冷却液温度传感器的电源电压，应为 5V。

b. 输出信号电压的检测。在发动机运转时，从冷却液温度传感器连接器信号输出端"THW"接线柱或从 ECU 的连接器"THW"端子上，用万用表的电压挡测量冷却液温度传感器输出的电压信号值。其电压大小应随冷却液温度变化而变化，温度低时信号电压高；温度高时信号电压低，测量的结果应符合规定，否则应更换传感器。

③ 检查冷却液温度传感器与 ECU 连接线束电阻。用高阻抗万用表电阻挡测量传感器信号端"THW"与 ECU "THW"端子间电阻，以及传感器搭铁端"E_2"与 ECU "E_1"端子间电阻，线路应导通，若不导通或电阻大于 1Ω，说明传感器线束存在断路或连接器接头接触不良，需进一步检查或更换。

3. 冷却液温度传感器检测示例

大众/奥迪大部分车型的冷却液温度传感器 G62 为负温度系数热敏电阻。冷却液温度传感器与发动机 ECU 的连接电路如图 3-8 所示，G62 的连接器端子 1 和端子 2，分别与发动机控制单元 J623 端子 T60/14 和 T60/57 相连（大众速腾轿车）。

冷却液温度传感器的检测方法如下。

（1）传感器电源电压的检测　拆下冷却液温度传感器连接器，打开点火开关，检测传感器相应连接器端子与 J623 端子 T60/14 和 T60/57 之间的电压，电压值应为 5V 左右。如无电压，则应检测传感器相关连接器与 J623 之间的连线。

（2）传感器输出信号电压的检测　插上冷却液温度传

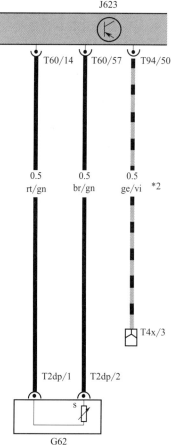

图 3-8　冷却液温度传感器与发动机 ECU 的连接电路

感器连接器，打开点火开关，检测端子 2 和端子 1 之间的信号电压，应为 0.5~4.5V。如电压不符合规定，表明冷却液温度传感器已损坏，应予以更换。

(3) 传感器电阻的检测　拆下点火开关，拆下冷却液温度传感器，并将其放入装满冷却液的容器中加热，用万用表检测不同温度下该传感器两端子间的电阻值。该阻值应满足表 3-4 所示的要求。如不符合规定，应更换传感器。

表 3-4　冷却液温度传感器的电阻值与温度之间的关系

端子	温度/℃	电阻值/Ω	端子	温度/℃	电阻值/Ω
1~2	0	5000~6000	1~2	60	540~675
1~2	10	3350~4400	1~2	70	400~500
1~2	20	2250~3000	1~2	80	275~375
1~2	30	1500~2100	1~2	90	200~290
1~2	40	950~1400	1~2	100	150~225
1~2	50	700~950			

二、进气温度传感器

进气温度传感器的作用是检测进气管的进气温度，并将温度信号变换为电信号传送给电控单元（ECU）。进气温度信号是各种控制功能的修正信号，对于发动机能否在最佳工况工作有着很重要的意义，如果进气温度传感器信号出现故障，发动机就会出现热启动困难、废气排放量大等问题。

涡轮增压发动机的进气温度传感器检测由涡轮增压器压缩并由增压空气冷却器冷却的新鲜空气的温度。如果是自然吸气发动机，则直接检测的是新鲜空气进气温度。因空气密度随温度的变化而变化，而喷油量是按空气质量来计算的，且理想空燃比是 14.7∶1，所以 ECU 必须根据进气温度对喷油量进行修正，以获得最佳的空燃比。

1. 进气温度传感器的识别

(1) 进气温度传感器的结构　进气温度传感器主要由绝缘套、塑料外壳、防水插座、铜垫圈、热敏电阻等组成，其外形与结构如图 3-9 所示。

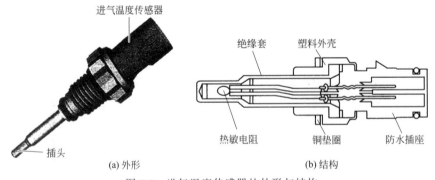

图 3-9　进气温度传感器的外形与结构

进气温度传感器通常安装在空气滤清器之后的进气软管上或空气流量传感器内、节气门附近或进气歧管上，如图 3-10 所示。有的还在空气流量传感器和谐振腔上各安装一个，以提高喷油器的控制精度。涡轮增压器发动机上的进气温度传感器安装在增压空气冷却器和节气门之间的增压空气管上。无论哪种进气温度传感器,其特性和原理相同。

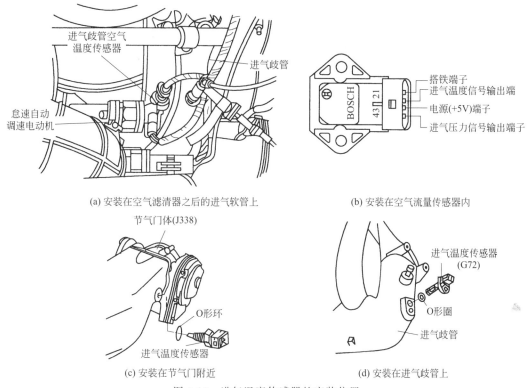

图 3-10　进气温度传感器的安装位置

（2）进气温度传感器的工作原理　进气温度传感器由负温度系数的热敏电阻组成,即进气温度变低时,热敏电阻的电阻值增大;温度变高时,热敏电阻的电阻值减小。它用来检测发动机的进气温度,并将这种温度信号通过电路的连接以电信号的形式输入给 ECU,ECU 则根据输入的电信号对喷油量进行修正。其工作原理如图 3-11 所示。进气温度传感器的工作特性如图 3-12 所示。

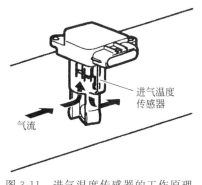

图 3-11　进气温度传感器的工作原理

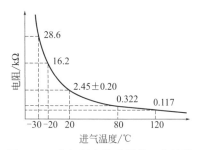

图 3-12　进气温度传感器的工作特性

2. 进气温度传感器的检测

进气温度高低对发动机管理系统输出控制状态有直接影响。进气温度高将导致发动机爆震倾向增加,系统的燃油供给量和发动机的点火正时时间（点火提前角）可能会由于进气温

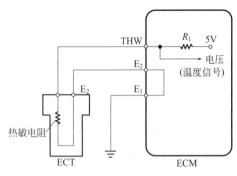

图 3-13 进气温度传感器与 ECM 的连接电路

度的不同而需要加以修正及补偿。当进气温度传感器发生故障时，会使输入 ECU 的进气温度电信号出现中断，使进入发动机气缸中的混合气过稀或过浓，使燃烧情况变差，出现热启动困难、废气排放量增大、工作不稳定的症状。若在行车中出现上述状况，应对进气温度传感器进行检测。

进气温度传感器通过一个 2 芯插头进行连接，并由发动机控制模块提供接地电压。进气温度传感器与 ECM 的连接电路如图 3-13 所示。进气温度传感器工作参数见表 3-5。

表 3-5　进气温度传感器工作参数

项目	参数	项目	参数
进气温度传感器电压范围/V	0.3~3.3	最大输出电流/mA	10
响应时间/s	小于 25	温度范围/℃	-55~230
进气温度分辨率/℃	±1		

进气温度传感器的检测方法如下。

（1）检测进气温度传感器的电阻　进气温度传感器的检测与冷却液温度传感器的检测方法相同，分为单件检测和就车检测两种。

① 单件检测。将传感器拆下后放入温度为 20℃ 的水中，1min 后测量传感器端子间的电阻值。如果电阻值在 2.2~2.7kΩ 之间，说明传感器良好。否则说明传感器已损坏，应更换新的进气温度传感器。

② 就车检测。进气温度传感器的就车检测如图 3-14 所示。拆下传感器的连接器，测量连接器的传感器侧 THA-E_2 两端子之间的电阻值，若测定值在图 3-14 所示的曲线范围内，

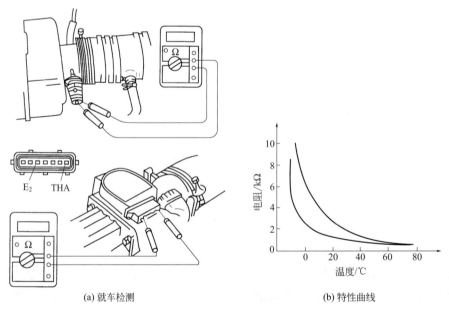

(a) 就车检测　　　　　　　　　　(b) 特性曲线

图 3-14　进气温度传感器的就车检测

说明传感器良好。

设置在空气流量传感器中的进气温度传感器的检测方法如图 3-15 所示,用电吹风机加热空气流量传感器中的进气温度传感器,并测量其电阻值,随着温度的升高,电阻值应减小。

(2) 检测进气温度传感器的电压

① 测量电源电压。拔下进气温度传感器线束插头,打开点火开关,测量进气温度传感器的电源电压,应为5V。

② 测量输出信号电压。将点火开关打开,用万用表的电压挡测量图 3-14(a) 中 ECU 的 THA 与 E_2 间电压,应在 0.5~3.4V(20℃)范围内,若不在规定范围,则应进一步检查进气温度传感器连接线路是否接触不良或发生断或短路故障。

(3) 检查进气温度传感器连接线束的电阻 用数字式万用表的欧姆挡测量传感器接头与 ECU 连接器端子间的电阻,即 THA-THA、B-21、E_2-E_2、A-4 间的电阻值,如果不导通或电阻值大于 1Ω,说明传感器连接线路断路或接头接触不良,应进一步进行检查。

3. 进气温度传感器检测示例

(1) 广州本田雅阁轿车的进气温度传感器检测 广州本田雅阁轿车的进气温度传感器安装在进气歧管上,其连接电路如图 3-16 所示。图 3-16 中进气温度传感器上有两个接线端子,其中接线端子 2 与发动机电控单元(ECU)的接线端子 25 连通,并给该传感器提供 5V 电源电压;接线端子 1 与发动机电控单元(ECU)的接线端子 18 连通。

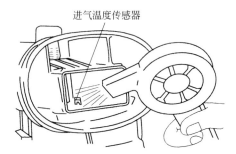

图 3-15 设置在空气流量传感器中的进气温度传感器的检测方法

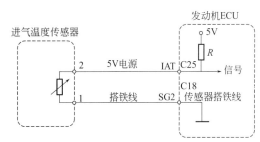

图 3-16 广州本田雅阁轿车进气温度传感器的连接电路

进气温度传感器的检测方法如下。

① 检测进气温度传感器的电源电压。拆下冷却液温度传感器连接器,打开点火开关,检测传感器线束连接器上两端子间的电源电压应为 5V 左右。否则,应检查电控单元(ECU)的电源、搭铁以及传感器与电控单元(ECU)之间的连接导线。

② 检测进气温度传感器的信号电压。插上传感器连接器,打开点火开关,检测 ECU 两端子 25 与 18 间信号电压,应为 0.1~4.8V,且随着进气温度升高,信号电压应逐渐减小。如信号电压偏差过大,则应更换传感器。

③ 检测进气温度传感器的热敏电阻的阻值。先断开点火开关,拆下温度传感器连接器,再拆下温度传感器。将传感器和温度表放入烧杯或加热容器中,在不同温度下,用万用表电阻挡检测传感器插座上两端子间的电阻值,然后再与标准阻值进行比较。如阻值偏差过大、过小或为∞,说明传感器损坏,则应予更换。

④ 检测进气温度传感器线束的导通性。关闭点火开关,拔下 ECU 上的 C 插头,然后拔下进气温度传感器的 2 芯插头,用万用表测量 ECU 插头上 C25 与传感器 2 芯插头上 2 号端

子之间的导通性,如图3-17所示,然后用万用表测量C18与2芯插头1号端子之间的导通性,如图3-18所示。测量的电阻值均应小于1.5Ω,否则说明线路断路或接线端子接触不良。

另外,还应检测线束有无短路和搭铁故障,如有问题,则应更换新件。

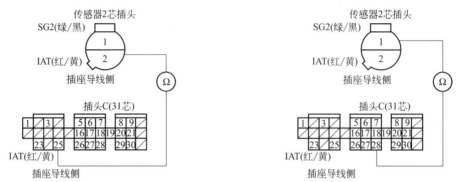

图3-17 测量ECU插头上C25与2号端子之间的导通性　　图3-18 测量C18与1号端子之间的导通性

(2) 丰田凯美瑞车系进气温度传感器的检测　丰田凯美瑞车系进气温度传感器电路及端子示意如图3-19所示。进气温度传感器C2的$1^\#$输出进气温度信号;C2的$2^\#$搭铁。通过ECM的THA端子,由电阻R向IAT传感器提供5V的电压。电阻R和IAT传感器串联。当IAT传感器的电阻变化时,端子THA上的电压也随之变化。根据该信号,ECM增加喷油量以提高发动机在冷态工作时的运行性能。

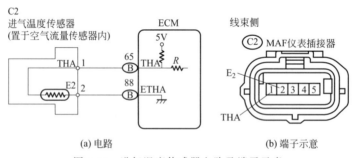

图3-19 进气温度传感器电路及端子示意

进气温度传感器的检测方法如下。

检查进气温度传感器,可测量端子间的电阻,在20℃时其值为$2.21\sim2.69k\Omega$,在80℃时电阻为$0.322k\Omega$,如不符合规定,则应更换进气温度传感器。

当ECU检测到故障码"011124(进气温度传感器电路故障)"时,主要应检查以下几个方面。

① 传感器电路导线的通断状态检查,电路有无短路或断路。

② 传感器本身的检查,可通过对进气温度传感器电阻测量来确定。

③ ECU是否有故障。

三、车内、外空气温度传感器

1. 车内、外空气温度传感器的识别

(1) 车内空气温度传感器　在汽车全自动空调系统中安装有车内空气温度传感器,用于

精确感知车内空气的温度。由车外温度传感器、阳光强度传感器等传感器来决定鼓风机转速和混合门、进气门、模式门的位置。在制冷工况，车内温度越高，混合门调节到越冷位置，鼓风机转速就越高，模式门位于吹脸位置。

如图 3-20 所示为车内空气温度传感器的结构。它的传感元件采用负温度系数热敏电阻制成。有一根抽风管连接车内温度传感器与空调管路，当鼓风机工作时，空气快速流过会产生负压，这样就会有少量的空气流过车内温度传感器，从而使车内温度传感器快速准确地检测出车内温度。当车内空气温度发生变化时，电阻值发生变化，温度升高时，电阻值下降；温度降低时，电阻值升高。

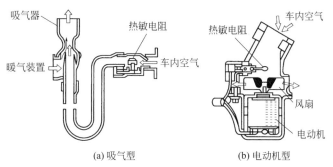

图 3-20 车内空气温度传感器的结构

车内空气温度传感器一般安装在车内仪表板下部，如图 3-21 所示。有些车型安装多个车内温度传感器，后部的车内温度传感器安装在车内后挡风玻璃下部，以精确感知车内的温度。

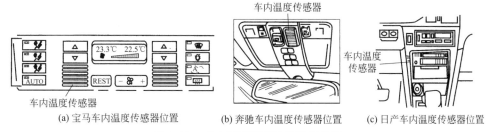

图 3-21 车内温度传感器的安装位置

（2）车外空气温度传感器　车外空气温度传感器，又称环境温度传感器、外界空气温度传感器或大气温度传感器。车外温度传感器一般安装在前保险杠或水箱之前，如图 3-22 所示。车外温度传感器包在一个塑料树脂壳内，以免对环境温度的突然变化做出反应。这将使其准确地检测到车外的平均温度。它能影响出风口空气的温度、鼓风机的转速、进气门的位置、模式门的位置以及压缩机的工作状态。

车外温度传感器的典型结构如图 3-23 所示，其电阻值也随着环境温度的变化而变化，并把这种变化信号输入空调控制系统的 ECU，使 ECU 启动空调压缩机运转，从而保持车内的温度在恒定的范围内。

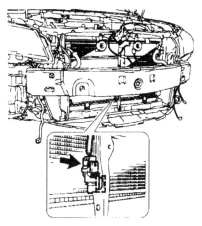

图 3-22 车外温度传感器的安装位置

车外空气温度传感器的特性曲线如图 3-24 所示。

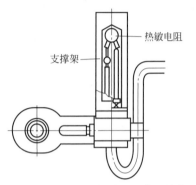

图 3-23 车外温度传感器的典型结构

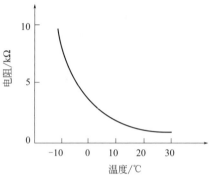

图 3-24 车外空气温度传感器的特性曲线

2. 车内、外空气温度传感器的检测

当车内或车外空气温度传感器连接电路发生断、短路故障时，空调控制系统将不能按车内、外空气温度信息控制空调器的工作，车内温度不能保持恒定。空调系统发生故障，这时应检查车内、外空气温度传感器，判断其工作状况。

车内、外空气温度传感器的接头端子与 ECU 的连接电路以及控制线路如图 3-25 和图 3-26 所示。

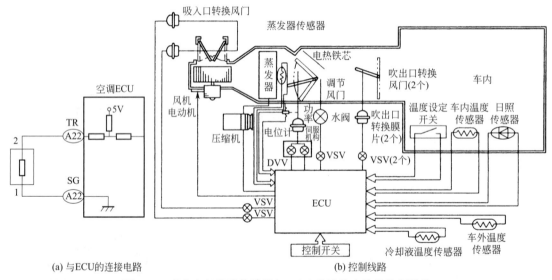

图 3-25 车内空气温度传感器与 ECU 的连接电路及控制线路

（1）车外空气温度传感器的检测　拆下汽车散热器护栅，拔下传感器连接器接头，将车外温度传感器边加温边测量其电阻值，用万用表测量传感器连接器接头端子之间的电阻。当温度升高时，其电阻值应下降。检测电阻值应符合特性曲线变化规律，否则应更换传感器。车外温度传感器的特性曲线如图 3-27 所示。

（2）车内空气传感器的检测　把欧姆表连接在传感器导线上，并用吹风机吹热风，检测传感器电阻值的变化情况，如图 3-28 所示。车内温度传感器变化规律应符合规定要求，否则更换传感器。车内温度传感器的特性曲线如图 3-29 所示。

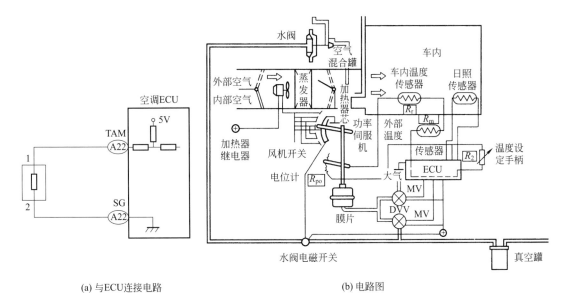

(a) 与ECU连接电路　　　　　　　　　　(b) 电路图

图 3-26　车外空气温度传感器与 ECU 的连接电路及控制线路

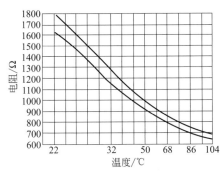

图 3-27　车外温度传感器的特性曲线

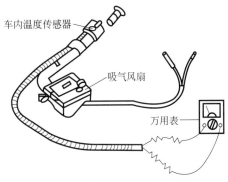

图 3-28　检测车内空气温度传感器

3. 车内、外温度传感器检测示例

（1）车外温度传感器检测示例　丰田凯美瑞 2016 年款混合动力车的车外温度传感器 A3 为热敏电阻式，车外温度传感器的连接电路如图 3-30 所示。车外温度传感器 2# 端子通过 IA8 连接器的 12# 端子与空调放大器总成 I77（A）的 5# 端子相连；传感器 1# 端子从接线连接器 A70（A）、B76（B）的 12# 端子进入，从接线连接器 13# 端子、21# 端子、22# 端子输出分别至 A55 空调压力传感器的 1# 端子、空调压缩机 B90（C）的 2# 端子、空调压缩机 B75（B）的 2# 端子。

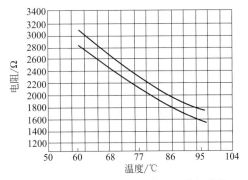

图 3-29　车内空气温度传感器的特性曲线

车外温度传感器的检测方法如下。

① 直观检查。检查车外温度传感器连接器有无松动、线路有无破损或烧焦等。如有，则应予以修复。

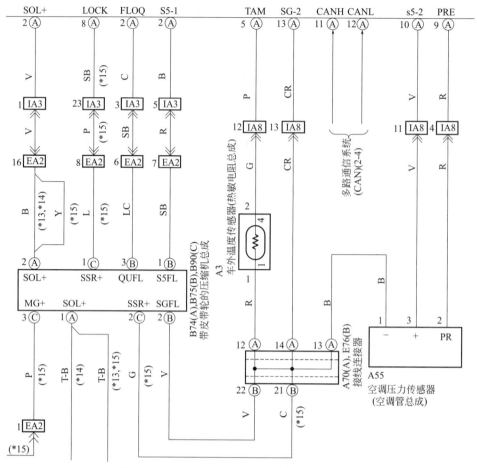

图 3-30 丰田车系车外温度传感器的连接电路

② 检测车外温度传感器的电源电压。拆下车外温度传感器 A3 连接器，检测 A3 连接器（线束测）电源 2#端子与搭铁之间的电压，应为 5V 左右。如果电压低或无电压，应检测车外温度传感器与 ECU 之间的线路。如线路良好，则需更换汽车空调放大器总成。

③ 检测车外温度传感器的电阻。拆下汽车散热器护栅，拆下传感器连接器接头，拆除车外温度传感器。将车外温度传感器边加热边检测其电阻值，用万用表检测传感器连接器接头端子 1、2 之间的电阻，如图 3-31 所示。当温度升高时，其电阻值应下降。检测的电阻值应符合特性曲线变化规律，如果不符合，则应更换传感器。

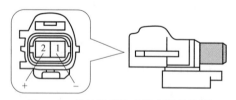

图 3-31 车外温度传感器电阻的检测

(2) 车内温度传感器检测示例　高尔夫 A6 轿车车内温度传感器电路如图 3-32 所示。其检测方法如下。

① 电压检测。拆下汽车散热器护栅，但连接线不断开，接通点火开关，用万用表检测传感器 T36/33 和 T36/36 两端子之间的电压，检测时电压会随温度的升高而下降，在 25℃ 时电压应为 1.4~1.8V，在 40℃ 时电压为 0.9~1.3V。

② 电阻检测。拆下车外温度传感器，检测连接器端子之间的电阻。电阻应随温度的升

高而减小。在25℃时阻值为1.65～1.75kΩ，在40℃时阻值为0.55～0.65kΩ。如果出现故障，替代值10℃阻值为2kΩ。

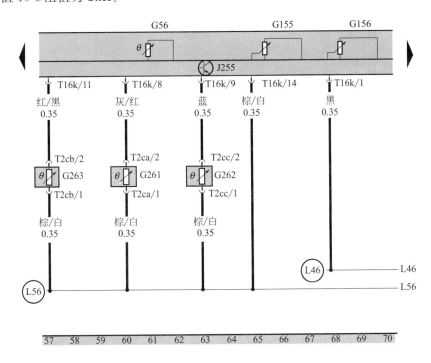

图3-32　高尔夫A6轿车车内温度传感器电路

G56—仪表板温度传感器，在空调控制面板上；G155—左侧出风口温度调节器；G156—右侧出风口温度调节器；G261—左侧脚部空间出口温度传感器，在空调器左侧上部；G262—右侧脚部空间出风口温度传感器，在空调器右侧上部；G263—蒸发器出风口温度传感器；J255—控制单元，在仪表板中部；T2ca—2针连接器，黑色，左侧脚部空间出风口温度传感器连接器；T2cb—2针连接器，黑色，蒸发器出风口温度传感器连接器；T2cc—2针连接器，黑色，右侧脚部空间出风口温度传感器连接器；T16k—16针连接器，黑色，在Climatronic控制单元上B号位；L46—连接线，在空调线束中；L56—连接线，在空调线束中

四、空调蒸发器出口温度传感器

空调蒸发器出口温度传感器用以检测空调蒸发器表面的温度变化，控制压缩机的工作状况。

1. 空调蒸发器出口温度传感器的识别

空调蒸发器出口温度传感器安装在汽车空调系统的蒸发器片上，如图3-33所示。空调蒸发器出口温度传感器仍采用负温度系数的热敏电阻为检测元件，工作温度为20～60℃，其结构与特性曲线如图3-34所示。

空调系统的工作原理如图3-35所示。当空调系统工作时，出口温度传感器检测蒸发器表面的温度信号，该信号转化为电信号输入温度控制系统的ECU，ECU将输入的温度信号与设定的温度调节信号进行比较后，控制空调压缩机电磁离合器的通断，从而对压缩机的工作进行控制；同时还能利用此传感器检测到的温度信号，防止蒸发器出现冰堵现象。

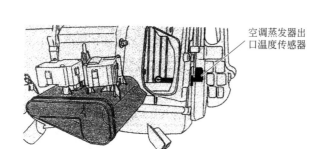

图 3-33 空调蒸发器出口温度传感器安装位置

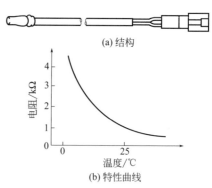

图 3-34 空调蒸发器出口温度传感器的结构与特性曲线

2. 空调蒸发器出口温度传感器的检测

空调蒸发器出口温度传感器与ECU的连接电路如图 3-36 所示。

如果空调系统发生了故障,且在蒸发器的制冷剂出口处即高压管路上出现冰堵现象,同时压缩机不能正常工作,这可能是蒸发器出口温度传感器的连接电路出现断路或短路的故障,此时须对蒸发器出口温度传感器进行检测,具体方法如下。

① 检查蒸发器出口温度传感器和空调控制器总成之间的连接器及各导线的连接情况,检查空调控制器总成的状况。

② 电阻测量。断开点火开关,拆下蒸发器传感器,用万用表电阻挡测

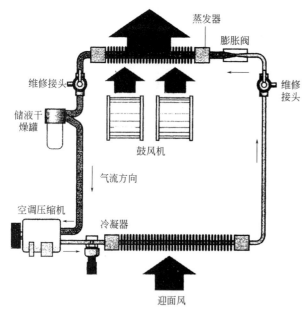

图 3-35 空调系统的工作原理

量连接器的端子 1 和 2 之间的电阻,正常电阻值为 4.5~5.2kΩ(0℃) 和 2.0~2.7kΩ(15℃)。否则,说明传感器损坏,应更换蒸发器出口温度传感器。

3. 空调蒸发器出口温度传感器检测示例

丰田凯美瑞 2016 年款混合动力车型空调系统蒸发器出口温度传感器电路如图 3-37 所示。蒸发器温度传感器(1号冷却器热敏电阻)安装在空调单元内的蒸发器上,以检测通过蒸发器的空气温度,并用于控制空调。蒸发器温度传感器将信号发送至空调放大器总成。蒸发器温度传感器(1号冷却器热敏电阻)的电阻随通过蒸发器的冷却空气温度的变化而变化。随着温度的降低,电阻增大;随着温度的升高,电阻减小。空调放大器总成将电压(5V)施加到蒸发器温度传感器(1号冷却器热敏电阻)上,根据蒸发器温度传感器(1号冷却器热敏电阻)电阻的变化来读取电压的变化。该传感器用于防冰。

空调蒸发器出口温度传感器检测方法如下。

(1)检查传感器电阻 断开蒸发器温度传感器(1号冷却器热敏电阻),连接连接器A1,用万用表"kΩ"挡检测连接器 1# 端子、2# 端子之间的电阻,同时加热传感器,电阻应随着温度的升高而降低,如图 3-38 所示,检测结果应符合表 3-6 的规定值。如正常,则

检查空调线束；如不正常，应更换蒸发器温度传感器。

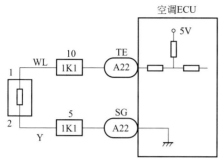

图 3-36 空调蒸发器出口温度传感器与 ECU 的连接电路

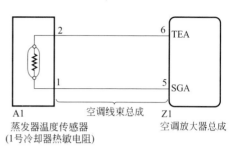

图 3-37 丰田凯美瑞 2016 年款混合动力车型空调系统蒸发器出口温度传感器电路

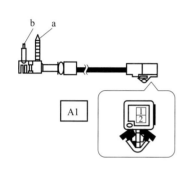

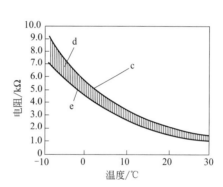

图 3-38 空调蒸发器温度传感器检测

a—未连接线束的组件［蒸发器温度传感器（1号冷却器热敏电阻）］；b—感应部分；c—电阻（kΩ）；d—允许范围；e—温度（℃）

表 3-6 空调蒸发器温度传感器标准阻值

检测仪连接	条件/℃	规定状态/kΩ
A1-1—A1-2	-10	7.30～9.10
A1-1—A1-2	-5	5.65～5.95
A1-1—A1-2	0	4.40～5.35
A1-1—A1-2	5	3.40～4.15
A1-1—A1-2	10	2.70～3.25
A1-1—A1-2	15	2.14～2.58
A1-1—A1-2	20	1.71～2.05
A1-1—A1-2	25	1.38～1.64
A1-1—A1-2	30	1.11～1.32

（2）检查线束连接 断开空调线束连接器 Z1 和蒸发器温度传感器连接器 A1，分别检查连接器 Z1 端子 6#、5# 和 A1 端子 2#、1# 以及 Z1 端子 6#、5# 与车身搭铁之间的电阻。端子 Z1 和 A1 外观如图 3-39 所示。

检测结果如符合表 3-7 中的规定，则应更换空调放大器总成；如不符合规定，则应更换空调线束总成。

表 3-7 标准阻值

检测仪连接	条件	规定状态
Z1-6(TEA)—A1-2	始终	小于 1Ω
Z1-5(SGA)—A1-1	始终	小于 1Ω
Z1-6(TEA)—车身接地	始终	10kΩ 或更大
Z1-5(SGA)—车身接地	始终	10kΩ 或更大

五、排气温度传感器

1. 排气温度传感器的识别

（1）排气温度传感器的结构 在一些高压共轨的柴油车上配置排气温度传感器，安装在汽车排气装置的三元催化转化器上或者涡轮增压器上，如图 3-40 所示。

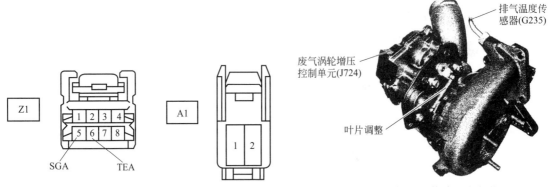

图 3-39 端子 Z1 和 A1 外观　　图 3-40 排气温度传感器安装位置

汽车用的排气温度传感器有热敏电阻式、热电偶式及熔丝式三种，其结构如图 3-41

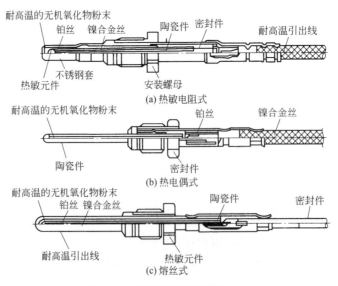

图 3-41 排气温度传感器的结构

所示。

（2）排气温度报警系统的工作原理 排气温度报警系统用于检测三元催化转化器内的排气温度，当排气温度过高时，排气温度传感器将这种温度信号以电信号的形式输入 ECU，ECU 经过分析处理后启动异常高温报警系统，使排气温度报警指示灯点亮，从而向驾驶人员发出报警。排气温度报警系统的结构、电路分别如图 3-42 和图 3-43 所示。

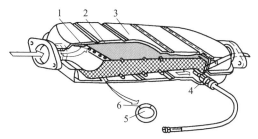

图 3-42 排气温度报警系统的结构
1—外壳；2—隔热材料；3—护板；4—排气温度
传感器；5—催化剂；6—氧化铝

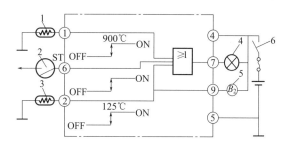

图 3-43 排气温度报警系统的电路
1—排气温度传感器；2,6—点火开关；3—底板
温度传感器；4—报警灯；5—蜂鸣器

从图 3-34 中可以看出，当发动机启动时，启动信号开关（ST）接通，同时点火开关接通，此时报警灯亮，这是制造厂为检查排气温度报警灯的灯丝是否良好而设置的功能。

在行驶过程中，若排气温度过高，超过 900℃ 时，则排气温度传感器的电阻值降到 0.43kΩ 以下，此时排气温度报警灯点亮；当车厢底板温度超过 125℃ 时，底板温度传感器（以正温度系数热敏电阻为检测元件，温度升高时传感器电阻会明显增加）的电阻超过 2kΩ，这时在排气温度报警灯点亮的同时蜂鸣器也发出响声。当排气温度在 900℃ 以下，底板温度也低于 125℃ 时，排气温度传感器的电阻值大于 0.43kΩ，底板温度传感器的电阻低于 2kΩ，这时排气温度报警灯不亮，蜂鸣器也无声响。

2. 排气温度传感器的检测

当排气温度传感器发生断或短路故障，三元催化转化器出现异常高温时，将不能启动报警电路进行报警，会导致催化转化器因高温而损坏，汽车的尾气排放物会严重超标。因催化转化器损坏，排气管部分发生堵塞，排气不畅，发动机工作不稳，这时应对排气温度传感器和底板温度传感器进行检测。检测方法如下。

（1）检查排气温度传感器

① 就车检查。接通点火开关时，排气温度指示灯亮，而在发动机启动时指示灯熄灭，说明传感器良好。

② 单体检查。排气温度传感器的单体检测是测量电阻值，如图 3-44 所示，从车上拆下传感器，用炉子加热传感器的顶端 40mm 长的部分，直到靠近火焰处呈暗红色，这时传感器端子间的电阻值应在 0.4～20kΩ 之间。

（2）检查底板温度传感器 拆下底板温度传感器，用万用表测量传感器连接器接头端子间电阻，当底板温度在 0～80℃ 范围时，其电阻值应为 30～250Ω。如果电阻值不符合要求，则应更换底板温度传感器。

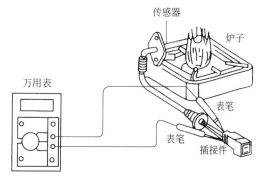

图 3-44 检查单体排气温度传感器

排气温度传感器引线的橡胶管有损伤时,则应更换排气温度传感器。

六、废气再循环系统监测温度传感器

1. 废气再循环(EGR)系统监测温度传感器的识别

EGR 系统监测温度传感器的结构如图 3-45 所示。采用负温度系数的热敏电阻为检测元件,用来监测 EGR 阀内再循环气体的温度变化情况并监测 EGR 阀的正常工作,从而控制排气歧管出来的部分废气再循环地进入进气歧管中,降低气缸的最高燃烧温度,并减少尾气中 NO_x 的含量,从而降低对环境的污染程度。废气再循环系统(EGR)监测温度传感器安装在 EGR 阀的出气道上,如图 3-46 所示。

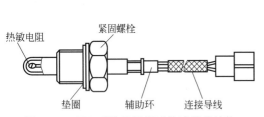

图 3-45 EGR 系统监测温度传感器的结构

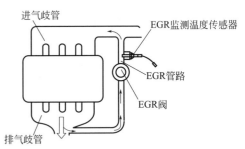

图 3-46 EGR 监测温度传感器安装位置

EGR 阀在发动机中速运转及中等负荷时开启,在发动机低速运转且水温低于 60℃ 时 EGR 阀关闭以防止发动机怠速不稳,在发动机大负荷运转时 EGR 阀也关闭以保证发动机有足够的功率输出。因此 EGR 监测温度传感器监测的温度范围为 50~400℃。

2. EGR 监测温度传感器的检测

当 EGR 系统发生故障导致没有废气再循环时,其原因可能是:EGR 监测温度传感器连接电路断路或短路;EGR 控制系统发生故障,引起系统停止工作;EGR 管路中的沉积物堵塞了通路。这时应对 EGR 监测温度传感器进行检测。

检测方法是,拆下 EGR 监测温度传感器,用专用设备对其加热,其电阻值应随温度的升高而下降,并符合标准值(表 3-8)。若与标准值相差较大,则应更换 EGR 监测温度传感器。

表 3-8 EGR 监测温度传感器电阻值与温度的对应

温度/℃	传感器电阻值/kΩ	温度/℃	传感器电阻值/kΩ
50	635±77	200	5.0±0.6
100	85±9	400	1.6

七、液压油温度传感器

1. 液压油温度传感器的识别

液压油温度传感器用于检测自动变速器液压油的温度,以作为电控单元进行换挡控制、油压控制和锁止离合器控制换挡控制、油压控制和锁止离合器控制的依据。它的内部是一个半导体热敏电阻,具有负的温度电阻系数。温度越高,电阻越低。电控单元根据其电阻的变化测出自动变速器液压油的温度。液压油温度传感器安装在自动变速器油底壳内的液压阀板上，如图 3-47 所示。

液压油温度传感器的特性曲线如图 3-48 所示。电控单元根据电阻值变化检测出液压油温度，作为参考信号之一控制自动变速器的换挡过程。

2. 液压油温度传感器的检测

当液压油温度传感器连接线路发生断或短路故障时，电控单元将无法获得液压油温度信息控制自动变速器换挡，使控制系统出现故障。当故障指示灯点亮时，通过人工方法或使用专用仪表器可以读取故障码。

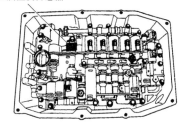

图 3-47 液压油温度传感器安装位置

液压油温度传感器连接器与 ECU 的连接电路如图 3-49 所示。当确认液压油温度传感器出现故障时，可拆下传感器，放在烧杯中，加热烧杯中的水，测量不同温度下的电阻值，其标准值见表 3-9。若电阻值与规定值不符，则应更换液压油温度传感器。

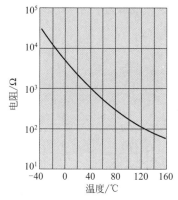

图 3-48 液压油温度传感器特性曲线

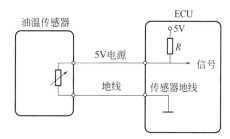

图 3-49 液压油温度传感器连接器与 ECU 的连接电路

表 3-9 液压油温度传感器电阻与温度的对应

温度/℃	0	20	40	60	80
电阻/kΩ	4~7	2~3	0.9~1.5	0.5~0.8	0.2~0.4

八、燃油温度传感器

有些汽车的电控燃油系统，燃油温度会对每次供油量造成影响。当燃油温度发生变化时，燃油的黏度也发生变化，造成在同样的压力-时间条件下，供油量发生改变。这就要求控制系统必须根据温度的改变量，适时适量地改变供油控制。例如：当燃油温度升高、燃油黏度下降时，对于柱塞式油泵，会造成在同样的供油行程内实际供油量下降。而控制系统会根据燃油温度的升高，增加供油时间，从而使柴油机每次供油量不会因燃油温度的变化而改变。

1. 燃油温度传感器的识别

（1）燃油温度传感器的结构　燃油温度传感器的作用是向 ECU 提供燃油温度信号。燃油温度传感器信号用来监测燃油温度，其可测量的温度范围为 -40~120℃，温度不同，燃油密度也不相同。发动机控制单元根据这个信号来计算供油始点和供油量。此外，此信号也用来控制燃油冷却泵开关闭合。柴油机电控系统具有燃油加热功能时，必须设置燃油温度传感器。

燃油温度传感器的结构性能等同于冷却液温度传感器。由于这两种传感器工作温度范围相近，因此，可以用同一类型和封装的温度传感器。

不同的燃油控制系统，燃油温度传感器的安装位置是有所差异的，如圣达菲汽车 D4EA 柴油机的燃油温度传感器安装在燃油滤清器（粗滤器）的上盖处，玉柴德尔福（Delphi）共轨系统的燃油温度传感器安装在高压油泵上，但均安装在高压油路上，如图 3-50 所示。

（2）工作原理 燃油温度传感器是负温度系数热敏电阻（NTC），当燃油温度升高时，传感器电阻值下降。它用于实时测量燃油温度，用于喷油量修正、转矩修正、共轨压力修正及热保护。燃油温度传感器的特性曲线如图 3-51 所示。

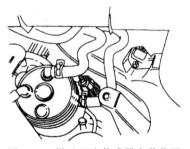

图 3-50 燃油温度传感器安装位置

燃油温度传感器信号异常时，发动机控制单元利用来自冷却液温度传感器（G62）的信号计算出一个替代值。

2. 燃油温度传感器的检测

燃油温度传感器与 ECU 的连接电路如图 3-52 所示。其检测方法如下。

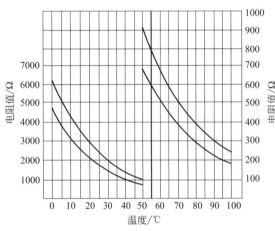

图 3-51 燃油温度传感器的特性曲线

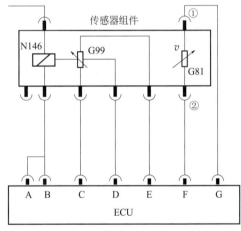

图 3-52 燃油温度传感器与 ECU 的连接电路

（1）电阻值的检测 断开（OFF）点火开关，拆下燃油温度传感器连接器，并对燃油温度传感器进行加热，同时使用万用表电阻挡检测传感器组件①与②两端脚之间的电阻值，其在 30℃ 时对应 1500～2000Ω 范围内的电阻，在 80℃ 时对应 275～375Ω 范围内的电阻。如检测到的电阻值不变或变化较小，均说明该传感器损坏或不良，则应更换新件。

（2）连接导线的检测 如果检测燃油温度传感器正常，再采用万用表检测燃油温度传感器与发动机 ECU 之间的连接导线和连接件。导线导通电阻最大为 1Ω。检查连接导线之间是否有短路、对地或对电源是否短路。如检测没发现问题，说明发动机电控单元不良或损坏，则应修理或更换。

3. 燃油温度传感器的检测示例

捷达 SDI 柴油发动机燃油温度传感器的检测方法如下。

(1) 燃油温度传感器电阻的检测　燃油温度传感器连接插头如图 3-53 所示。

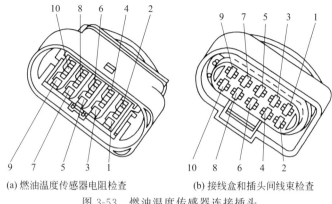

(a) 燃油温度传感器电阻检查　　(b) 接线盒和插头间线束检查

图 3-53　燃油温度传感器连接插头

1～10—端子

① 关闭点火开关，拔下燃油温度传感器 10 端子插接器。

② 测量燃油温度传感器插接器端子 4 与 7 之间的电阻，如图 3-53 所示。30℃ 对应 1500～2000Ω 的电阻，80℃ 对应 275～375Ω 的电阻。若达不到标定值，则更换喷油泵。

③ 若达到标定值，连接接线盒 ＶＡG1598/31 到控制单元线束上，检查接线盒插口 111 与燃油温度传感器插接器端子 7 之间及接线盒插口 103 与燃油温度传感器插接器端子 4 间的电路是否断路或短路。导线电阻最大为 1.5Ω。若正常，则更换发动机控制单元。

④ 检测导线间是否彼此短路。

⑤ 检查传感器导线连接，是否对地短路或对正极短路。

(2) 读取燃油温度传感器数据流　连接 ＶＡG1551 或 ＶＡG5051 诊断仪。启动发动机，读取数据块 7。燃油温度约为环境温度，若显示区 1 显示的不是实际温度值或替代值 －5.4℃，则应检查燃油温度传感器及传感器连接线束。

九、混合动力汽车蓄电池温度传感器

1. 混合动力汽车（HV）蓄电池温度传感器的识别

HV 蓄电池温度传感器的作用是用于检测 HV 蓄电池内的温度，HV ECU 根据 HV 电池温度信号控制蓄电池冷却风扇的断开与接通。

HV 蓄电池温度传感器一共有 4 个，其安装位置如图 3-54 所示。

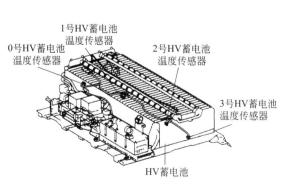

图 3-54　HV 蓄电池温度传感器安装位置

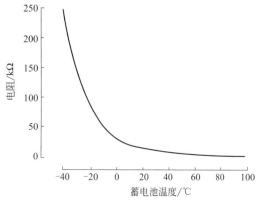

图 3-55　HV 蓄电池温度传感器的特性曲线

HV 蓄电池温度传感器是采用负温度系数电阻制成的。内置于各蓄电池温度传感器中的热敏电阻的阻值会根据 HV 蓄电池温度的变化而变化。当 HV 蓄电池温度高于预定标准时，鼓风机风扇启动。HV 蓄电池温度传感器的特性曲线如图 3-55 所示。

2. HV 蓄电池温度传感器的检测

HV 蓄电池温度传感器与 ECU 的连接电路如图 3-56 所示。其检测方法与其他温度传感器大致相同。

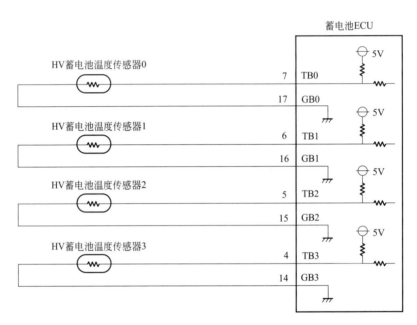

图 3-56　HV 蓄电池温度传感器与 ECU 的连接电路

十、辅助蓄电池温度传感器

1. 辅助蓄电池温度传感器的识别

辅助蓄电池温度传感器用于检测辅助蓄电池温度，HV ECU 根据辅助电池温度信号调节 DC/DC 转换器的输出电压。辅助蓄电池温度传感器是运用负温度系数电阻制成的，内置于辅助蓄电池中。温度传感器热敏电阻的电阻值随辅助蓄电池温度的改变而改变，辅助蓄电池温度越低，热敏电阻的电阻值就越大；反之，温度越高，电阻值越小。辅助蓄电池温度传感器与 ECU 的连接电路如图 3-57 所示，其特性曲线如图 3-58 所示。

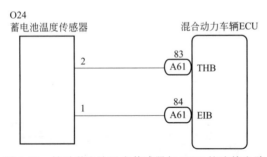

图 3-57　辅助蓄电池温度传感器与 ECU 的连接电路

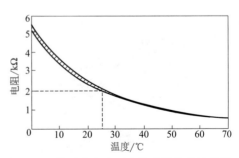

图 3-58　辅助蓄电池温度传感器的特性曲线

辅助蓄电池温度传感器连接到混合动力车辆 ECU 上。混合动力车辆 ECU 的端子 THB 通过内部电阻器 R 向辅助蓄电池温度传感器施加 5V 的电压。也就是说电阻器 R 和辅助蓄电池温度传感器串联。端子 RHB 的电压和电阻值随辅助蓄电池温度的变化而变化。辅助蓄电池温度高时，混合动力车辆 ECU 根据此信号减少充电电流以保护辅助蓄电池。

2. 辅助蓄电池温度传感器的检测

检测时关闭点火开关，拆下蓄电池温度传感器连接器，如图 3-59 所示。用万用表或检测仪连接传感器的两个端子，并检测两个端子间在不同温度下的电阻。电阻应符合表 3-10 中所列数值。如不符合规定，则应更换辅助电池温度传感器。

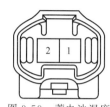

图 3-59 蓄电池温度传感器连接器

表 3-10 辅助蓄电池温度传感器两端子间电阻标准值

检测仪连接	温度/℃	电阻标准值/kΩ
024-2—024-1	0	5.0～5.3
	20	2.3～2.5
	40	1.1～1.3

十一、混合动力系统电动机温度传感器

电动机温度传感器是电动机的组成部分。在运行时，电动机线圈不允许超过某一温度值。温度传感器通过监控其中一个线圈内的温度代表所有线圈。如果温度升高且接近最大允许温度，则电动机电子伺控系统（EME）就会降低电动机功率，这样可以避免电动机热过载。

电动机温度传感器是由一个热敏电阻或 NTC 电阻（NTC 表示负温度系数）制成的。内置于电动机温度传感器内的热敏电阻的电阻值随电动机温度的变化而变化。可通过热敏电阻将温度变量转变成电气系统可以分析的电阻变量。电动机温度越低，热敏电阻的电阻值就越大；反之，温度越高，电阻值越小。

电动机温度传感器安装在电动机上，如图 3-60 所示。混合动力系统电动机温度传感器与 ECU 的连接电路如图 3-61 所示，其特性曲线如图 3-62 所示。

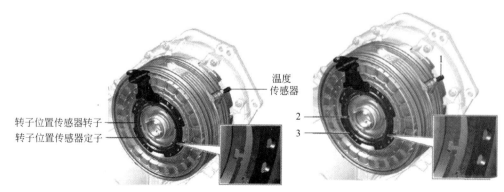

图 3-60 电动机温度传感器安装位置
1—温度传感器；2—转子位置传感器转子；3—转子位置传感器定子

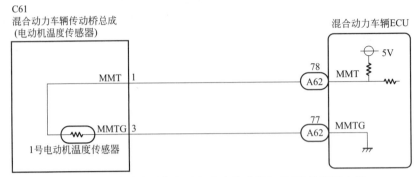

图 3-61　混合动力系统电动机温度传感器与 ECU 的连接电路

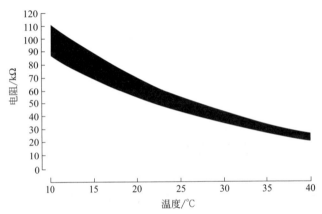

图 3-62　混合动力系统电动机温度传感器的特性曲线

第二节

热敏铁氧体式温度传感器的识别与检测

一、热敏铁氧体式温度传感器的识别

1. 热敏铁氧体式温度传感器的结构

热敏铁氧体式温度传感器常安装在散热器冷却水的循环通路上,用于控制散热器冷却风扇的开闭,它由永久磁铁、舌簧开关和热敏铁氧体等组成,其结构及安装位置如图 3-63 和图 3-64 所示。

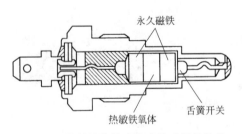

图 3-63　热敏铁氧体式温度传感器的结构

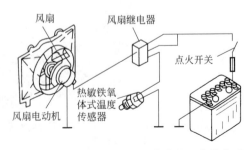

图 3-64　热敏铁氧体式温度传感器的安装位置

2. 热敏铁氧体式温度传感器的工作原理

热敏铁氧体在一定低温下能被磁铁磁化而产生强磁性，温度升高超过规定温度时则不被磁化。当其被磁化时，磁力线通过舌簧开关的触点产生吸引力，使触点闭合，舌簧开关由此闭合而送出控制信号。

在散热器的冷却系统中，舌簧开关的闭合使冷却风扇的继电器断开，令冷却风扇停止工作；反之则令冷却风扇启动工作，其控制原理如图 3-65 所示。

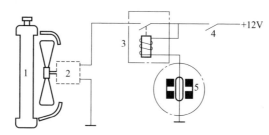

图 3-65　散热器的冷却系统控制原理
1—散热器；2—电动机；3—继电器；4—点火开关；5—热敏开关

散热器的冷却系统工作电路如图 3-66 所示。

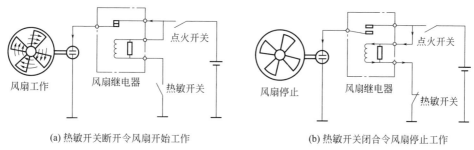

(a) 热敏开关断开令风扇开始工作　　(b) 热敏开关闭合令风扇停止工作

图 3-66　散热器的冷却系统工作电路

二、热敏铁氧体式温度传感器的检测

当散热器冷却风扇在发动机的冷却液温度高于规定温度时仍不运转，则表明散热器冷却风扇的工作电路出现故障。若发现热敏铁氧体温度传感器处于短路或断路，则应对热敏铁氧体式温度传感器进行检测。热敏铁氧体式温度传感器的检测方法如下。

① 拆下热敏铁氧体式温度传感器，将温度传感器置于玻璃烧杯中并加水进行加热。

② 在加热过程中，当水温低于规定温度时，热敏铁氧体式温度传感器舌簧开关应闭合，电阻应为零。

③ 当水温高于规定值时，热敏铁氧体式温度传感器舌簧开关断开，传感器不导通，电阻应为∞。否则，说明热敏铁氧体式温度传感器已损坏，则应更换新件。

第四章

汽车压力传感器的识别与检测

汽车压力传感器常用来检测气体压力和液体压力，并将压力信号转变为电压信号输入给电控单元，以控制执行元件的工作。汽车压力传感器的基本原理是靠测定压力差来工作的。检测过程中的基准压力通常是指大气压。汽车压力传感器的类型很多，有膜片式（可变电感式）、应变片式、差动变压器式、半导体式等多种形式。

根据传感器产生的信号原理可分为电压型和频率型两种。电压型有压电效应式（或称半导体压敏电阻应变计式）、电磁式（或称膜盒传动的可变电感式）；频率型有电容膜盒式和表面弹性波式（应用较少）。其中应用较多的是半导体压敏电阻应变计式和电容式进气歧管压力传感器。

根据传感器的作用可分为进气歧管绝对压力传感器、大气压力传感器、制动主缸压力传感器、蓄能器压力传感器和机油压力开关。

第一节

机油压力开关的识别与检测

一、机油压力开关的识别

机油压力开关用于检测发动机有无机油压力，其结构如图 4-1 所示，主要由触点、弹簧及膜片等组成。当无机油压力作用时，弹簧推动膜片，触点处于闭合（ON）状态；当机油压力达到规定值时，膜片克服弹簧作用力，使触点断开（OFF）。其油压开关特性如图 4-2 所示。

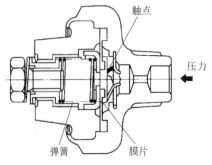

图 4-1 机油压力开关的结构

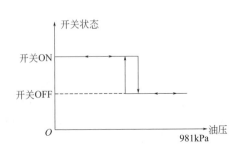

图 4-2 机油压力开关的特性

油压指示器的工作原理如图 4-3 所示，油压指示灯安装在组合仪表里，压力开关安装在发动机润滑油路上。压力开关内有受油压作用而动作的膜片及受油压作用而动作的触点。当油压低于规定值时，膜片不具有推动弹簧的作用力，触点闭合，指示灯亮；当油压高于规定值时，膜片推起弹簧，触点分开，指示灯熄灭，说明油压已经达到了规定值。在正常情况下，触点动作压力在 30～50kPa 范围内。

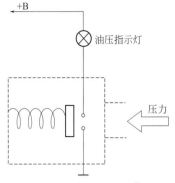

图 4-3　油压指示器的工作原理

二、机油压力开关的检测

机油压力开关的检测方法如下。

① 点火开关接通后，机油压力指示灯不亮，其故障原因是油压指示灯线束脱落，或者是熔丝已熔断，或者指示灯丝已烧断。

② 发动机启动后，机油压力已达规定值，指示灯仍点亮，故障原因可能是触点开关动作不良，线束搭铁。

第二节　进气压力传感器的识别与检测

进气压力传感器又称为进气歧管绝对压力传感器，应用于 D 型电子控制燃油喷射系统。它的作用是检测进气歧管内的压力变化，并将发动机进气歧管的进气压力转换为电信号，它与进气流量传感器的作用一样，是发动机控制单元（ECU）计算基本喷油量、确定最佳点火时间的重要参数。这种检测方式属于间接检测，进气质量随进气温度变化。

进气压力传感器大多安装在汽车发动机的进气歧管上，也有少部分安装在汽车发动机 ECU 的控制盒内或发动机室内（皇冠 3.0 轿车安装发动机室内、奥迪 A6 轿车安装在发动机 ECU 内）。有些进气压力传感器与进气温度传感器安装在一起。

进气压力传感器的类型很多，按其信号产生原理的不同可分为电压型进气压力传感器和频率型进气压力传感器两种。电压型进气压力传感器又可分为半导体压敏电阻式进气压力传感器（电阻应变计式进气压力传感器）和真空膜盒传动可变电感式进气压力传感器；频率型进气压力传感器可分为电容式进气歧管压力传感器和表面弹性波式进气压力传感器。其中以半导体压敏电阻式进气压力传感器应用最多。但目前常用的有半导体压敏电阻式、电容式、真空膜盒式和表面弹性波式等压力传感器。

一、半导体压敏电阻式进气压力传感器

1. 半导体压敏电阻式进气压力传感器的识别

（1）半导体压敏电阻式进气压力传感器的结构　其结构如图 4-4 所示，它是利用半导体的压阻效应制成的，主要由硅膜片、真空室、硅杯、底座、真空管和电极引线组成。

（2）半导体压敏电阻式进气压力传感器的工作原理　其工作原理如图 4-5 所示，硅膜片一面通过真空室，另一面承受来自进气歧管中气体的压力，在此气体压力的作用下，硅膜片会产生变形，且压力越大形变越大，硅膜片上应变电阻的阻值在此压应力的作用下就会发生变化，使传感器上以惠斯顿电桥方式连接的硅膜片应变电阻的平衡被打破，当电桥的输入端输入一定的电压或电流时，在电桥的输出端便可得到相应变化的信号电压或信号电流，因为

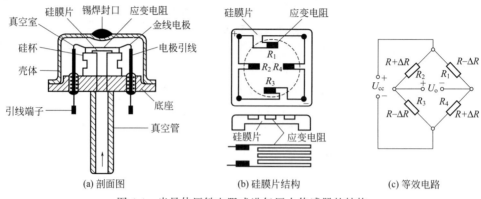

图 4-4 半导体压敏电阻式进气压力传感器的结构

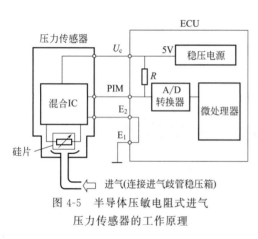

图 4-5 半导体压敏电阻式进气压力传感器的工作原理

此信号比较微弱,故采用了混合集成电路进行放大后输入 ECU。

因为压阻效应式进气歧管压力传感器的功能部件是硅膜片和应变电阻,其工作参数取决于作用于膜片上的压力的大小,所以传感器的取样压力应从压力波动较小的部位选取。如桑塔纳2000系列轿车的进气压力都从稳压箱处选取,可以避免压力波动对检测信号的影响。

2. 半导体压敏电阻式进气压力传感器的检测

半导体压敏电阻式进气压力传感器一般不易损坏,故应用较广泛。若其遭损坏或线路连接不良,则易使发动机出现怠速不良、启动不易和启动后熄火的故障。若在汽车运行中发现上述故障,应对该传感器及相关电路和元件进行检测。检测方法如下。

(1) 检查电源电压 检查时,拔下传感器的连接器插头,接通点火开关(但不启动发动机),用万用表电压挡检测连接器插头电源端和接地之间的电压,应在 4~6V 之间;否则,应检修连接线路。若传感器损坏,应予更换。

(2) 检查信号电压 检测进气压力传感器的输出电压。拔下进气压力传感器与进气歧管连接的真空软管,打开点火开关(但不启动发动机),用电压表在电控单元线束插头处测量进气歧管压力传感器的输出电压(信号端子 PIM 与搭铁线 E1 之间的),接着向进气歧管压力传感器内施加真空,并测量在不同真空度下的输出电压,该电压值应随真空度的增大而增加,其变化情况应符合规定(表 4-1),否则应更换新品。

表 4-1 进气歧管压力传感器不同真空度时输出电压对应表

真空度/kPa(mmHg)	电压值/V	真空度/kPa(mmHg)	电压值/V
13.3(100)	0.3~0.5	53.5(400)	1.5~1.7
26.7(200)	0.7~0.9	66.7(500)	1.9~2.1
40.0(300)	1.1~1.3		

3. 半导体压敏电阻式进气压力传感器检测示例

新款科鲁兹车系绝对压力传感器电路如图 4-6 所示。进气歧管绝对压力传感器有一个

5V 参考电压电路、一个低电平参考电压电路和一个信号电路。发动机控制模块向进气歧管绝对压力传感器 5V 参考电压电路提供 5V 电压，并向低电平参考电压电路提供搭铁。进气歧管绝对压力传感器通过信号电路向发动机控制模块提供一个与进气歧管压力变化相关的电压信号。

绝对压力传感器的检测方法如下。

（1）直观检查　检查传感器的真空管、连接器及线路，看有无松动、破损等异常现象。

（2）检查传感器电源电压　打开点火开关（ON），用直流电压表检测传感器的 1# 端子与 2# 端子之间的电压，应为 5V。如果电压不正常，需要检查传感器与发动机控制模块 K20 之间的线路。如果线路正常，则需检查 ECU 的电源和搭铁线路。如果线路仍正常，则应更换发动机控制模块 K20。

（3）检测传感器信号电压　打开点火开关（ON），用直流电压表检测传感器 3# 端子与 2# 端子之间的电压，应为 4V 左右。启动发动机，在发动机怠速运转时检测 3# 端子与 2# 端子之间的电压，应为 1～1.5V。逐渐加大节气门开度，使发动机转速升高，同时检测传感器 B 端子与 A 端子之间的电压，应逐渐增大至 5V。如果测得的传感器的信号电压不正常，则应更换传感器。

图 4-6　新款科鲁兹车系绝对压力传感器电路

二、电容式进气歧管压力传感器

1. 电容式进气歧管压力传感器的识别

如图 4-7 所示为电容式进气歧管压力传感器的结构，它是将氧化铝膜片和底板彼此靠近排列，形成电容，利用电容随膜片上下压力差的变化而改变的性能，获取与压力成正比的电容值信号。将电容（为压力转换元件）连接到传感器混合集成电路的振荡电路中，传感器能够产生可变频率的信号，且该信号的输出频率（为 80～120Hz）与进气歧管的绝对压力成正比。ECU 可以根据传感器输入信号的频率来感知进气歧管的绝对压力的大小，进而对发动机的喷油量进行控制。

2. 电容式进气歧管压力传感器的检测

电容式进气歧管压力传感器目前还没有得到很普遍的应用，仅在福特等少数轿车的 D 型喷射发动机上使用。若电容式进气压力传感器或其连接电路发生故障，也可从电源电压、信号电压、传感器与电源间连接线束的导通性去检测，具体的车型需参考各自的参数标准值。还可用汽车专用万用表对此进气压力传感器进行频率测试。

电容式进气歧管压力传感器的检测方法：接通点火开关，发动机不运转，进气压力传感器输出信号频率约为 160Hz；减速时频率为 80Hz 左右；怠速时频率为 105Hz 左右；若进气压力输出信号消失或者超出工作范围（频率小于 80Hz 或大于 160Hz），则说明此传感器已损坏，应进行检测或更换。

3. 电容式进气歧管压力传感器检测示例

福特车系电容式进气歧管压力传感器与电控单元（ECU）的连接电路如图 4-8 所示。该进气压力传感器有三条线与电控单元（ECU）连接。ECU 的 26 端子向进气歧管压力传感器提供

5V 电压；46 端子是信号回路，经 ECU 搭铁；45 端子为进气压力传感器输出信号端子。

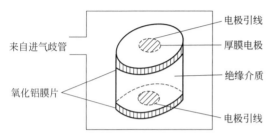

图 4-7 电容式进气歧管压力传感器的结构

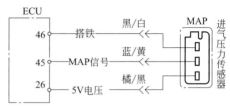

图 4-8 福特车系电容式进气歧管压力传感器与电控单元的连接电路

电容式进气歧管压力传感器的检测方法如下。

① 检查真空软管连接状态，以确保无老化破裂现象。

② 打开点火开关，检查 ECU 的 26 端子（橘/黑）与搭铁间电压，应为 5V。

③ 检测 46 端子信号电路（黑/白），电压应为 0V，接地电阻不大于 5Ω。

④ 检测进气压力信号电路（蓝/黄），拆下传感器连接器接头，测量 45 端子处电压，在点火开关接通时为 0.5V。

三、真空膜盒式进气压力传感器

1. 真空膜盒式进气压力传感器的识别

真空膜盒式进气压力传感器又称膜盒测压器，其作用是在 D 型燃油喷射系统中，由进气歧管绝对压力传感器测量进气管压力，并将信号输入 ECU，作为燃油喷射和点火控制的主控制信号。

根据膜盒的机械运动变换成电信号输出方式不同，可以采用可变电阻器（电位计）、可变电感器和差动变压器三种装置，其结构如图 4-9 所示。

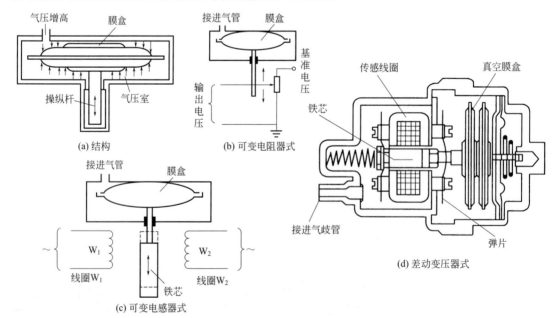

图 4-9 真空膜盒式进气压力传感器

2. 真空膜盒式进气压力传感器的检测

真空膜盒式进气压力传感器的检测方法如图 4-10 所示。

真空膜盒式进气压力传感器的常见故障是真空软管连接不牢、破裂以及感应线圈断、短路等。

检测时应注意这种进气压力传感器是用 12V 电源工作的，所以不要拔下电源线插头。

（1）检查电源电压　如图 4-10(a) 所示。关闭点火开关，拔下传感器连接器插头，在电源线插头一侧接万用表，打开点火开关，电压表应显示 12V，否则应检查电源线是否存在断、短路。

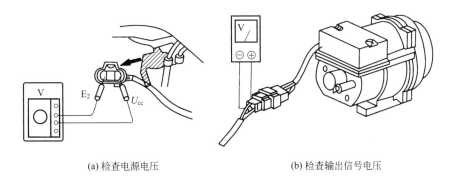

(a) 检查电源电压　　　　　　(b) 检查输出信号电压

图 4-10　真空膜盒式进气压力传感器的检测方法

（2）检查输出信号电压　如图 4-10(b) 所示，在不分离接线与插座的情况下，使点火开关处于"ON"（闭合）状态，把万用表测头触及接线插座的 E-Vs 之间；当脱开真空软管后，与大气压力直接相通时，电压表应指示 1.5V 左右；用嘴吸吮真空软管时，电压表示值应从 1.5V 向减小的方向摆动；怠速运转时，电压表示值约为 0.4V，转速升高，输出电压值也应升高。

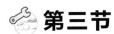

第三节

涡轮增压压力传感器的识别与检测

一、涡轮增压压力传感器的识别

涡轮增压压力传感器以硅膜片上形成的扩散电阻作为传感元件，用于检测涡轮增压机的增压压力，以便对喷射脉冲进行修正和对增压压力进行控制。

日产 VQ30DET 发动机上的涡轮增压系统如图 4-11 所示，其中就运用了涡轮增压传感器。在怠速、冷却液温度超过 115℃ 或冷却液温度传感器系统异常时，增压控制电磁阀断开，旋启阀控制器的膜片承受实际增压压力，增加排气的旁通量，增压压力下降；相反，当增压控制电磁阀闭合时，减少排气的旁通量，使增压压力升高。此外，如果增压压力异常升高，增压传感器的输出电压超出一定数值，系统燃油将被切断。

二、涡轮增压压力传感器的检测

奥迪轿车发动机上的压力调节装置与真空控制装置的连接如图 4-12 所示。压力调节装置带废气涡轮增压器，增压空气冷却器附带增压压力传感器（G31），检查增压压力传感器

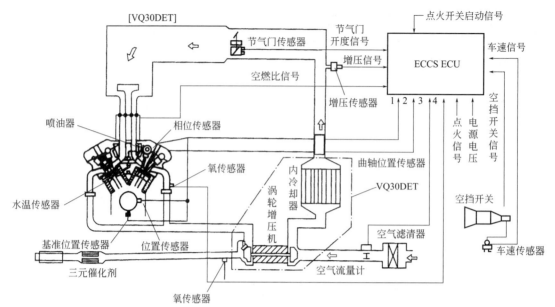

图 4-11 日产 VQ30DET 发动机上的涡轮增压系统
1—曲轴位置传感器；2—水温信号；3—进气量信号；4—氧输出信号

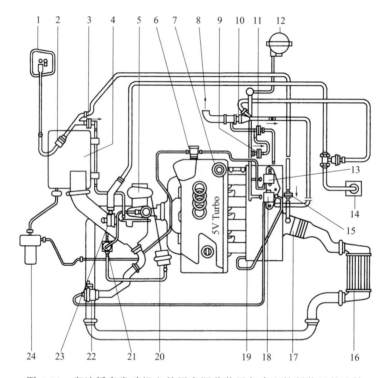

图 4-12 奥迪轿车发动机上的压力调节装置与真空控制装置的连接
1—活性炭罐；2—活性炭罐电磁阀；3,15—活性过滤器罐单向阀（在活性过滤器罐和进气软管之间）；4—空气滤清器（附带空气流量传感器）；5—废气涡轮增压器；6—二次进气组合阀；7—燃油压力调节器；8—制动器；9,11—阀（在制动器和进气管之间）；10—抽吸喷射泵；12—真空储能；13—二次进气阀；14—曲轴箱气体；16—增压空气冷却器（附带增压压力传感器）；17—节气门控制；18—涡轮增压器换气阀；19—进气管（附带进气温度传感器）；20—增压压力调节装置压力器；21—增压压力限制阀；22—机械式换气阀；23—曲轴箱气体装置压力调节阀；24—二次进气泵

(G31)必备的专用工具和车间设备是X431电眼睛或ＶＡG1551；检查条件是VAS5051或ＶＡG1551已接好。

涡轮增压压力传感器的检查方法如下。

① 查询发动机控制单元故障存储器。如果显示G31有故障，则检查供电电压。

说明： 增压压力传感器（G31）及导线由发动机控制单元监控。

② 拔下如图4-13箭头所指的传感器插头。

③ 如图4-14所示，将万用表电压挡接到插头触点1和3之间。

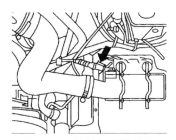
图4-13 拔下传感器插头

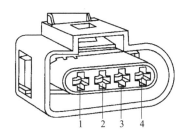
图4-14 增压压力传感器插头

④ 接通点火开关，规定值约为5V。

⑤ 如果未达到规定值，将检测箱ＶＡG1598/31接到发动机控制单元线束上，发动机控制单元也接上。

⑥ 检查导线连接是否断路及对地/正极短路，见表4-2。

表4-2 检查导线连接情况

插头触点	ＶＡG1598/31上插脚号
1（搭铁端子）	108
3（电源端子）	98
4（燃油压力信号端子）	101

⑦ 如需要，排除导线断路或短路。

⑧ 如果达到规定值，则检查信号线。

⑨ 插上传感器（G31）的插头。

⑩ 将万用表电压挡接到ＶＡG1598/31转接盒上的101号和108号插脚之间。

⑪ 启动发动机，使之怠速运转，规定值约为1.90V。

⑫ 使发动机急加速，规定值为2.00～3.00V。

⑬ 如果未达到规定值，则检查插头触点4与ＶＡG1598/31转接盒上101号插脚间导线是否断路或对地/正极短路。

⑭ 如果导线正常，则应更换增压压力传感器（G31）。

第四节

大气压力传感器的识别与检测

一、大气压力传感器的识别

大气压力传感器用于检测大气压力的变化，并将变化的压力信号输入ECU，实现ECU

对喷油量和点火时间的修正。大气压力传感器一般安装在空气流量计内、ECU 内或前保险杠内，如图 4-15 所示。D 型喷射发动机系统采用进气歧管压力传感器在点火开关接通的瞬间向 ECU 提供大气压力信号，因此没有安装大气压力传感器。

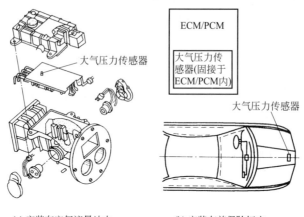

(a) 安装在空气流量计内　　(b) 安装在前保险杠内

图 4-15　大气压力传感器安装位置

大气压力传感器与半导体压敏电阻压力传感器的制作原理类似，也是采用集成电路与微加工技术，在一块半导体基片（硅片）上形成压力传感器、温度补偿电路和放大电路。在硅片的中间，从反面经异向腐蚀形成了一个正方形的膜片（利用膜片将压力变换成应力），在膜片的表面，通过扩散杂质形成 4 个 P 型的测量电阻，以惠斯顿电桥方式连接，如图 4-16 所示。利用膜片的压阻效应（将加在膜片上的压力变换成电阻的变化），在两个输出端子之间输出一定的电位差。

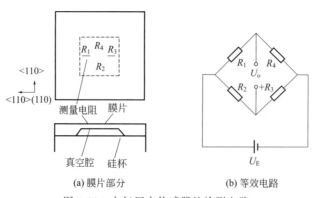

(a) 膜片部分　　(b) 等效电路

图 4-16　大气压力传感器的检测电路

膜片的里面与硅杯之间设计成真空腔，用于缓和外部的应力，并以此真空腔的压力为基准来测量大气压力。

二、大气压力传感器的检测

三菱轿车大气压力传感器与电控单元（ECU）的连接电路如图 4-17 所示。它有三根引线，一根线（U_{cc}）为电源电压；另一根线（U_{out}）为信号输出；还有一根线为搭铁线。

三菱轿车大气压力传感器安装在空气流量传感器内，由惠斯登电桥组成，随海拔的变化，电桥输出的电压值也产生变化，并将变化的电压信号输入 ECU 的 16 号端子，ECU 根据变化的电压修正喷油量。ECU 的 13 号和 23 号端子并联，以减少接触电阻。大气压力传感器的检测方法如下。

（1）检查搭铁情况　拆下大气压力传感器与 ECU 间的连接插头，测量 ECU 侧 14 号端子与搭铁之间的电阻值，应为零，否则应检查 ECU 的搭铁情况。

（2）检查各端子电压　将点火开关置于"OFF"位置，拔下大气压力传感器的导线连接器，然后将点火开关置于"ON"位置（不启动发动机），用万用表电压挡测量导线连接器中 23 号端子与搭铁（14 号端子）之间的电压，其电压值应为 4.5~5.5V。如有异常，应检查大气压力传感器与 ECU 之间线路是否正常。若断路，则应更换或修理线束。

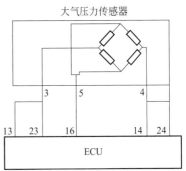

图 4-17　三菱轿车大气压力传感器与电控单元（ECU）的连接电路

（3）检查输出信号电压　检查时将点火开关置于"ON"位置，在 ECU 导线连接器上用万用表电压挡测量大气压力传感器的 5 号端子输出信号电压，应为 3.5~4.2V。

若检测的数值不在规定范围内，则应检查线路连接情况，若线路连接情况良好，说明大气压力传感器损坏，应更换传感器。

三、大气压力传感器检测示例

本田雅阁轿车采用的大气压力传感器安装在发动机电控单元（ECU）内，ECU 通过大气压力传感器输入的信号感知车辆周围海拔的变化，从而调整点火正时和燃油供给量，使发动机性能得到稳定发挥。

大气压力传感器由硅片和放大路组成，硅片覆盖着真空室，其结构与输出电压的特性如图 4-18 所示。工作时，由发动机 ECU 向大气压力传感器提供 5V 电源并使之经传感器内部电路搭铁，真空室和大气之间的压力差引起硅片弯曲变形，产生一个低电压，经放大电路放大后，再传送给 ECU。

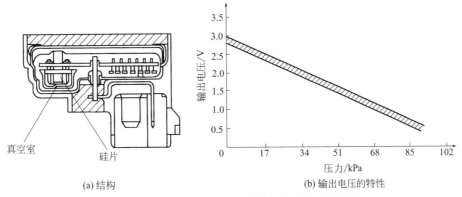

(a) 结构　　(b) 输出电压的特性

图 4-18　大气压力传感器的结构与输出电压的特性

大气压力传感器的技术参数见表 4-3。若检测不符合规定，则应更换大气压力传感器。

表 4-3　大气压力传感器的技术参数

大气压力(kPa)/进气歧管压(kPa)	17	33	50	67	83
输出电压/V	2.5	2.0	1.5	1.0	0.5

第五节

蓄能器压力传感器的识别与检测

一、蓄能器压力传感器的识别

蓄能器压力传感器用于检测牵引力控制系统（TRC）蓄能器油液压力，它一般安装在油压控制组件的上方，如图4-19所示。蓄能器压力传感器由压力检测部分、电路部分等组成，压力检测部分以半导体压敏元件为测量元件。当油液压力低时，它向ECU输入低油压信号，以便启动油泵，使之运转；当油液压力过高时，它向ECU输入一个高油压信号使油泵停止运转。

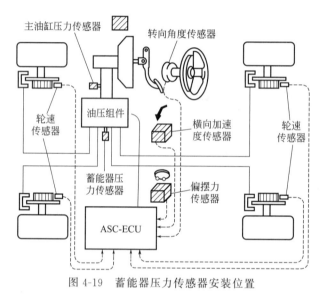

图4-19 蓄能器压力传感器安装位置

二、蓄能器压力传感器的检测

蓄能器压力传感器与ECU的连接电路如图4-20所示。

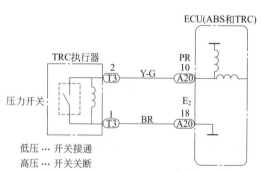

图4-20 蓄能器压力传感器与ECU的连接电路

蓄能器压力传感器的检测方法如下。

（1）检查电源电压

① 拆下ABS和TRC的ECU，使连接器仍连着。

② 启动发动机，使之怠速运转30s，使TRC执行器油压升高到一定的数值。

③ 关闭发动机，使点火开关转至"ON"位置，用万用表测量ECU连接器端子PR与E_2间电压，该值应为5V，其测量过程如图4-21所示。检查后应向储油室内加油。

(2) 检查压力开关

① 拆下压力开关导线连接器，测量压力开关（传感器）连接器端子 1 与端子 2 之间的电阻值，该值应为 0，如图 4-22 所示。

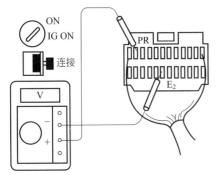
图 4-21　蓄能器压力传感器电源电压的测量

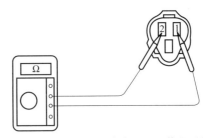
图 4-22　蓄能器压力传感器电阻值的测量

② 接好连接器，启动发动机，使之怠速运转 30s，以使 TRC 执行器压力升高到一定的数值。

③ 关闭发动机，接通点火开关，测量连接器端子 1 与端子 2 之间电阻，该值应为 1.5kΩ。若检测不符合上述结果，则应更换 TRC 执行器。

第六节

共轨压力传感器的识别与检测

电控柴油机的压力传感器主要有共轨压力传感器、增压压力传感器、大气压力传感器和机油压力传感器（个别车型用）。

一、共轨压力传感器的识别

共轨压力传感器的结构与安装位置如图 4-23 所示，燃油经过一个小孔流向共轨压力传感器，传感器的膜片将孔的末端封住。高压燃油经压力室的小孔流向膜片。膜片上装有半导

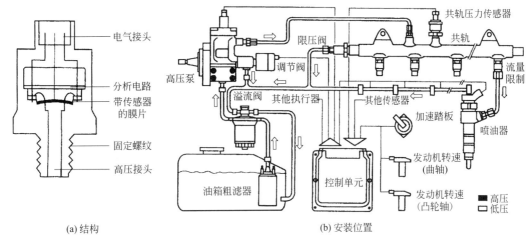
图 4-23　共轨压力传感器的结构与安装位置

体材料的敏感元件，可将压力转换为电信号，并传递给 ECU，由 ECU 对压力控制阀（PCV）或者进油计量阀实施反馈控制，通过对供油量的增减来调节油压使其稳定在目标值。

共轨压力传感器为压敏效应式，当共轨压力传感器损坏时，具有应急行驶功能的压力限制阀通过打开溢流阀来限制共轨中的压力。压力限制阀允许短时最大轨压为 150MPa。

二、共轨压力传感器的检测

共轨压力信号范围为 0.5～4.5V。打开点火开关时为 0.5V，怠速时为 1.2～1.5V（34～45MPa）。该传感器一旦损坏，按设定值替代，发动机将会进入"跛行回家"模式，转速限定在 1500r/min 以内。发动机正常工作时，共轨压力是变化的；如果共轨压力过低，发动机将无法启动。

现以长城 GW2.8TC 型车辆共轨压力传感器为例，说明共轨压力传感器的检测方法。

长城 GW2.8TC 型车辆共轨压力传感器与 ECU 的连接电路如图 4-24 所示，共轨压力传感器有 3 个接线端子，其中 1 号端子为搭铁线，2 号端子为信号线，3 号端子为电源线（5V）。

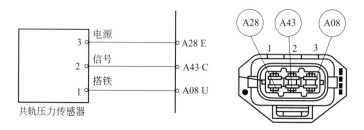

图 4-24　长城 GW2.8TC 型车辆共轨压力传感器与 ECU 的连接电路

共轨压力传感器检测方法如下。

(1) 外线路检查　用万用表的电阻挡，分别测量 1 号端子与 A08 端子、2 号端子与 A43 端子、3 号端子与 A28 端子之间的电阻值，判断外线路是否存在短路或断路故障。

(2) 传感器电压值测量　关闭点火开关，拔下共轨压力传感器，打开点火开关，测量传感器侧插头 3 号端子与搭铁间的电压应为 5V，2 号端子与搭铁间的电压应为 0.5V 左右，1 号端子与搭铁间的电压应为 0V。

(3) 数据流检测　用"X-431 故障诊断仪"读取柴油机系统数据流，涉及共轨压力的数据流共有 4 个："燃油系统共轨压力""共轨压力设定值""实际共轨压力最大值""共轨压力传感器输出电压"。

当柴油机冷却液温度达到 80℃、怠速运转时，"共轨压力传感器输出电压"应为 1V 左右，"燃油系统共轨压力"及"共轨压力设定值"均为 25.00MPa 左右，"共轨压力设定值"与"燃油系统共轨压力"数值十分接近。

当逐渐踩加速踏板提高柴油机转速时，上述 4 个数据逐渐增加，"燃油系统共轨压力""共轨压力设定值""实际共轨压力最大值"最大值为 145.00MPa，"共轨压力传感器输出电压"的最大值为 4.5V。实测共轨压力及共轨压力传感器输出电压数据流（部分）见表 4-4。

表 4-4　实测共轨压力及共轨压力传感器输出电压数据流（部分）

数据流	点火开关 ON	怠速	加速 1	加速 2
燃油系统共轨压力/MPa	0.65	25	33.6	70.3
共轨压力传感器输出电压/V	0.45	1.06	1.24	2.06

第七节 其他压力传感器的识别与检测

一、空调压力开关

1. 空调高压压力开关的识别

空调的高压压力开关是用来防止制冷系统在异常的高压下工作,以保护冷凝器和高压管路不会爆裂,压缩机的排气阀不会折断及压缩机其他零件和离合器不损坏。低压压力保护开关的功能是感测制冷系统高压侧的制冷剂压力是否正常。当高压侧的压力低于 0.423MPa 时,低压保护开关便将离合器电路断开,保护压缩机不受到损坏。

空调高压压力开关结构如图 4-25(a) 所示,它由膜片,感温包、储液器、制冷剂等组成。低压压力保护开关的结构和高压保护开关一样,只不过是将动、定触点的位置调动一下。它也是用螺纹接头直接安装在储液器上,如图 4-25(b) 所示。

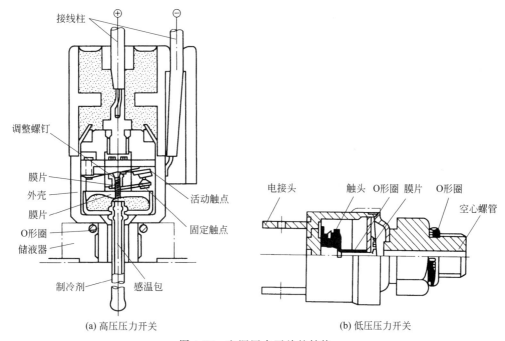

(a) 高压压力开关　　(b) 低压压力开关

图 4-25　空调压力开关的结构

高压压力开关的工作原理:正常情况下,触点状态常闭,接通离合器电路,压缩机运行。当制冷系统压力异常,高到 2.788MPa 时,金属膜片的弹力小于蒸气压力,金属膜片便反弹变形,触点迅速脱离,将离合器电路断开,压缩机停止运行,从而保护了压缩机,当制冷剂压力下降到 2.13MPa 时,金属膜片会自动恢复原状,触点重新闭合,电路接通,压缩机又恢复运行。

2. 空调压力开关的检测

空调压力开关的检测主要是用万用表的欧姆挡检查电阻值,测量高压压力开关的电阻值，应为 0。否则说明高压开关损坏，则应更换。

用万用表的欧姆挡，测量低压开关的电阻值，应为∞。否则，说明低压开关已损坏，则应更换。

二、空调制冷剂压力传感器

空调制冷剂压力传感器用于检测制冷剂压力，并将制冷剂压力信号发送至空调放大器。空调放大器根据传感器特性将该信号转换为压力，以控制压缩机。

空调制冷剂压力传感器内部装有放大电路和温度补偿电路，其结构及特性曲线如图 4-26 所示，一般安装在高压管上。

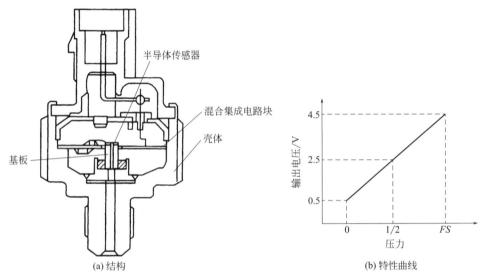

(a) 结构　　　　　　　　　　　　(b) 特性曲线

图 4-26　空调制冷剂压力传感器的结构及特性曲线

在大众轿车的某些车型上装用的是空调制冷剂压力/温度传感器。空调制冷剂压力/温度传感器将制冷剂压力与制冷剂温度信号送到控制单元。这两个信号用于：控制散热器风扇；控制压缩机；检测制冷剂的损耗。大众轿车上的空调制冷剂压力/温度传感器安装在发动机舱内压缩机与冷凝器之间的高压管路上，如图 4-27 所示。

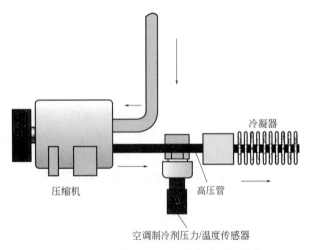 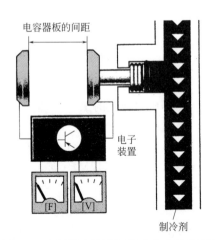

图 4-27　空调制冷剂压力/温度传感器安装位置　　　图 4-28　空调制冷剂压力/温度传感器的结构

1. 空调制冷剂压力传感器的结构

现以大众轿车上使用的空调制冷剂压力/温度传感器为例，介绍空调制冷剂压力/温度传感器的结构（图4-28）与工作原理。

2. 空调制冷剂压力传感器的工作原理

空调制冷剂压力测量传感器元件实际上是一个电容器，是根据电容原理进行工作的。

当制冷剂回路中的压力变化时改变了传感器中电容极板之间的间距，由于电容极板之间的间距发生改变，电容量也就发生改变，即电容器存储电能的能力发生改变。如果间距减小，电容量下降，如图4-29(a)所示；如果间距增大，电容量上升，如图4-29(b)所示。传感器电子装置检测这种变化，并按比例将压力转换成电压信号。

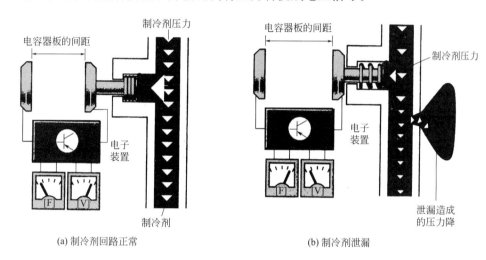

(a) 制冷剂回路正常　　　　(b) 制冷剂泄漏

图4-29　空调制冷压力/温度传感器的工作原理

当制冷剂发生大量泄漏而逸出时，压力会急剧下降。在此情况下，压力传感器的信号足以让控制单元检测到故障。

如果冷却液逐渐损耗，则此信号就不会足够强，因为少量制冷剂的损耗不会使压力变化达到系统可测量的程度。但是，由于制冷剂的量与蒸发器的量精确相关，所以缺少制冷剂会导致蒸发器中膨胀的冷却液气体热到可测量的程度，从而使压缩机后的制冷剂温度上升。

因为较少的制冷剂吸收了等量的热量来将空气冷却到默认值，所以造成这种温升。该传感器检测这种温升并发送电压信号给ECU。

如果压力或温度信号异常，则空调制冷功能关闭。

三、发动机机油液面传感器

发动机机油液面传感器为一个简单的浮子式开关，随发动机机油池内液面的升降而上升或下沉，从而使机油液面传感器的上触点或下触点接通，并将此信号传给ECU，ECU根据此信号实现机油补给泵回路继电器的通断，实现机油补给泵对机油池供油的通断。汽车的电子控制机油自动补给系统原理如图4-30所示。机油液面传感器的工作原理如下。

（1）当机油油压低于警戒线时　在点火开关接通时EFI主油继电器触点闭合，ECU向其OMS和OLS端子提供2.3～3V电压。当机油池内的机油油面低于警戒线时，机油液面传感器的浮子下沉，使机油液面传感器下触点接通，ECU的OLS端子搭铁，并使OW和OMS端子搭铁。此时，机油油面警告灯亮，并且由于机油补给泵继电器线圈中有电流通过，

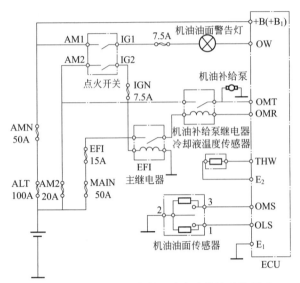

图 4-30 汽车的电子控制机油自动补给系统原理

所以机油补给泵继电器触点闭合,机油补给泵通电工作,向发动机油箱内补充机油。

(2) 当机油油压高于警戒线时 随着机油补给泵的工作,机油池内机油油面升高。当机油油压高于警戒线时,机油液面传感器的浮子上浮,使机油液面传感器的下触点断开,OLS 端子电压变为 2.3~3V,此时 ECU 向 OW 端子施加 10~14V 电压。因此机油油面警告灯熄灭,而机油补给泵继续工作。

(3) 当机油油压高于最高位置时 当机油油面升到最高位置(端子 3)时,机油液面传感器的浮子上浮到最高位置,使机油液面传感器的上触点接通,ECU 的 OMS 端子搭铁。此时,ECU 向 OMR 端子施加 10~14V 电压,使机油补给泵继电器断电。机油补给泵继电器触点断开,机油补给泵停止向机油箱内供油。

四、制动油压力传感器

汽车上的制动油压力传感器主要有制动主缸油压力传感器和 ESP 制动液压力传感器两种。

1. 制动主缸油压力传感器

制动主缸油压力传感器的作用是控制制动系统的油压助力装置中的油液压力,检测储压器压力,向外输出油泵接通与断开及油压异常时的报警信号。油压传感器的结构主要由基片、半导体应变片、传感元件及壳体组成,如图 4-31(a)所示。一般安装在制动主缸的下部,如图 4-31(b)所示。

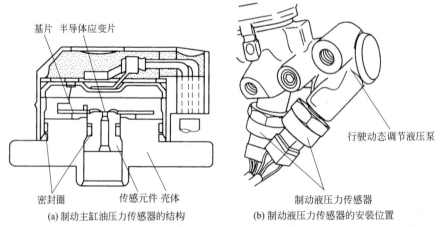

(a) 制动主缸油压力传感器的结构　　(b) 制动液压力传感器的安装位置

图 4-31 制动主缸油压力传感器的结构及安装位置

传感器工作时,在油压作用下基片变形,应变片的电阻值将发生变化,通过桥式电路的连接后转变成电信号向外输出。

2. ESP 制动液压力传感器

ESP 制动液压力传感器向发动机控制单元提供制动管路内的实际压力信号。发动机控制单元根据这个压力信号计算出车轮制动力及作用在车上的轴向力。如果需要 ESP 起作用，控制单元会将此值用于计算侧导向力。

（1）结构　ESP 制动液压力传感器的核心部件有两个：一个是压电元件，制动液的压力就作用在其上；另一个是传感器电子元件。它的结构如图 4-32 所示。

ESP 制动液压力传感器安装在电子稳定程序（ESP）系统中的调节液压泵中，该压力传感器不能从液压泵中拧出，要和液压泵一起更换。

ESP 制动压力传感器通过三根电线与电控单元相连（图 4-33），一根导线为 5V 电源线，一根为信号线，另一根为搭铁线。

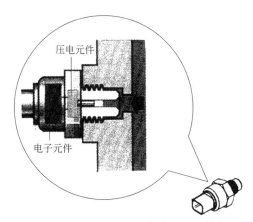

图 4-32　ESP 制动液压力传感器的结构

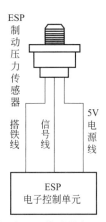

图 4-33　ESP 制动压力传感器与 ECU 的连接电路

（2）工作原理　如果制动液的压力作用到压电元件上，那么该元件上的电荷分布就会改变。

如果没有压力作用，电荷分布是均匀的；如有压力作用，电荷分布在空间发生变化，这样就产生了电压。压力越大，电荷分离的趋势越强，产生的电压就越高。这个电压由电子装置放大，然后作为信号传给控制单元。传感器输出的电压高低就是制动压力大小的直接反映。

五、燃油压力传感器

1. 燃油压力传感器的识别

（1）燃油压力传感器的结构　燃油压力传感器也叫燃油压力调节器，其作是用来控制油路中的燃油压力，保持喷油器恒定的供油油压，并将多余的燃油送回油箱。其结构原理如图 4-34 所示，主要由印制电路板、传感器元件、隔离块和壳体等组成。其内有一个压力腔，腔内有一个具有溢流阀的膜片，

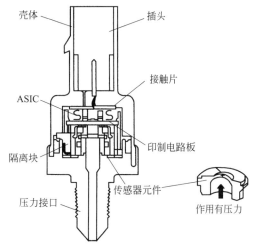

图 4-34　燃油压力传感器的结构原理

膜片里侧为真空腔，且腔内有一个弹簧。

燃油压力传感器安装在燃油分配管上。燃油分配管是高压储存器，也是喷油阀、燃油压力传感器、压力限制阀的安装架以及高/低压系统之间的连接部分，燃油分配管将一定的燃油压力分配到高压喷油阀，并且提供足够大的容积来补偿压力波动。

（2）燃油压力传感器的工作原理　燃油系统的压力与进气管真空度造成的压力差及弹簧弹力共同作用于膜片。当燃油系统的压力与进气管真空度造成的压力差低于弹簧弹力时，溢流阀关闭；当燃油系统的压力与进气管真空度造成的压力差高于弹簧弹力时，溢流阀打开，多余的燃油经回油管流回燃油箱。这样便可以调节燃油系统的压力，保持喷油器恒定的供油油压（在180～320kPa的范围内）。

发动机 ECU 根据燃油压力传感器提供的信号，调节燃油压力调节阀来控制油轨内的燃油压力。

如果这个信号损坏了，则燃油压力调节阀会在泵油行程也通电而处于常开状态，这时整个系统压力降低至低压端的 $5×10^5$ Pa，发动机的输出转矩和功率都会大幅下降。

2. 燃油压力传感器的检测

燃油压力传感器与 ECU 的连接电路如图 4-35 所示。燃油压力传感器的检测方法如下。

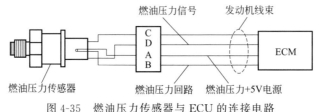

图 4-35　燃油压力传感器与 ECU 的连接电路

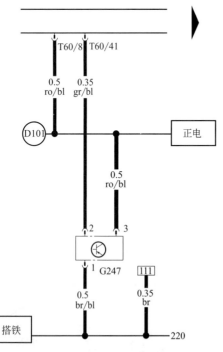

图 4-36　大众直喷发动机燃油
压力传感器与 ECU 的连接电路
ro—红色；br—绿色；bl—蓝色；gr—灰色

① 检查燃油压力传感器和发动机线束与 ECM 连接器的端子有无损坏，若有则应进行检修或更换。

② 监测燃油压力。在发动机运转期间，使用 INSITE 手提电控单元检查传感器燃油压力，怠速时燃油压力为 34.47MPa，最大燃油压力为 103.42MPa。若不符合，则应更换燃油压力传感器。

3. 燃油压力传感器检测示例

大众直喷发动机燃油压力传感器与 ECU 的连接电路如图 4-36 所示。

燃油压力传感器检测方法如下。

① 打开点火开关，检测燃油压力传感器插头 1 端子和 3 端子间的电压，该电压应为 5V。

② 传感器线束和发动机线束与 ECU 插接器端子相接处有无损坏，若有损坏，则应修复或更换传感器线束。

③ 当燃油压力随工况变化而变化时 ECU 认为有故障，并以故障码 268 的形式存储该故障。

由于该故障的存在，直接导致发动机功率或转速降低，使发动机工作粗暴。启动发动机，怠速运转，连接诊断仪，确认是此故障码后清除。

六、燃烧压力传感器

1. 压电陶瓷型燃烧压力传感器（图4-37）

用于测量气缸内混合气燃烧压力，因为在高温高压下测量，所以要求燃烧压力传感器耐高温、耐高压，还应具有抗振动和抗安装变形等特点。

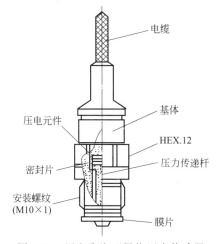

图 4-37 压电陶瓷型燃烧压力传感器

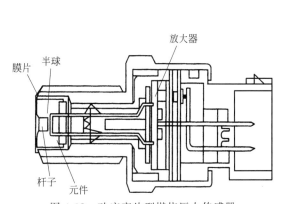

图 4-38 硅应变片型燃烧压力传感器

2. 硅应变片型燃烧压力传感器（图4-38）

主要用在稀薄燃烧发动机上，用于控制稀薄燃烧极限，而且燃烧压力传感器只用于控制第一缸。

七、绝对压力型高压传感器

绝对压力型高压传感器用于检测悬架系统的油压，它是耐高压结构的压力传感器，内部装有放大电路、温度补偿电路及与压力液体接触的不锈钢膜片。绝对压力型高压传感器大部分为硅膜片式，即在硅膜片上形成扩散电阻而制成的传感元件，其结构如图4-39所示。

八、轮胎压力传感器

1. 轮胎压力传感器的识别

（1）汽车轮胎压力监控系统（TPM）的作用与分类　汽车轮胎压力监控系统（TPM）的作用是在

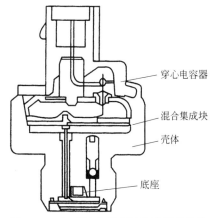

图 4-39 绝对压力型高压传感器的结构

汽车行驶时实时对轮胎气压进行自动监测，对轮胎漏气和低气压进行报警，最大限度地减小或消除高压爆胎和低压碾胎造成的轮胎早期的损坏，延长轮胎的寿命，以保障行车安全。

汽车轮胎压力监控系统分为间接式和直接式两种类型。间接式是通过汽车ABS或ESP

系统的轮速传感器来比较轮胎之间的转速差别，以达到监视胎压的目的。直接式是利用安装在每一个轮胎里的压力传感器和温度传感器来直接检测轮胎的压力及温度，并对各轮胎气压进行显示及监控。

直接式 TPMS 使用的轮胎压力传感器安装在每一个轮胎里，轮胎压力监控系统由轮胎压力传感器、轮胎压力监控天线、轮胎压力监控控制单元、组合仪表、功能选择开关组成，如图 4-40 所示。

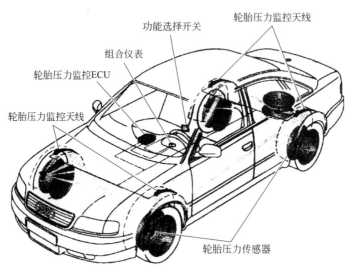

图 4-40　轮胎压力监控系统的组成

（2）轮胎压力传感器组成　如图 4-41 所示，主要由轮胎压力警告阀和发射器、密封垫、轮胎气门芯、锂电池、传感器和发射器等组成。轮胎压力警告阀和发射器集成于轮胎气门。各轮胎压力警告阀和发射器由锂电池、传感器和发射器组成。发射器直接检测轮胎充气压力和温度，以检查车辆是否可以继续行驶，发射器以 314.98MHz 的频率将检测的轮胎充气压力和温度值发送至轮胎压力警告 ECU 和接收器。轮胎压力警告阀和发射器接收来自轮胎压力监控引发器的轮胎定位电波。轮胎压力警告阀和发射器的锂电池不可更换。如果锂电池电量耗尽，则必须更换轮胎压力警告阀和发射器（电池使用寿命约 10 年）。

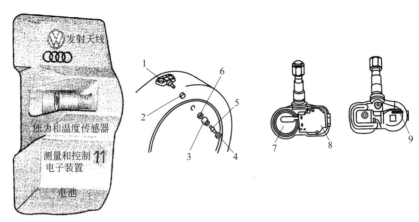

图 4-41　轮胎压力传感器安装位置及结构
1—轮胎压力警告阀和发射器；2—密封垫；3—螺母；4—盖；5—轮胎气门芯；
6—垫圈；7—锂电池；8—传感器和发射器；9—识别码（7 位十六进制）

轮胎压力传感器将轮胎的实时压力信息（绝对压力检测）发送给轮胎压力监控 ECU，用以评估压力情况，以检查车辆是否可以继续行驶。温度信号用于补偿因温度改变而引起的压力变化，同时还用于自诊断。当温度高于某一限定值时，传感器就停止发送无线电信号。温度补偿由轮胎压力监控 ECU 来进行，测出的轮胎压力以 20℃ 时的值为标准值。

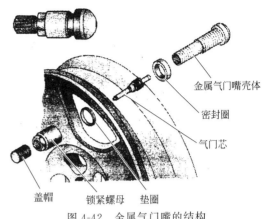

图 4-42　金属气门嘴的结构

轮胎压力传感器拧在金属气门嘴上，轮胎压力监控系统所用的气门嘴是新设计的，以前使用的是橡胶气门嘴，现在用的是金属气门嘴，其结构如图 4-42 所示。

为了避免轮胎的充气压力调整不当，应特别注意：必须在轮胎冷态时检查并校正储存轮胎的充气压力。

2. TPMS 系统使用注意事项

每个轮胎压力传感器都有一个专用的识别码（ID-Code），用于"轮胎识别"。为了避免接收到错误信息，当轮胎压力传感器接收到的温度达到 120℃ 时，它就不再发送无线电信号（数据电报）了。轮胎压力控制单元得到了"温度切断"信息，于是"故障内容"就被记录在故障存储器内。

当温度低于某一值时，轮胎压力传感器又能恢复无线电通信。由于电子部件对高温是很敏感的，因此高温（制动片和制动盘摩擦产生高温）会导致其功能故障及部件损坏。

注意：即使安装了轮胎压力监控，驾驶人也必须定期检查轮胎充气压力。

在更换车轮或轮辋时，如果传感器没有损坏，仍可使用。每次轮胎充气压力改变和每次更换轮胎后都必须触发轮胎压力监控系统初始化设置。借此将各轮胎充气压力存储为标准值。

更换车轮时必须注意，初始化设置之前必须满足至少 8min 的车辆停放时间。

测量、控制及发射电子装置是通过集成的锂电池供电的，为了使轮胎压力传感器的使用寿命尽可能长，该控制电子装置有专用的能源管理功能。测量轮胎压力的数据传递量是很小的，但应能立即识别出气压不足并将此信息传递给 ECU。能源管理功能可以根据不同的测量和发射时间间隔，区分出是正常发射模式还是快速发射模式。

第五章

汽车位置与角度传感器的识别与检测

用来检测元件运转或运动所处位置与角度的传感器称为位置与角度传感器。在汽车电子控制系统中，位置与角度传感器的使用类型很多，主要有曲轴位置传感器、凸轮轴位置传感器、节气门位置传感器、车高与转角传感器、液位传感器、溢流环位置传感器、超声波距离传感器、方位传感器、座椅位置传感器等。

曲轴位置传感器是发动机电子控制系统中最主要的传感器之一，它提供点火时刻（点火提前角）、确认曲轴位置的信号，用于检测活塞上止点、曲轴转角及发动机转速。它通常安装在曲轴前端、飞轮上或分电器内，曲轴位置传感器的结构形式有电磁感应式、光电式和霍尔效应式三种。

凸轮轴位置传感器（Camshaft Position Sensor，CMP），又称为凸轮轴转角传感器、相位传感器、同步信号传感器、缸位传感器（Cylinder Position Sensor，CYP）、气缸识别传感器（Cylinder Identify Sensor，CID）、气缸位置传感器。它的作用主要是检测凸轮轴位置和转角，从而确定第一缸活塞的压缩上止点位置。在启动时，发动机 ECU 根据凸轮轴位置传感器和曲轴位置传感器提供的信号，识别出各个气缸活塞的位置和冲程，控制燃油喷射顺序和点火顺序，进行准确的喷油和点火控制。

随着可变气门正时技术的出现和发展，凸轮轴位置传感器也被赋予了新的内涵，除了在启动时用于压缩上止点判定外，在发动机正常工作后，还要肩负起监控可变的进气或排气凸轮是否达到预定位置的重任。

按照工作原理不同，凸轮轴位置传感器可以分为磁电式凸轮轴位置传感器、光电式凸轮轴位置传感器、霍尔效应式凸轮轴位置传感器、磁阻元件式凸轮轴位置传感器。前三种传感器的检测原理与曲轴位置传感器相同。

节气门位置传感器有线性输出型和开关型两种。节气门位置传感器安装在节气门体上，它可将节气门开度及开闭速度的变化转换成电信号输入电控单元（ECU），用来检测节气门开度，使 ECU 判别发动机工况和负荷；在自动变速器车上为自动变速器提供节气门开度信号；有的车还用于空气流量计的替代信号（故障时）。

光电式传感器有光电式车高传感器和光电式转角传感器。

液位传感器有浮子舌簧开关式液位传感器、浮子可变电阻式液位传感器、热敏电阻式液位传感器、电容式液位传感器和电热式液位传感器。

第一节 曲轴位置传感器的识别与检测

曲轴位置传感器（CKP）又称为曲轴转角传感器，它是发动机集中控制系统最主要的传感器之一，是控制发动机燃油喷射和点火时刻，确认曲轴位置的信号源，同时它也是测量发动机转速的信号源。曲轴位置传感器用来检测活塞上止点及曲轴转角的信号并将其输入发动机ECU，用来对点火时刻和喷油正时进行控制。在现代电控发动机上，曲轴位置传感器和发动机转速传感器制成一体，既用于发动机曲轴位置、活塞上止点位置的测定，又可用于发动机转速的测定。

如图5-1所示为曲轴位置传感器的安装位置，有的还安装在发动机缸体中部的下侧。

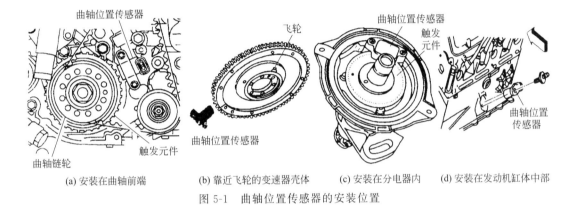

图 5-1 曲轴位置传感器的安装位置

一、电磁感应式曲轴位置传感器

1. 电磁感应式传感器的识别

电磁感应式曲轴位置传感器，又称磁脉冲式曲轴位置传感器。它主要由导磁材料制成的信号转子、永久磁铁、信号线圈等组成。传感器的位置是固定的，软磁铁芯与信号转子齿之间必须保持一定间隙。一般安装在曲轴前端或发动机飞轮壳体上，如图5-2所示。

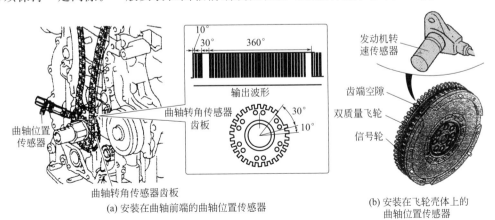

图 5-2 电磁感应式曲轴位置传感器安装位置

传感器插头接线形式主要有两线制和三线制两种。两线制的两根线为信号回路线，信号正负交替变化；三线制多出的一根线为屏蔽线。

(1) 丰田车系电磁感应式曲轴位置传感器结构　丰田公司 TCCS 系统使用电磁感应式曲轴位置传感器，安装在分电器内。该传感器分上下两部分，上部分产生 G 信号，下部分产生 Ne 信号。两部分都是利用带轮齿的转子旋转，使信号发生器内的线圈磁通变化，从而产生交变电势，经放大后，将该信号输入电子控制单元，其结构如图 5-3 所示。

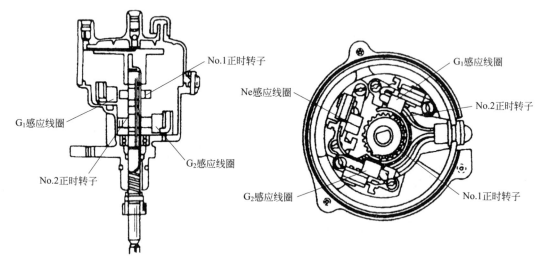

图 5-3　电磁感应式曲轴位置传感器的结构

Ne 信号用来检测曲轴转角和发动机转速信号，它相当于轮齿式曲轴位置传感器的 1°信号。它由固定在分电器内下半部等间隔 24 个齿轮的转子（即 Ne 正时转子）及固定在轮齿转子对面的感应线圈组合而成。

(2) 丰田车系电磁感应式曲轴位置传感器的工作原理　轮齿随转子的转动而转动，与感应线圈凸缘（即磁头）的空气间隙变化，使感应线圈的磁场变化而产生感应电动势。轮齿靠近或远离磁头时，都会产生一次增减磁通的变化。每一个轮齿通过磁头时，都会在感应线圈中产生一个完整的交流电压信号。

Ne 正时转子有 24 个齿，转子转一圈，即曲轴转两圈（720°）时，感应线圈产生 24 个交流信号，即 Ne 信号。Ne 信号发生器的结构与波形如图 5-4 所示，它的一个周期的脉冲相当于 30°曲轴转角（720°÷24＝30°）。更精确的转角测量是利用 30°转角的时间，由 ECU 再

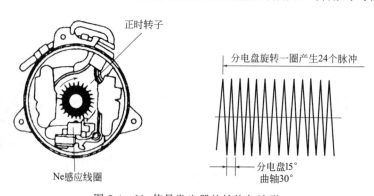

图 5-4　Ne 信号发生器的结构与波形

均分30份,产生1°曲轴转角的信号。同时,检测发动机的转速,是由ECU依照Ne信号的两个脉冲,即60°曲轴转角所经过的时间为基准测量发动机的转速。

G信号用于识别气缸及检测活塞上止点位置,这相当于轮齿磁脉冲式曲轴位置传感器的120°信号。G信号是由位于Ne信号发生器上方的凸缘轮(即G正时转子)及其对面对称的两个感应线圈产生的,其结构与波形如图5-5所示。G信号的产生原理与Ne信号的产生原理相同,G信号也用于作为Ne信号计算曲轴转角的基准信号。

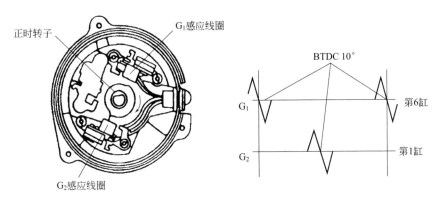

图 5-5　G信号发生器的结构与波形

G_1、G_2信号分别用于检测第6缸及第1缸上止点位置,由于G_1、G_2信号发生器设置的关系,当产生G_1、G_2信号时,实际上活塞并不是正好在上止点,而是在上止点前10°的位置。曲轴位置传感器的G_1、G_2和Ne信号与曲轴转角的关系如图5-6所示。

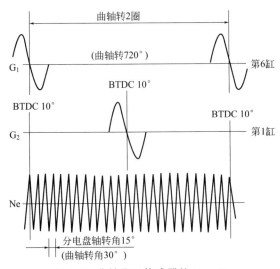

图 5-6　曲轴位置传感器的G_1、G_2和Ne信号与曲轴转角的关系

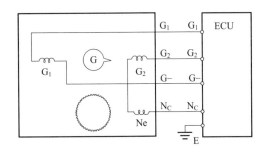

图 5-7　电磁感应式曲轴位置传感器与ECU的连接电路

2. 丰田车系电磁感应式曲轴位置传感器检测

电磁感应式曲轴位置传感器与ECU的连接电路如图5-7所示。

电磁感应式曲轴位置传感器的检测方法如下。

(1) 曲轴位置传感器的电阻检测　关闭点火开关,拔下曲轴位置传感器插接器插头,用万用表的电阻挡测量曲轴位置传感器上各端子间的电阻,其值应符合表5-1中的规定。如果电阻值不在规定范围内，必须更换曲轴位置传感器。

表 5-1 曲轴位置传感器各端子间的电阻值

端子	测量条件	电阻值/Ω
G_1-G_	冷态	125～200
	热态	160～235
G_2-G_	冷态	125～200
	热态	160～235
Ne-G_	冷态	155～250
	热态	190～290

（2）检查曲轴位置传感器的输出信号　拔下曲轴位置传感器上的插接器，当发动机运转时，用万用表的电压挡检测曲轴位置传感器上 G_1-G_ 、G_2-G_ 、Ne-G_ 端子间是否有电压脉冲信号输出。如果没有电压脉冲信号输出，则应更换曲轴位置传感器。

（3）检查感应线圈与正时转子的间隙　用塞尺测量正时转子与感应线圈凸出部分的空气间隙，其标准间隙为 0.2～0.4mm。若间隙不在规定范围内，则应调整或更换分电器总成。

3. 电磁感应式曲轴位置传感器检测示例

别克轿车电磁感应式曲轴位置传感器有两种类型，分别为 24X 曲轴位置传感器和 7X 曲轴位置传感器。其中 7X 曲轴位置传感器属于电磁感应式曲轴位置传感器，是利用磁感应的原理制成的。它的主要作用是测定发动机高速运转时曲轴的位置和发动机的转速。

（1）结构原理　如图 5-8 所示，7X 曲轴位置传感器的信号盘铸在曲轴上的一个特殊的轮上，有 7 个加工的切槽，其中 6 个槽以 60°间隔均匀分布，第 7 个槽距离前一个槽为 10°。

当发动机转动时，7X 曲轴位置传感器的信号盘的齿和凸缘引起通过信号发生器中感应线圈的磁场发生变化，从而在感应线圈里产生交变的电动势，经滤波整形后，即变成脉冲信号，此脉冲信号输入 ECU 后，ECU 用来计算曲轴位置和发动机转速。

（2）7X 曲轴位置传感器检测　7X 曲轴位置传感器检测方法如下。

① 检测电阻值。关闭点火开关，拔下 7X 曲轴位置传感器的 2 芯插头。用万用表电阻挡测量曲轴位置传感器的电阻值，应在 800～1000Ω 之间。

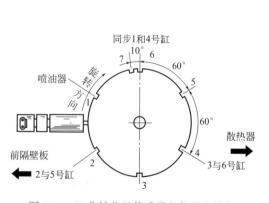

图 5-8　7X 曲轴位置传感器的信号盘结构

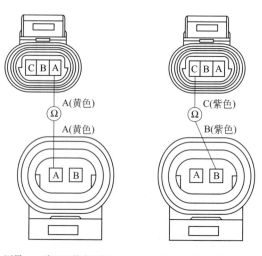

(a) 测量A-A端子间的电阻值　(b) 测量C-B端子间的电阻值

图 5-9　检测 7X 曲轴位置传感器的线束导通性

② 检测脉冲信号。将传感器拆下，用一根铁棒或一块磁铁迅速靠近或者离开传感器，同时用万用表测量两接线柱之间有无脉冲感应电压的产生。如没有感应电压或感应电压很微弱，说明传感器有故障，则应更换。

③ 检测线束导通性。关闭点火开关，分别拔下点火控制模块上的 3 芯插头和 7X 曲轴位置传感器的 2 芯插头。用万用表电阻挡测量点火控制模块上 3 芯插头的 A 端子与传感器 2 芯插头的 A 端子之间的电阻值，如图 5-9(a) 所示；用万用表电阻挡测量 ICM 上 3 芯插头的 C 端子与传感器 2 芯插头的 B 端子之间的电阻值，如图 5-9(b) 所示。所测阻值均应小于 0.5Ω。

二、光电式曲轴位置传感器

1. 光电式曲轴位置传感器的识别

（1）光电式曲轴位置传感器的结构　光电式曲轴位置传感器一般安装在分电器内（无分电器的则安装在凸轮轴左前部），由带缝隙、光孔的信号盘和信号发生器组成，信号盘安装在分电器轴上，和分电器轴一起随曲轴转动，其如图 5-10 所示。它的外围均匀分布着 360 条缝隙（即透光孔），用于产生 1°信号。对于 6 缸发动机，在信号盘外围稍靠内的圆上，均匀分布着 6 个间隔 60°的透光孔，分别产生 120°曲轴转角信号，其中有一个较宽的光孔用于产生第 1 缸上止点对应的 120°信号缝隙。

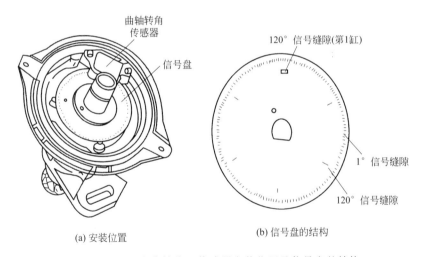

图 5-10　光电式曲轴位置传感器安装位置及信号盘的结构

脉冲信号发生器安装在分电器壳体上，它由两个发光二极管、两个光敏二极管和电子电路组成，如图 5-11 所示。两个发光二极管分别正对着两个光敏二极管，发光二极管以光敏二极管为照射目标。信号盘位于发光二极管和光敏二极管之间，当信号盘随发动机曲轴运转时，因信号盘上有光孔，故产生透光和遮光的交替变化，使信号发生器输出对应曲轴位置和转角的脉冲信号。

（2）光电式曲轴位置传感器的工作原理　如图 5-12 所示为光电式曲轴位置传感器的工作原理。它是利用发动机曲轴运转时带动分电器轴和信号盘转动，使发光二极管发出的光线通过信号盘上（边缘刻有小孔）产生交替变化的透光和不透光，从而使光电二极管导通与截止产生脉冲电压信号的原理制成的。

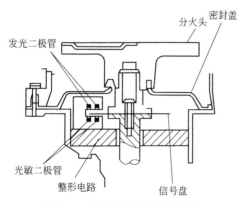

图 5-11 脉冲信号发生器的结构

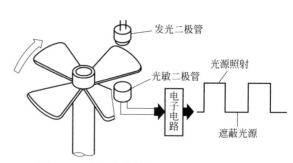

图 5-12 光电式曲轴位置传感器的工作原理

当信号发生器中的发光二极管的光束通过信号盘的小孔照射到对面与其正对的光电二极管上时，光电二极管感光导通产生电压信号；当发光二极管的光束被信号盘遮挡时，光电二极管截止，产生的电压为零。由于信号盘边缘刻有 360 个小孔，因此，信号盘每旋转一圈将产生 360 个脉冲电压信号，其中每个脉冲信号代表曲轴 2°转角（分电器转一周曲轴转两周，即曲轴转 720°），每个脉冲信号又由一个高电压信号（光电二极管导通时产生）和一个零电压信号（光电二极管截止时产生）所组成，因此后两者便分别代表曲轴 1°转角。120°转角产生的原理与此相同，其由小孔里面的 6 个光孔产生，对应的信号指活塞位于上止点位置时的曲轴位置。将光电二极管产生的脉冲电压信号经电子电路放大后，便向 ECU 输入曲轴转角的 1°信号和 120°信号。但由于信号发生器安装位置的关系，120°信号实际并不代表活塞上止点时曲轴位置，而是对应活塞上止点前 70°曲轴位置。

2. 光电式曲轴位置传感器的检测

现以韩国现代索纳塔轿车的光电式曲轴位置传感器为例，说明光电式曲轴位置传感器的检测方法。

现代索纳塔轿车的光电式曲轴位置传感器总成安装在分电器中，对于无分电器式点火系统，曲轴位置传感器总成则一般安装在凸轮轴左前部。现代索纳塔轿车的光电式曲轴位置传感器信号盘的结构如图 5-13 所示。

图 5-13 现代索纳塔轿车的光电式曲轴位置传感器信号盘的结构

现代索纳塔轿车的光电式曲轴位置传感器与 ECU 的连接电路如图 5-14 所示。在信号盘的上下侧分别设有相互正对的两个发光二极管和两个光电二极管，且以电路的形式相互连接。当发光二极管发出的光线透过信号盘光孔中的某一孔照射到光电二极管上时，光电二极管导通，产生一个正的电压脉冲信号；当发光二极管发出的光线被遮挡时，光电二极管截止，产生的电压脉冲信号为零。以上电压脉冲信号输入电子电路经放大整形后，即向 ECU 输入曲轴转角和第一缸上止点位置信号。

对现代索纳塔轿车曲轴位置传感器的检测，主要是检测连接线束、电源电压、输出信号电压，其检测方法如下。

（1）检测传感器连接线束和电源电压　现代索纳塔轿车曲轴位置传感器连接器插头的端子位置如图 5-15 所示。

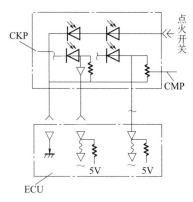

图 5-14 现代索纳塔轿车的光电式曲轴
位置传感器与 ECU 的连接电路

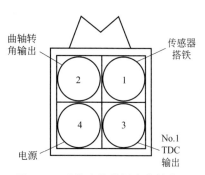

图 5-15 现代索纳塔轿车曲轴位置
传感器连接器插头的端子位置

检查时拔下曲轴位置传感器连接器插头,接通点火开关,但不启动发动机。用万用表测量线束侧端子 4 与搭铁间电压,该值应为 12V;测量线束侧端子 2 和端子 3 与搭铁间电压,该值应为 4.8~5.2V。用万用表的电阻挡测量线束侧端子 1 与搭铁间电阻,该值应为 0Ω。对传感器各端子之间电压与电阻的检测,如图 5-16 所示。

(2) 检查曲轴位置传感器的输出信号电压 将万用表电压挡连接在传感器侧端子 3 和端子 1 上,启动发动机后,相应电压值应为 0.2~1.2V;让发动机怠速运转,用万用表电压挡测量端子 2 和端子 1 之间的电压,该值应为 1.8~2.5V,如图 5-17 所示。若不符合规定,则应更换曲轴位置传感器。

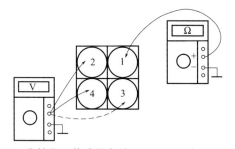

图 5-16 曲轴位置传感器各端子之间电压与电阻的检测   图 5-17 曲轴位置传感器输出信号电压检测

三、霍尔效应式曲轴位置传感器

霍尔效应是指把一块金属或半导体薄片垂直放在磁感应强度为 B 的磁场中,沿着垂直于磁场方向通过电流 I 时,会在薄片的另一对侧面间产生电动势 U_H,所产生的电动势称为霍尔电动势,这种薄片(一般为半导体)称为霍尔片或霍尔元件。

霍尔效应式曲轴位置传感器是利用霍尔效应产生与曲轴转角相对应的电压脉冲信号的原理制成的。根据信号触发器结构的不同可以分为触发翼片式和触发轮齿式两种曲轴位置传感器。

1. 霍尔效应式曲轴位置传感器的识别

(1) 触发翼片霍尔效应式曲轴位置传感器的结构原理 触发翼片霍尔效应式曲轴位置传感器主要由触发叶轮、霍尔集成电路和永久磁铁组成,其结构如图 5-18 所示。

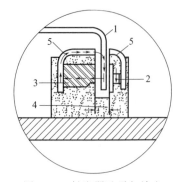

图 5-18 触发翼片霍尔效应式曲轴位置传感器的结构
1—触发叶轮；2—霍尔集成电路；3—永久磁铁；4—底板；5—导磁钢片

内外信号轮侧面各设置一个信号发生器，信号轮转动时，每当翼片进入永久磁铁与霍尔元件之间的空气隙中时，霍尔集成电路中的磁场被隔磁，此时不产生电压；当翼片离开空气隙时，永久磁铁中的磁通便通过导磁板穿过霍尔元件中，这时产生电压，经过集成电路放大后向控制单元输送脉冲信号。外信号轮每转一圈产生 18 个脉冲信号，称为 18X 信号。一个脉冲相当于曲轴转角的 20°，发动机控制单元计算出曲轴旋转 1°的对应时间，根据这个信号，发动机控制单元可精确控制点火时间。

(2) 触发轮齿霍尔效应式曲轴位置传感器的结构原理 触发轮齿霍尔效应式曲轴位置传感器即差动霍尔效应式曲轴位置传感器，又称双霍尔效应式曲轴位置传感器，其结构与电磁感应式曲轴位置传感器相似，由带凸齿的信号转子和霍尔信号发生器组成，如图 5-19 所示。

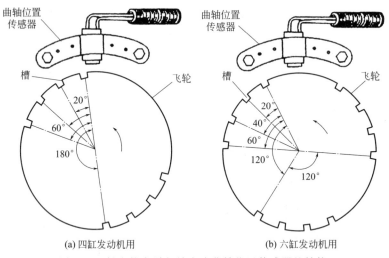

(a) 四缸发动机用　　　　(b) 六缸发动机用

图 5-19 触发轮齿霍尔效应式曲轴位置传感器的结构

触发轮齿霍尔效应式曲轴位置传感器的工作原理与触发翼片霍尔效应式曲轴位置传感器的工作原理相同。触发轮齿霍尔效应式曲轴位置传感器的信号转子即凸齿转子安装在发动机曲轴上（部分汽车以发动机的飞轮为信号转子），当发动机曲轴或飞轮转动时，传感器的信号转子随其一起转动，从而使信号转子的齿缺与凸齿转过霍尔电路（与触发翼片式霍尔电路相同，由霍尔元件、放大电路、稳压电路、温度补偿电阻、信号变换电路和输出电路等组成）的探头，使齿缺或凸齿与霍尔探头之间的气隙发生变化，磁通量随之变化，即磁场强度 B 发生变化，根据霍尔效应，在传感器的霍尔元件中就会产生交电压信号，其输出电压由两个霍尔信号电压叠加而成。因为输出信号为叠加信号，所以转子凸齿与信号发生器之间的气隙可以增大到 (1.0±0.5)mm（普通霍尔效应式传感器仅为 0.2～0.4mm），从而可将信号转子制成像磁感应式传感器转子一样的齿盘式结构，其突出优点是信号转子便于安装。

例如，在四缸发动机的飞轮外沿上有 8 个齿槽，平均分为两组，之间相隔 180°。每一组中每个齿槽的宽度为 2°，两个齿槽之间相隔 18°。在六缸发动机的飞轮外沿有 12 个齿槽，均分为三组,每组相隔 120°。每一组中每个齿槽的宽度为 2°,两个齿槽之间也相隔 18°。

当飞轮齿槽通过传感器的磁铁时,霍尔效应式传感器输出 5V 高电平;当飞轮齿槽离开磁铁时,霍尔效应式传感器输出 0.3V 低电平。一个飞轮齿圈通过传感器时,传感器便产生一个高、低电平信号。

2. 霍尔效应式曲轴位置传感器的检测

霍尔效应式曲轴位置传感器的检测方法如下。

① 拔下传感器插头,接通点火开关,检查插头上电源端子与搭铁之间的电压,应为 8V 或 12V(根据车型不同而不一样)。若无电压,则应检查霍尔效应式传感器到 ECU 之间的线路及 ECU 上相应端子上的电压,ECU 相应端子上如有电压,则为传感器至 ECU 之间的线路断路;如 ECU 相应端子上无电压,则为 ECU 有故障。

② 将拔下的传感器插头重新插好,启动发动机,测量霍尔效应式曲轴位置传感器输出端子的信号电压,正常值为 3~6V。若无电压,则为传感器本身有问题,应修理或检查更换。

③ 也可通过检查传感器信号输出端电压的波形,来确认传感器本身是否损坏。如无信号或信号异常,均说明传感器有问题。

3. 触发轮齿霍尔效应式曲轴位置传感器的检测示例

上海别克轿车的 24X 曲轴位置传感器属于触发翼片式曲轴位置传感器,如图 5-20 所示。

24X 曲轴位置传感器的信号转子上有 24 个均匀的翼片和窗口,曲轴每转一次,24X 曲轴位置传感器产生 24 个通断脉冲信号,并将其输入 ECU。ECU 通过此信号来计算发动机低速运转时曲轴的位置和发动机的转速。24X 曲轴位置传感器安装在发动机右前部下侧,固接在铝质安装支架上,并用螺栓固定在发动机正时链条盖的前面,一部分位于曲轴平衡装置后。

24X 曲轴位置传感器与 ECU 的连接电路如图 5-21 所示。24X 曲轴位置传感器的连接器端子如图 5-22 所示,其中 A 端子为电源线,B 端子为信号线,C 端子为搭铁线。24X 曲轴位置传感器的检测方法如下。

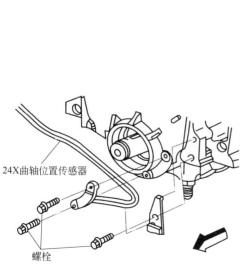

图 5-20 24X 曲轴位置传感器安装位置

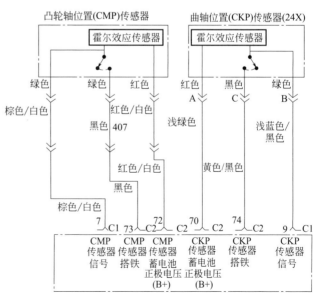

图 5-21 24X 曲轴位置传感器与 ECU 的连接电路

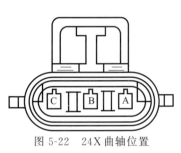

图 5-22　24X 曲轴位置
传感器的连接器端子

(1) 检测传感器的输出信号　关闭点火开关,在曲轴位置传感器的信号线路上串接一个无源试灯(或发光二极管),启动发动机,观察灯(或发光二极管)的闪烁情况,试灯(或发光二极管)应有规律闪烁,否则曲轴位置传感器信号不良。

(2) 检测传感器的电源电压　关闭点火开关,拆下曲轴位置传感器的 3 芯连接器,打开点火开关,用万用表电压挡检测曲轴位置传感器插座上 A 孔与搭铁之间的电压值,应为 12V(蓄电池电压),否则曲轴位置传感器的电源线路不良。

第二节
凸轮轴位置传感器的识别与检测

凸轮轴位置传感器(CMP),又称为凸轮轴转角传感器、相位传感器、同步信号传感器、缸位传感器(CYP)、气缸识别传感器(CIS)、气缸位置传感器(CID),有的车上还称为 1 缸上止点传感器(No.1 TDC)。凸轮轴位置传感器的作用主要是检测凸轮轴位置和转角,从而确定第 1 缸活塞的压缩上止点位置。在启动时,发动机 ECU 根据凸轮轴位置传感器和曲轴位置传感器提供的信号,识别出各个气缸活塞的位置和行程,从而进行顺序喷油控制、点火时刻控制和爆震控制。

按照工作原理不同,凸轮轴位置传感器可以分为磁电式凸轮轴位置传感器、光电式凸轮轴位置传感器、霍尔效应式凸轮轴位置传感器、磁阻元件式凸轮轴位置传感器。前三种传感器的检测原理与曲轴位置传感器相同。

一、霍尔效应式同步信号传感器

1. 霍尔效应式同步信号传感器的识别

对于有分电器的电控点火系统,霍尔效应式同步信号传感器一般安装在分电器内;对于无分电器的点火系统,霍尔效应式同步信号传感器则安装在凸轮轴上。

(1) 安装在分电器内的霍尔效应式同步信号传感器　它的基本结构如图 5-23 和图 5-24 所示,由脉冲环和霍尔传感器组成。脉冲环是一个半周环(180°),通过环座安装在分电器轴上,随分电器轴与曲轴同步旋转,当脉冲环接近霍尔传感器时,同步信号传感器输出高电位(5V),当脉冲环离开霍尔传感器时,同步信号传感器输出低电位(0V)。分电器转一周,高低电位各占 180°(各相当于 360°曲轴转角)。

当脉冲环的前沿进入霍尔传感器时,同步信号传感器输出 5V 高电位信号,对于四缸发动机,表示正在向上止点运动的是第一缸、第四缸活塞,其中第一缸活塞为压缩行程,第四缸活塞为排气行程;对于六缸发动机,表示下面将要到达上止点的是第三缸、第四缸活塞,其中第三缸活塞为排气行程,第四缸活塞为压缩行程。当脉冲环的后沿离开信号发生器时,同步信号传感器输出 0V 低电位信号,对于四缸发动机,表示下面将要到达上止点的仍是第一缸、第四缸活塞,但工作行程相反,其中第一缸活塞为排气行程,第四缸活塞为压缩行程;对于六缸发动机,则第三缸活塞为压缩行程,第四缸活塞为排气行程。

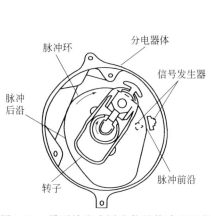
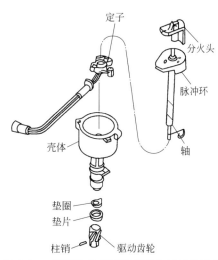

图 5-23 霍耳效应式同步信号传感器示意　　图 5-24 霍耳效应式同步信号传感器的结构

由上可知，同步信号传感器产生的高低电位信号输入 ECU 后，可以对第一缸、第四缸（四缸发动机）或第三缸、第四缸（六缸发动机）的活塞和正在进行的工作过程做出判定及定位。同步信号与曲轴位置（转速）信号相配合，ECU 就可以确定正确的喷油、点火正时和顺序。如当同步信号上升沿出现时，ECU 可以判定当前第四缸活塞（四缸发动机）或第三缸活塞（六缸发动机）处于排气行程，此时根据曲轴位置信号，当活塞行至上止点前 64°时 ECU 发出喷油信号，使第四缸或第三缸的喷油器喷油。同样，同步信号上升沿的出现，还标志着第一缸活塞（四缸发动机）或第四缸活塞（六缸发动机）处于压缩行程，此时 ECU 根据发动机的负荷和转速等输入信号，在活塞上行至压缩上止点前的适当时刻，发出点火信号，使该缸火花塞点火。同理，同步信号的下降沿出现时，这两缸活塞工作行程正好相反，ECU 以此为依据对这两缸进行正确的喷油和点火控制。

同样，利用同步信号提供的判缸信号，按照发动机的工作顺序（四缸机为 1-3-4-2，六缸机为 1-5-3-6-2-4），ECU 也能对其他相应气缸喷油和点火的正时进行精确的控制。

（2）安装在凸轮轴上的霍尔效应式同步信号传感器　对于无分电器的电控汽油机，同步信号传感器通常安装在凸轮轴上，位于气缸盖前端凸轮轴链轮之后，如图 5-25 所示。霍尔传感器的基本构造与安装在分电器内部的相同，由一个半周（180°）的脉冲环和霍尔传感器组成，其工作原理也与安装在分电器内的传感器相同。

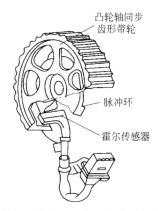
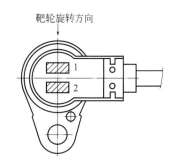

图 5-25 安装在凸轮轴上的霍耳效应式同步信号传感器　　图 5-26 凸轮轴位置传感器的基本结构

2. 霍尔效应式同步信号传感器的检测

汽车柴油发动机使用的凸轮轴位置传感器多为单霍尔效应式，其基本结构如图 5-26 所示。凸轮轴位置传感器主要用于检测出凸轮的实际位置，以使 ECU 能够判断出发动机第一缸位置，从而确定喷油的时刻，其与曲轴位置传感器共同组成正时信号。靶轮上通常设置有 6+1=7 个槽，凸轮每转一周，凸轮轴位置传感器就会输出 6+1=7 个槽检测信号。其中 1~6 槽，每槽相差 120°曲轴转角，第 0 槽与第 6 槽相差 30°曲轴转角。

凸轮轴位置传感器的检测方法如下。

对汽车柴油发动机凸轮轴位置传感器好坏的检测判断，可以采用万用表对其进行电阻和电压的检测，并与表 5-2 中的规定值进行对比，以判断其好坏。

表 5-2 汽车柴油发动机凸轮轴位置传感器正常参数值

检测参数	供电电压/V	绝缘电阻/MΩ	低电位/V	转速范围/(r/min)	与飞轮空气间隙/mm	脉冲信号幅度/V
正常值	5.00±0.25	>1	<0.2	0~4000	1.4±0.1	5.00±0.25

3. 霍尔效应式凸轮轴位置传感器的检测示例

新款捷达轿车装用的霍尔效应式凸轮轴位置传感器（简称霍尔传感器）又称为判缸传感器，它向电控单元（ECU）J361 提供第一缸点火位置信号。霍尔传感器安装在气缸盖前端凸轮轴正时齿轮之后。霍尔传感器是一个电子开关，按霍尔原理工作。霍尔传感器隔板上有一个霍尔窗口，曲轴每转两周产生一个信号，根据霍尔传感器信号和发动机转速传感器的点火时间信号，ECU 识别出第一缸点火上止点，其电路如图 5-27 所示。

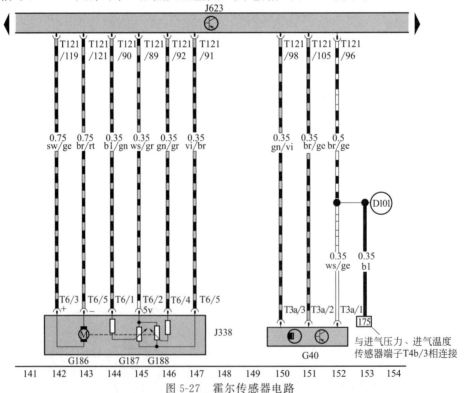

图 5-27 霍尔传感器电路

G40—霍尔传感器；G186—电控加速操纵机构的节气门驱动装置；G187—电控加速操纵机构的节气门驱动装置角度传感器 1；G188—电控加速操纵机构的节气门驱动装置角度传感器 2；J338—节气门控制单元；J623—发动机控制单元；T3a—3 芯连接器连接；T6—6 芯连接器连接；T121—121 芯连接器连接；D101—连接 1，在发动机舱导线束中霍尔传感器的检测方法如下。

(1) 检测霍尔传感器的供电电压　关闭点火开关，拆下霍尔传感器的3芯连接器。打开点火开关，用万用表的电压挡检测3芯连接器的T3a/1与T3a/3两孔之间的电压，约为5V。用万用表电压挡检测T3a/2与T3a/3两孔（之间）的电压值，约为12V（蓄电池电压）。

(2) 检测霍尔传感器的线束导通性　关闭点火开关，拆下控制单元J623的连接器，拆下霍尔传感器的3芯连接器。用万用表电阻挡检测3芯连接器的T3a/1端子与ECU J623的T121/96端子之间应导通。检测3芯连接器上T3a/2端子与控制单元J623的T121/105端子之间应导通。检测3芯连接器上T3a/2端子与T121/96发动机控制单元J623线束内传感器搭铁之间应导通。

(3) 检测霍尔传感器工作情况　关闭点火开关，拆下燃油泵G6的熔丝SC24号（15A），释放燃油系统的压力。将二极管连接到传感器T3a/1与T3a/3之间，短暂启动发动机，检测二极管，二极管应有规律地闪烁。

二、磁阻元件式凸轮轴位置传感器

利用磁阻效应制成的磁敏电阻元器件叫作磁阻元件（Magneto Resistance Element，MRE）。

1. 磁阻元件式凸轮轴位置传感器的识别

MRE型凸轮轴位置传感器由MRE、磁铁和传感器组成。通过传感器的磁场方向随正时转子外形（凸起和未凸起部分）的不同而改变。因此，MRE电阻改变，输出至ECM的电压也随之升高或降低。ECM根据此输出电压检测凸轮轴的位置。

MRE凸轮轴位置传感器的结构如图5-28(a)所示，由信号发生器、磁铁和用树脂封装的信号处理电路的集成电路模块组成。当传感器的磁头正对转子凹槽时，磁力线向两侧的翼片分布构成闭合磁路，此时磁阻元件电阻较小，通过磁阻元件的磁力线较少，磁场强度较弱，且磁力线与磁阻元件成一定角度，如图5-28(b)所示，此时磁阻元件输出5V高电平信号。当磁阻传感器的磁头正对转子翼片时，磁力线通过正对的翼片构成闭合磁路，此时磁阻元件电阻较大，通过磁阻元件的磁力线较多，磁场强度较强，且磁力线与磁阻元件垂直，如图5-28(c)所示，此时磁阻元件输出0V低电平信号。

因此，随着转子的旋转，翼片的凸起与凹槽交替变化，引起通过磁阻元件的磁力线的强弱和角度发生改变，由于磁阻效应的作用，磁阻元件的电阻也发生变化，通过MRE装置的电流也随之改变，这种电流的变化由信号放大电路、滤波电路和整形电路转换成二进制数字信号，并输送给发动机ECU。发动机ECU根据此信号判别进、排气凸轮轴位置。

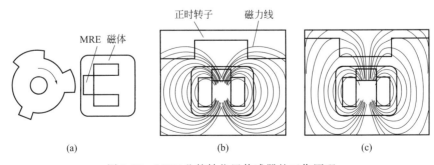

图5-28　MRE凸轮轴位置传感器的工作原理

2. MRE 凸轮轴位置传感器的检测

现以丰田新皇冠轿车发动机的 MRE 凸轮轴位置传感器为例，说明 MRE 凸轮轴位置传感器的检测方法。

丰田新皇冠轿车发动机智能可变气门正时系统（VVT-i）采用 MRE 凸轮轴位置传感器，在每一气缸组上的进/排气凸轮轴上都装有 1 个 MRE 凸轮轴位置传感器（也称为 VVT 传感器，共 4 个），传感器安装位置如图 5-29 所示。

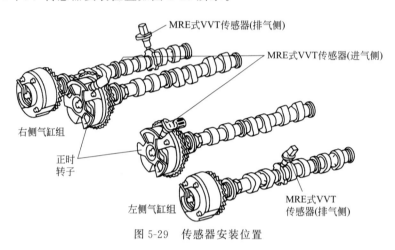

图 5-29　传感器安装位置

MRE 传感器与 ECU 的连接电路如图 5-30 所示，信号波形如图 5-31 所示。

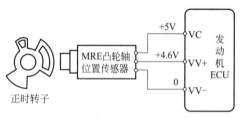

图 5-30　MRE 传感器与 ECU 的连接电路

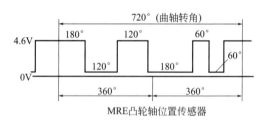

图 5-31　MRE 传感器与 ECU 的信号波形

（1）工作电压的检测　关闭点火开关，断开凸轮轴位置传感器，打开点火开关至 "ON" 位置，用万用表检查 VC 端子与 VV－之间的电压，应为 5V，如果没有 5V 电压，应分别检查与 ECU 间线路的连接情况，如果线路正常，则说明发动机 ECU 有故障。

（2）参考电压的检测　关闭点火开关，断开凸轮轴位置传感器，打开点火开关至 "ON" 位置，用万用表检查 VV＋端子与 VV－之间的电压，应为 4.6V，如果没有 4.6V 电压，应检查 VV＋与 ECU 间线路的连接情况，如果线路正常，则说明发动机 ECU 有故障。

（3）波形检测　在线路正常连接的情况下，使发动机运转，用示波器检测输出信号，其标准波形应与图 5-31 所示波形相同。

3. 磁阻元件式凸轮轴位置传感器检测示例

2016 年款丰田凯美瑞混合动力版 6AR-FSE 发动机采用了磁阻元件式凸轮轴位置传感器。在进排气凸轮轴上都安装了一个位置传感器。利用固定到凸轮轴上的正时转子，曲轴每旋转 2 圈产生 3 个脉冲来检测各凸轮轴位置。各凸轮轴的正时转子为各自凸轮轴的一部分，如图 5-32 所示。

磁阻元件式凸轮轴位置传感器由磁阻元件、磁铁和传感器组成。磁场方向根据经过传感

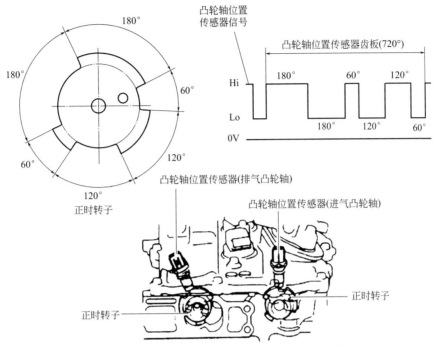

图 5-32　2016 年款丰田凯美瑞凸轮轴位置传感器安装位置

器的正时转子形状的不同（凸出和非凸出部分）而改变。因此，磁阻元件电阻发生变化，输出至发动机控制模块（ECM）的电压也会随之升高或降低。ECM 根据该输出电压检测凸轮轴位置。电路连接与输出波形如图 5-33 所示。

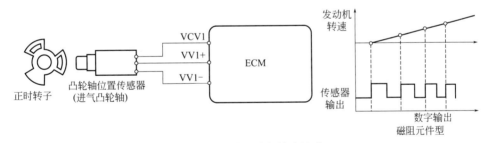

图 5-33　电路连接与输出波形

2016 年款丰田凯美瑞混合动力版磁阻元件式凸轮轴位置传感器电路如图 5-34 所示。

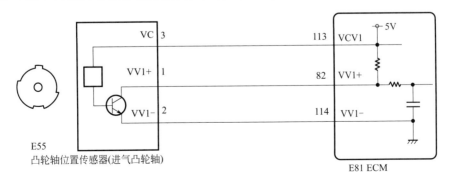

图 5-34　2016 年款丰田凯美瑞混合动力版磁阻元件式凸轮轴位置传感器电路

磁阻元件式凸轮轴位置传感器检测方法如下。

(1) 检测传感器供电（以进气侧凸轮轴位置传感器为例） 断开凸轮轴位置传感器（进气侧）连接器，打开点火开关，用万用表直流电压挡检测 3 号端子与车身接地之间的电压，应符合表 5-3 中的要求。如不符合规定，则检查线束和连接器。

表 5-3 标准电压值

检测仪连接	条件	规定状态/V
E55-3（VC）—车身接地	点火开关转到"ON"	4.5～5.5

(2) 检查线束和连接器（凸轮轴位置传感器至 ECM） 断开凸轮轴位置传感器（进气侧）和 ECM 连接器，按照表 5-4 中的要求检测连接器之间或与车身接地之间的电阻值，应符合规定值。如不符合规定，则更换线束。

表 5-4 标准电阻值

检测仪连接	条件	规定状态
E55-1（VV1+）—E81-82（VV1+）	始终	小于 1Ω
E55-2（VV1+）—E81-114（VV1−）	始终	小于 1Ω
E55-1（VV1+）—E81-82（VV1+）-车身接地和其他端子	始终	10kΩ 或更大
E55-2（VV1+）—E81-114（VV1−）-车身接地和其他端子	始终	10kΩ 或更大

第三节

节气门位置传感器的识别与检测

节气门位置传感器又称为节气门开度开关，主要用于发动机电子燃油喷射系统和电控自动变速器系统。节气门位置传感器一般安装在节气门体上（图 5-35），用于探测或监测节气门开度的大小和变化的快慢，并把位配置信号转变为电信号后输入电控单元。用于判别发动机的各种工况，从而控制不同的喷油量和点火正时。在装备电子控制自动变速器的汽车上，节气门位置传感器信号是变速器换挡和变矩器锁止时的主要信号之一。节气门位置传感器一般有开关触点式、线性输出式和霍尔效应式三种。

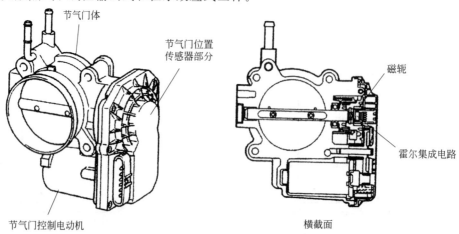

图 5-35 节气门位置传感器安装位置

一、开关触点式节气门位置传感器

1. 开关触点式节气门位置传感器的识别

如图 5-36 所示为开关触点式节气门位置传感器的结构与信号输出特性,其主要由节气门轴、全负荷触点、凸轮、怠速触点和接线插座组成。凸轮与节气门轴同轴转动,控制怠速触点和全负荷触点的开启与闭合。节气门轴随油门开度大小变化而转动。

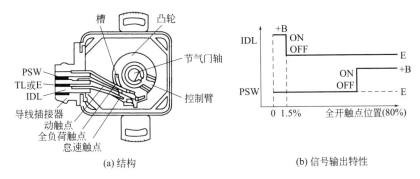

图 5-36 开关触点式节气门位置传感器的结构与信号输出特性

当节气门关闭时,传感器的怠速触点闭合,功率触点断开,怠速触点输出端子输出一个低电平信号"0",功率触点输出端子输出一个高电平信号"1"。ECU 接收到节气门位置传感器输入的这两个电压信号时,若车速传感器输入 ECU 的信号表示车速为零,那么 ECU 便可根据这两个信号判定发动机处于怠速状态,并控制喷油器增加喷油量,保证发动机怠速转速稳定而不致熄火;如果此时车速传感器输入 ECU 的信号表示车速不为零,那么 ECU 便可根据这两个信号判定发动机处于减速状态,从而控制喷油器停止喷油,以降低汽车的排放和提高其经济性。

当节气门开度逐渐增大时,凸轮随节气门轴转动并将怠速触点顶开,从而使怠速触点处于断开状态,但由于此时功率触点也处于断开状态,所以怠速触点端子输出高电平信号"1",功率触点端子也输出高电平信号"1"。ECU 接收到两个高电平信号时,便可判定发动机处于部分负荷状态,此时 ECU 再根据空气流量传感器信号和曲轴转速信号计算确定喷油量,以保证汽车的经济性和排放性能。

当节气门接近全部开启(80%以上负荷)时,凸轮转动使功率触点闭合,此时功率触点端子输出一个低电平信号"0",而怠速触点端子仍处于断开状态,从而输出一个高电平信号"1"。ECU 接收到这两个信号时,便可判定发动机处于大负荷运行状态,从而控制喷油器增加喷油量,以保证发动机输出足够的动力。

当节气门全开时,ECU 使控制系统进入开环控制模式,此时 ECU 不采用氧传感器信号。如果此时汽车空调器在工作,那么 ECU 将中断空调主继电器信号约 15s,以便切断空调电磁离合器线圈电流,使空调压缩机停止工作,增大发动机输出功率,以提高汽车的动力性。

2. 开关触点式节气门位置传感器(TPS)的检测

开关触点式传感器的检测,主要是用万用表测量传感器信号输出端子的输出电压和触点接触电阻。

(1)检查电源电压 检测时应拔下传感器插头,用万用表电压挡测量线束连接器中 TL

端子的电源电压，应为12V，否则应检查线路是否断路。

(2) 检查输出信号电压　检查时，传感器应正常连接，接通点火开关，输出的信号电压应为高电平或低电平，并且随节气门轴的转动而交替变化（由低电平"0"变为高电平"1"或由高电平"1"变为低电平"0"）。

(3) 检查端子电阻

① 检查怠速触点电阻。如图5-37所示，拔下传感器接线插头，用万用表的欧姆挡测量怠速触点（IDL）与可动触点（TL）之间的电阻，其电阻值应为0。转动节气门轴约40°以下，其电阻值应为∞。

② 检查功率触点电阻。如图5-38所示，拔下传感器接线插头，用万用表的欧姆挡测量传感器的功率接点（PSW）与可动触点（TL）之间的电阻值，其电阻值应为∞。转动节气门轴约55°以上，电阻值应为0。

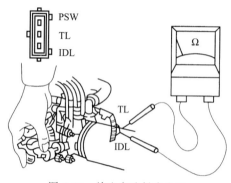

图 5-37　检查怠速触点电阻

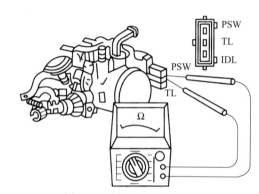

图 5-38　检查功率触点电阻

各端子导通性的检查见表5-5。

表 5-5　各端子导通性的检查

节气门开闭状态	测量的端子	
	TL-IDL	TL-PSW
全闭	0	—
稍稍打开	∞	—
从全闭打开40°以下	—	∞
从全闭打开55°以上	—	0

触点开关式节气门位置传感器的检查标准值见表5-6。

表 5-6　触点开关式节气门位置传感器的检查标准值

检查条件	检测端子	标准值
点火开关在"ON"位置，节气门全关闭（IDL闭合）	IDL-E	>0.5V
	PSW-E（PSW触点未接触）	4.5～5V
点火开关在"ON"位置，节气门全开	IDL-E	4.5～5V
	PSW-E	>0.5V
点火开关在"ON"位置，节气门在全闭与全开之间（部分负荷）	IDL-E	不能同时小0.5V
	PSW-E	

续表

检查条件	检测端子		标准值
关闭点火开关,拔下传感器导线连接器	节气门全关闭	IDL-E	<10Ω
		PSW-E	>1MΩ
	节气门全开	IDL-E	>1MΩ
		PSW-E	<10Ω
	节气门在全闭与全开之间时	IDL-E	不能同时低于10Ω
		PSW-E	

3. 开关触点式节气门位置传感器检测示例

奥迪 200 型轿车节气门位置传感器线束连接器共有三个端子,中间的端子是供电端子,两边的端子一个是怠速开关信号端子,另一个是大负荷开关信号端子。

开关触点式节气门位置传感器检测方法如下。

① 接通点火开关,用万用表电压挡在线束侧检查连接器供电端子上的电压,其电压应为蓄电池电压。

② 关闭点火开关,拔开节气门线束连接器,用万用表电阻挡检查相关端子间的导通状况。

当怠速开关闭合即怠速触点接通时,怠速开关信号端子与中间端子间应导通;当怠速开关开启即怠速触点断开时,怠速开关信号端子与中间端子间应导通;当节气门开度小于 57°,大负荷开关开启,即大负荷开关触点断开时,大负荷开关信号端子与中间端子间应不导通;当节气门开度大于 57°,大负荷开关闭合,即大负荷开关触点接通时,大负荷开关信号端子与中间端子间应导通。

如检查与上述规定不相符,说明节气门位置传感器有故障,则应进行修理或更换。

二、线性输出式节气门位置传感器

1. 线性输出式节气门位置传感器的识别

线性输出式节气门位置传感器又称为滑动电阻式节气门位置传感器、可变电阻式节气门位置传感器、电位计式节气门位置传感器。其结构如图 5-39 所示,主要由活动触点 1、活动触点 2、电阻器、节气门轴、接线插头等组成。传感器的两个活动触点与节气门轴联动,分别是用于测量节气门开度的活动触点 1 和用于确定节气门全闭位置时的活动触点 2。

滑动电阻式节气门位置传感器为三线式传感器,其中两个端子处于电阻的两端,并作为电源端子和搭铁端子由发动机 ECU 提供 5V 电压,第三个端子连接于滑动触点。

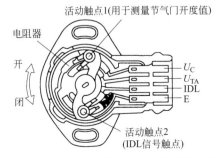

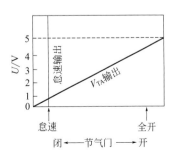

图 5-39 线性输出式节气门位置传感器的结构　　图 5-40 线性输出式节气门位置传感器的特性曲线

当活动触点随节气门的打开而改变电位器的电阻值时,其输出电压与节气门的开度成正比例增大(图5-40)。

如图5-41所示为线性输出式节气门位置传感器的工作原理。当节气门逐渐(向右)打开时,活动触点也向右移动,电路中所串入的电阻值逐渐减小,输出电压增大;反之,输出电压减小。通过这种方式,将其输出信号送至电子控制装置输入端,由它来控制喷油器的开闭时间,以满足汽车加速时发动机所要求供给的燃油量。传感器上还设有节气门微动开关,具有发动机全负荷时加浓混合气的功能。

2. 线性输出式节气门位置传感器的检测

线性输出式节气门位置传感器与ECU的连接电路如图5-42所示。

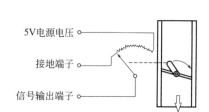

图5-41 线性输出式节气门位置传感器的工作原理

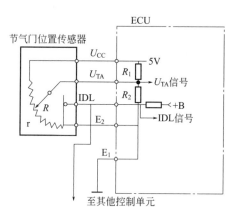

图5-42 线性输出式节气门位置传感器与ECU的连接电路

线性输出式节气门位置传感器的检测方法如下。

(1) 开路检测

① 拔下传感器连接线束插座,可见插座上共有4个端子。其中U_{CC}(有的图上标注为U_C,含义一样)为电压输出接头,属电源端;U_{TA}为节气门开度电压信号输出接头;IDL为怠速触点信号接头;E_2搭铁线。

② 用万用表$R \times 100$挡分别测量线束插件与传感器相连的各端子之间的电阻值应符合标准电阻值(车型不同可能有一些差异,但变化规律是相同的)。如果电阻值相差较大,则可能是节气门传感器已损坏。

(2) 在路检测

① 将上述节气门位置传感器插件重新插好。

② 接通点火开关,但不要启动发动机。

③ 用万用表10V直流挡测线束插件各端子之间的电压,应符合规定值。如电压值相差较多,应检查线路、ECU及节气门位置传感器。可先将节气门位置传感器拆下测量其开路电阻是否正常。当确定节气门位置传感器无问题,且检查线路及供电均无故障后,再检查ECU。

3. 线性输出型节气门位置传感器检测示例

(1) 奥迪2.6L/V6型轿车可变电阻式节气门位置传感器的检测 奥迪2.6L/V6型轿车可变电阻式节气门位置传感器的结构如图5-43所示。

该传感器的信号输出电路如图5-44所示。

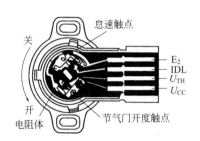
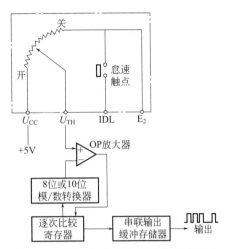

图 5-43 奥迪 2.6L/V6 型轿车可变电阻式节气门位置传感器的结构

图 5-44 奥迪 2.6L/V6 型轿车可变电阻式节气门位置传感器信号输出电路

检测方法如下。

① 检测供电电压。拔下节气门位置传感器上的连接器插头，接通点火开关，分别测量 U_{CC} 和怠速触点、U_{CC} 和节气门全开触点之间的电压值，应为 4.5～5.5V。若不符合要求，应检查 ECU 连接电路。如果电压值符合要求，应检查节气门电位计电阻。

② 检测电阻。拔下节气门电位计插头，测量 U_{CC} 与怠速触点之间的电阻，应为 1.5～2.6kΩ；测量 U_{CC} 与 U_{TH} 之间的电阻，在怠速时该值应为 0.75～1.3kΩ。

慢慢转动节气门操纵杆至全开位置，这时电位计电阻值应上升到最大值 3.6kΩ。如果有一项不符合规定，说明节气门位置传感器有故障，则应更换节气门位置传感器。

（2）日产天籁轿车上装用的节气门位置传感器检测　日产天籁轿车上装用的节气门位置传感器为双可变电阻式节气门位置传感器，其电路如图 5-45 所示。发动机控制单元（ECM）通过 72# 端子向传感器 1# 端子提供 5V 参考电压；传感器 4# 端子通过电控单元 36# 端子接地。传感器 2# 端子和 3# 端子输出 TPS1 和 TPS2 节气门位置信号分别送到发动机控制系统

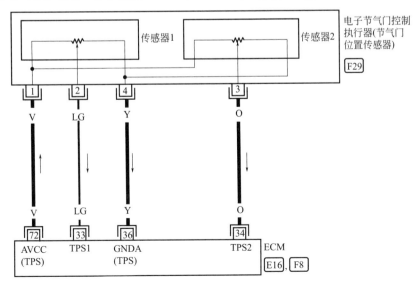

图 5-45 日产天籁轿车双可变电阻式节气门位置传感器电路

的 33# 端子、36# 端子。

日产天籁轿车双可变电阻式节气门位置传感器的检测方法如下。

打开点火开关，将换挡杆拨到 D 挡（A/T）或 1 挡（M/T），使用万用表电压挡分别检查 ECM 的端口 33（节气门位置传感器 1# 端子的信号）、34（节气门位置传感器 2# 端子的信号）在加速踏板不同状态时与接地之间的电压，检查结果应符合表 5-7 的规定。如不符合规定，则应更换节气门体总成。

表 5-7　节气门位置传感器输出电压标准值

端口	加速踏板	电压/V
33（节气门位置传感器 1# 端子）	完全释放	大于 0.36
	完全踩下	小于 4.75
34（节气门位置传感器 2# 端子）	完全释放	小于 4.75
	完全踩下	大于 0.36

三、霍尔效应式节气门位置传感器

1. 霍尔效应式节气门位置传感器的识别

（1）霍尔效应式节气门位置传感器的结构　2016 年款丰田凯美瑞混合动力车型（发动机型号 6AR-FSE）采用了非接触式双霍尔元件式节气门位置传感器，它主要由霍尔元件和磁铁组成，其中磁铁安装在节气门轴上，并可以绕霍尔元件转动，如图 5-46 所示。

（2）霍尔效应式节气门位置传感器的工作原理　霍尔效应式节气门位置传感器与 ECU 的连接电路如图 5-47 所示。霍尔效应式节气门位置传感器有两个传感器电路：U_{TA1} 和 U_{TA2}，各自发射一个信号。U_{TA1} 用于检测节气门开度，U_{TA2} 用于检测 U_{TA1} 的故障。传感器信号电压与节气门开度成比例，在 0～5V 之间变化，并且传送到 ECM 端子 U_{TA1} 和 U_{TA2}。

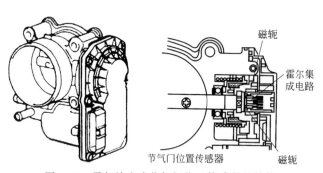

图 5-46　霍尔效应式节气门位置传感器的结构

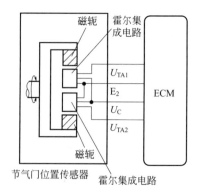

图 5-47　霍尔效应式节气门位置传感器与 ECU 的连接电路

节气门关闭时，传感器输出电压降低；节气门打开时，传感器输出电压升高。ECM 根据这些信号计算节气门开度，并控制节气门执行器来响应驾驶人输入。这些信号同时也用来计算空燃比修正值、功率提升修正值和燃油切断控制。

2. 霍尔效应式节气门位置传感器的检测

2016 年款丰田凯美瑞混合动力车型（发动机型号 6AR-FSE）采用了非接触式双霍尔元

件式节气门位置传感器,其电路如图 5-48 所示。

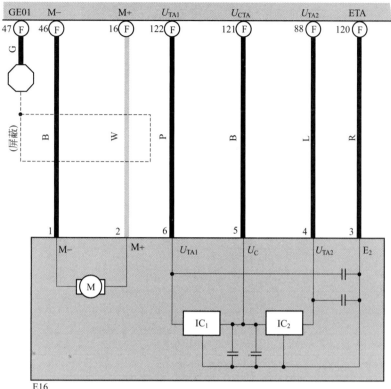

图 5-48　2016 年款丰田凯美瑞混合动力车型节气门位置传感器电路

节气门位置传感器集成在节气门体总成 E16 内。E16 有 6 个端子。端子 1 和 2 为节气门执行电动机控制端口。端子 6 和 4 分别输出节气门位置信号 U_{TA1} 和 U_{TA2} 到发动机控制单元端口 E81 (F) 的 $122^{\#}$ 和 $88^{\#}$。端子 5 是来自发动机控制单元 $121^{\#}$ 提供的 U_{CTA} 参考电压;端子 3 通过发动机控制单元 $120^{\#}$ 接地。霍尔效应式节气门位置传感器的检测方法如下。

(1) 检查传感器电源电压　断开节气门体连接器 E16,用万用表检测 E16/5 和 E16/3 之间的电压,应为 4.5~5.5V。否则,检查 ECU 电源电路。如果 ECU 电源电路正常,则应更换 ECU。

(2) 检查传感器的信号电压　连接故障诊断仪,打开点火开关,踩动加速踏板,并读取节气门位置传感器数据 VTA1 和 VTA2 读数,数值应符合表 5-8 规定。

表 5-8　传感器输出电压标准值

完全松开加速踏板时		安全踩下加速踏板时(发动机运转)		故障部位
U_{TA1}	U_{TA2}	U_{TA1}	U_{TA2}	
0~0.2V	0~0.2V	0~0.2V	0~0.2V	U_{CTA} 电路存在开路
4.5~4.98V	4.5~4.98V	4.5~4.98V	4.5~4.98V	ETA 电路存在开路
0~0.2V 或 4.5~4.98V	2.1~3.1V(损坏保护)	0~0.2V 或 4.5~4.98V	2.1~3.1V(损坏保护)	U_{TA1} 电路开路或对接地短路

续表

完全松开加速踏板时		安全踩下加速踏板时（发动机运转）		故障部位
U_{TA1}	U_{TA2}	U_{TA1}	U_{TA2}	
0.6～1.4V（损坏保护）	0～0.2 或 4.5～4.98V	0.6～1.4V（损坏保护）	0～0.2 或 4.5～4.98V	U_{TA2} 电路开路或对接地短路
0.5～1.1V	2.1～3.1V	3.2～4.8V（非损坏保护）	4.6～4.98V（非损坏保护）	节气门位置传感器电路正常

（3）检查传感器线束与连接器　断开节气门体连接器 E16 和发动机控制单元 ECM 连接器 E81，按照表 5-9 中的规定检查连接器之间或连接器与车身接地之间的电阻值。电阻值应符合表 5-9 中的值，如不符合规定，则应更换或检查线束。

表 5-9　线束检查

检测仪连接	条件	规定状态
E16-5(U_C)—E81-121(U_{CTA})	始终	小于 1Ω
E16-6(U_{TA1})—E81-122(U_{TA1})	始终	小于 1Ω
E16-4(U_{TA2})—E81-88(U_{TA2})	始终	小于 1Ω
E16-3(E_2)—E81-120(ETA)	始终	小于 1Ω
E16-5(U_C) 或 E81-121(U_{CTA})—车身接地和其他端子	始终	10kΩ 或更大
E16-6(U_{TA1}) 或 E81-122(U_{TA1})—车身接地和其他端子	始终	10kΩ 或更大
E16-4(U_{TA2}) 或 E81-88(U_{TA2})—车身接地和其他端子	始终	10kΩ 或更大

第四节
车辆高度传感器的识别与检测

在高档轿车上安装的电控悬架系统，能够根据车身高度、车速、转向角度及速率、制动等信号，由悬架 ECU 控制悬架的执行机构，使悬架的刚度、减振器的阻尼力及车身高度等参数改变，使汽车具有良好的乘坐舒适性和操作稳定性。

车身高度传感器主要应用在电子控制悬架、主动悬架或自适应减振系统中。车身高度传感器用来感应悬架摆臂元件与车身间在垂直方向上的关系，其信号可使悬架电控单元（ECU）根据汽车载荷的大小，通过有关执行元件随时调节车身高度，维持车身高度基本不随载荷变化而变化。

车身高度传感器一般安装在左右前轮胎的挡泥板上或后桥的中部，一般是将车身高度的变化（悬架的位移变形量）转变成传感器轴的转角的变化并检测出此轴的旋转角度，类似于节气门传感器结构，把它转变成电信号输入 ECU。固定部件固定在车架（非承载式车身）或车身（承载式车身）上，活动部件与悬架下摆臂或车桥相连。

在装配有前照灯自动调平装置的车辆上，车灯自动调平装置采用安装在悬架和车身上的一个或两个同一侧的车身高度传感器。车灯自动调平装置上的车身高度传感器也被称为水平传感器。

车身高度传感器一般有舌簧开关式车身高度传感器、滑动电阻式车身高度传感器、霍尔集成电路式车身高度传感器、线性霍尔车身高度传感器、光电式车身高度传感器、感应式车身高度传感器。舌簧开关式车身高度传感器、霍尔集成电路式车身高度传感器属于直接检测型；滑动电阻式车身高度传感器、线性霍尔车身高度传感器、光电式车身高度传感器、感应式车身高度传感器属于旋转转换检测型。

一、舌簧开关式车身高度传感器

舌簧开关式车身高度传感器的结构和工作原理如图 5-49 所示。舌簧开关式车身高度传感器有四组触点式开关，它们分别与两个晶体管相连，构成四个检测回路。用两个端子作为输出信号与悬架 ECU 连接，两个晶体管均接受 ECU "输出"端子的控制。该传感器将车身高度组合成四个检测区域，分别是低、正常、高、超高。

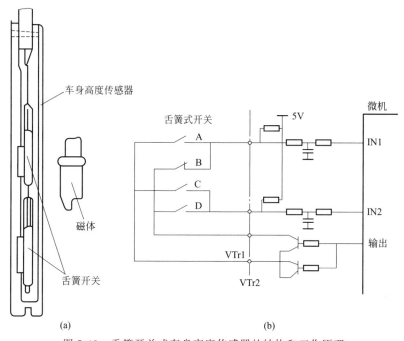

图 5-49 舌簧开关式车身高度传感器的结构和工作原理

当车身高度调定为正常高度时，因乘员数量的增加，而使车身偏离正常高度。此时舌簧开关式车身高度传感器的另一对触点闭合，产生电信号输送给 ECU，ECU 随即做出车身高度偏低的判断，从而输出电信号到车身高度控制执行器，促使车身恢复正常高度状态。

舌簧开关式车身高度传感器在福特车型上应用较多。检测时，可以根据舌簧开关的特性，在不同的位置，使用万用表检验四组舌簧开关的导通和断开。

二、霍尔效应式车身高度传感器

大众奥迪车系自适应减振系统在车辆的左前、右前和左后分别安装了一个高度传感器（水平传感器），这三个车身高度传感器（水平传感器）都是霍尔效应式传感器。车轮悬架的变化（行程）通过前桥或后桥上的控制臂的运动以及传感器连杆的运动传给传感器，并转换成转角。

这种传感器采用双腔结构。一面（第 1 腔）有转子，另一面（第 2 腔）有带定子的电路板。转子和定子各自都是密封安装的。

转子有一个非磁性高级合金钢轴，该轴内粘接有一块稀土磁铁。使用稀土磁铁可以尽可能小的尺寸获得极强的磁场。

转子通过操纵杆与连接杆相连并由该连接杆来推动。转子是通过一个径向密封圈安装在操纵杆上的，这样可使结构免受环境影响。定子就是一个霍尔传感器，它安装在电路板上。由于电路板是包在聚氨酯块中的，因此也可免外界环境影响。

悬架位置发生变化时，转子在操纵杆的作用下发生转动并带动磁极运动，霍尔元件传递并放大磁通，电路板上的芯片会对这些信号进行转换，以便电子调节减振系统控制单元识别出车身水平变化。

奥迪Q5汽车全自动减振系统车身高度传感器（水平传感器）电路如图5-50所示。

三、滑动电阻式车身高度传感器

雷克萨斯LS400轿车采用的是滑动电阻式车身高度传感器，其结构和原理与可变电阻式节气门位置传感器相同。

雷克萨斯LS400轿车采用的滑动电阻式车身高度传感器的电路如图5-51所示。

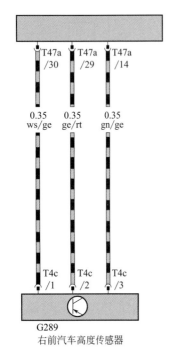

图5-50 奥迪Q5汽车全自动减振系统车身高度传感器（水平传感器）的电路

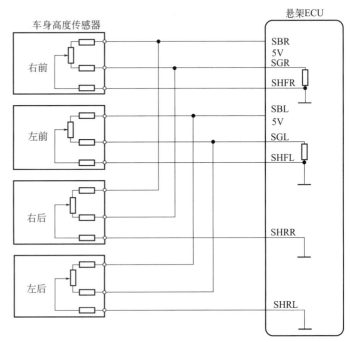

图5-51 雷克萨斯LS400轿车采用的滑动电阻式车身高度传感器的电路

检测方法如下。

(1) 检查传感器电源电压（以前部车身高度传感器为例） 拆下仪表板盒，将点火开关旋到"ON"位，将电压表正极、负极分别接到传感器的 $2^\#$ 端子和 $3^\#$ 端子之间，电压表的读数应约为5V。如读数不符合规定要求，应检查悬架的ECU和线路。

(2) 检查传感器信号电压（以前部车身高度传感器为例） 拆下车身高度传感器，在端子 $2^\#$ 端子与 $3^\#$ 端子之间施加约4.5V的电压，使控制杆缓慢地上、下移动。检查端子1与3之间的电压，正常位置时，电压为2.3V；低位置时，电压为0.5~2.3V；高位置时，电压为2.3~4.1V。后部车身高度传感器与前部车身高度传感器检查方法相同。

四、光电式车身高度传感器

1. 光电式车身高度传感器的识别

(1) 光电式车身高度传感器的结构　光电式车身高度传感器用以将车身高度的变化（悬架的位移变形量）转变成传感器轴的转角的变化，并检测出此轴的旋转角度，把它变成电信号输入 ECU。ECU 根据输入的车身高度变化的电信号和汽车载荷的大小，通过执行元件，对车身高度进行调节，保持车身高度基本不随载荷的变化而变化，同时还可以在汽车起步、转向、制动以及前、后、左、右车轮载荷相应变化时，调整车轮悬架刚度，提高汽车抗俯仰、抗侧倾的能力，维持车身高度基本不变。

光电式车身高度传感器的结构与外形如图 5-52 所示，主要由传感器轴、光电元件及透光板组成。其中传感器轴通过导杆与拉紧螺栓的一端铰连（拉紧螺栓的另一端与后悬架臂相连）。光电式车身高度传感器一般安装在左右前轮胎的挡泥板上或后桥的中部，如图 5-53 所示。

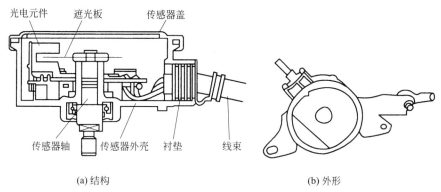

图 5-52　光电式车身高度传感器的结构与外形

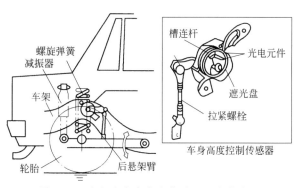

图 5-53　光电式车身高度传感器的安装位置

(2) 光电式车身高度传感器的工作原理　如图 5-54 所示，传感器的光电元件由发光二极管和光电晶体管组成，且分布在带孔的透光板的两侧；车身高度变化时，悬架的位移发生变化，与悬架连在一起的拉紧螺栓移动，从而带动导杆和传感器轴转动，传感器轴的转动带动透光板的转动，使发光二极管和光电晶体管之间时而透光，时而被透光板挡住，从而使光电晶体管导通与截至，进而使电路接通（ON）或断开（OFF）。传感器将这种电路的通断信号（即 ON、OFF 信号）输入给悬架 ECU，ECU 根据输入的信号检测出透光板的转动角度，即可检测出车身高度的变化。

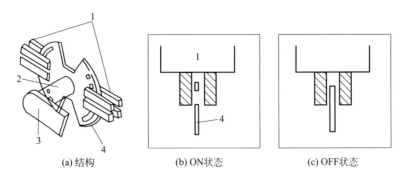

(a) 结构　　　(b) ON状态　　　(c) OFF状态

图 5-54　光电式车身高度传感器的工作原理
1—光电元件；2—传感器轴；3—导杆；4—透光板

2. 光电式车身高度传感器的检测

光电式车身高度传感器的检测方法如下。

（1）电源的检测　拔下传感器插头，接通点火开关，检测线束连接器上的电源端子电压应为12V。

（2）信号电压的检测　拔下车身高度传感器连接插头，用导线将插头两端的电源连接起来，使传感器外壳搭铁，接通点火开关，慢慢转动传感器轴，用万用表测量插头上信号插孔输出的电压。如果电压在 0~1V 之间变化的，说明传感器工作性能良好，否则，应更换车身高度传感器。

（3）信号电压波形的检测　用汽车专用示波器检测，其输出信号应为矩形方波。

3. 光电式车身高度传感器检测示例

三菱轿车前车身高度传感器的电路如图 5-55 所示，其检测方法如下。

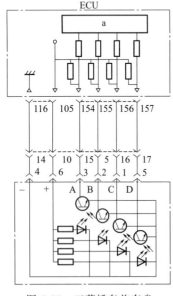

图 5-55　三菱轿车前车身高度传感器的电路
a—前车身高度判别

（1）就车检测传感器的端子间电压值　当车身高度传感器的连接器处于连接状态时，在 ECU 的连接器部位测出 ECU 的电压，来判定传感器是否良好。在图 5-55 中，端子 105 是传感器的电源端子，当 ECU 工作时，该端子电压值应为 4~8V。端子 154~157 是车身高度信号端子，当传感器内的光电元件接通（ON）时，信号电压值应为 0V；当光电元件断开（OFF）时，信号电压值应为 4~8V。端子 116 处于搭铁状态，平时其电压值应为 0V。

（2）单体检测传感器端子电压值　把车身高度传感器单体与车辆侧电线束连接，当点火开关处于接通（ON）时，旋转传感器的环形板，在不同位置测量各端子（与搭铁间）的电压，检测值应符合表 5-10 中的规定。

三菱轿车后车身高度传感器的连接电路及检测方法与前车身高度传感器的连接电路及检测方法基本相同。

表 5-10　传感器各端子电压值　　　　　　　　　单位：V

车高标准	传感器导杆位置	3	2	1	5
最高标准	①	0～0.5	4.5～5	0～0.5	4.5～5
较高	②	0～0.5	4.5～5	0～0.5	4.5～5
高	③	0～0.5	4.5～5	4.5～5	4.5～5
比正常高	④	0～0.5	4.5～5	4.5～5	0～0.5
正常车高	⑤	0～0.5	0～0.5	4.5～5	0～0.5
比正常低	⑥	0～0.5	0～0.5	4.5～5	0～0.5
低	⑦	4.5～5	0～0.5	4.5～5	0～0.5
较低	⑧	4.5～5	4.5～5	0～0.5	0～0.5
最低标准	⑨	4.5～5	4.5～5	0～0.5	0～0.5

第五节

方向盘转角传感器的识别与检测

方向盘转角传感器主要用于车辆稳定控制系统、电子助力转向系统和电子悬架系统中，用于检测方向盘的中间位置、转动方向、转动角度和转动速度等转向信息，从而使相关控制单元实施不同的控制策略。

早期的方向盘转角传感器主要安装在转向轴管上来检测转向轴的旋转角度，现今的方向盘转角传感器，一般与时钟弹簧集成安装。

方向盘转角传感器主要有滑动电阻式、磁感应式、霍尔效应式、光电式、各向异性磁阻式，应用最广泛的是光电式方向盘转角传感器。

一、滑动电阻式方向盘转角传感器

滑动电阻式方向盘转角传感器与线性节气门位置传感器工作原理相同，在电阻器的两端施加 5V 直流电压，一个滑动接触点随着方向盘的转动在电阻器两端内运动，方向盘转动到两个端点位置时，滑动接触点刚好运动到电阻器两端。检测接触点和电阻器一端的电压即可求得方向盘的绝对转角位置。

有的方向盘转角传感器采用双滑动电阻的两路输出电压信号，传感器由两个相差 90°的精密电位滑环组成，除了用于判断方向盘的旋转方向外，这两路输出电压信号还可相互补充，实现出错诊断。

由于电阻分压式绝对值转角传感器是接触式传感器，在滑动触点和电阻器的相互运动过程中，两者会产生磨损，影响传感器的使用寿命。

滑动电阻式方向盘角度传感器的检测方法可以参照节气门位置传感器的检测方法。

二、磁感应式方向盘转角传感器

磁感应式方向盘转角传感器由齿盘、永久磁铁、两个感应线圈及信号处理电路等组成，其原理如图 5-56 所示。

当齿盘随转向轴转动时，感应线圈就会产生交变的感应电动势，经信号处理电路放大、

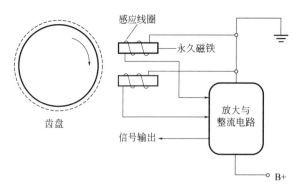

整流及整形后输出。控制器根据传感器输入的信号脉冲数量就可确定方向盘的转角,设置两个感应线圈的目的同样是为了控制器判断左右转向的需要。

磁感应式方向盘转角传感器可以用测量电阻的方法来检测。

三、霍尔效应式方向盘转角传感器

东风标致 307 轿车使用了霍尔效应式方向盘转角传感器,霍尔效应式方向盘转角传感器是利用遮蔽转盘旋转时遮蔽或通过磁场,使霍尔元件产生或不产生霍尔电压的办法来计量转向角度的大小,其原理同使用遮蔽板的霍尔效应式曲轴位置传感器相似,其结构如图5-57所示。方向盘转角传感器插接器有四个端子:一个为12V供电端子,一个为搭铁端子,另两个分别是方向盘转动信号 S_1 和 S_2 的信号端子。

图 5-56 磁感应式方向盘转角传感器的原理

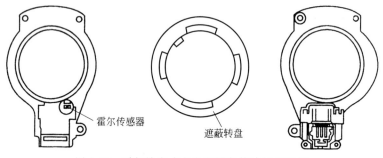

图 5-57 霍尔效应式方向盘转角传感器的结构

方向盘角度信息是以两个方波信号,如图 5-58 所示,传给助力转向 GEP 控制单元,GEP 控制单元通过这两个信号确定方向盘转动的速度和方向。两个霍尔效应式传感器从相位上错开 90°±30°,能够确定方向盘的旋转方向,转向时,控制器可根据 S_1 信号和 S_2 信号的相对位置确定旋转方向,其检测方法也可参照光电式方向盘转角传感器来进行。

四、光电式方向盘转角传感器

1. 光电式方向盘转角传感器的识别

光电式方向盘转角传感器安装在转向轴管上,用于检测方向盘的中间位置、转动方向、转动角度和转动速度,即转向轮的偏转方向和偏转角度,并将所检测的信号输入电子悬架控制系统 ECU,使电子悬架控制系统 ECU 根据转角传感器输入的信号和车速传感器输入的车速信号判断汽车转向时侧向力的大小,从而对车身的侧倾进行控制。

(1) 光电式方向盘转角传感器的结构　光电式方向盘转角传感器是通过光栅原理来测量角度的。它由光源、编码盘、光学传感器和计数器组成,结构如图5-59所示。编码盘由两个环构成,一个是绝对环,一个是增量环,每个环由两个传感器进行扫描。

(2) 光电式方向盘转角传感器的工作原理　当光源被遮住时,传感器输出电压为0V,如图5-60(a) 所示;当光透过缝隙照到传感器上时,传感器输出电压为1V,如图5-60(b)所示。

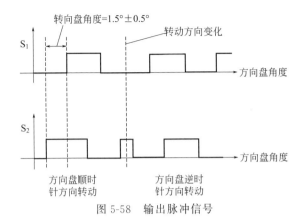

图 5-58　输出脉冲信号

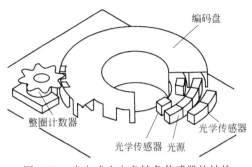

图 5-59　光电式方向盘转角传感器的结构

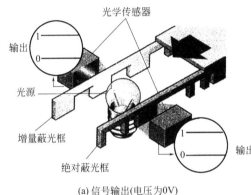

(a) 信号输出(电压为0V)

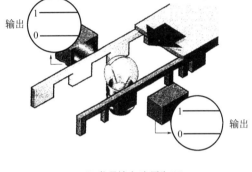

(b) 信号输出(电压为1V)

图 5-60　传感器信号输出

如果移动蔽光框,就会产生两个不同的电压,如图 5-61 所示。增量传感器传送一个均匀的信号,这是因为间隙是均匀分布的;绝对传感器传送一个不均匀信号,这是因为间隙是不均匀分布的。系统通过对比这两个信号,就可计算出蔽光框移动的距离,于是就确定了绝对部件运动的起始点。

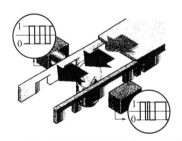

图 5-61　光电式方向盘转角传感器的工作原理

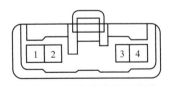

图 5-62　转角传感器连接器

2. 光电式方向盘转角传感器检测

光电式方向盘转角传感器的检测方法如下。

① 将方向盘置于汽车直线行驶位置。

② 将模式选择开关切换到 NORMA1 位置。

③ 短接诊断连接器的端子 16（TS）和 3（E1）。

④ 接通点火开关，此时指示灯 S 和 F 应闪烁，否则，修理或更换模式选择开关，诊断连接器或 ECU。

⑤ 向右转动方向盘 0.01～0.08 转，此时，指示灯 F 闪烁，指示灯 S 熄灭。

⑥ 重复以上步骤并向左转动方向盘，此时，指示灯 S 闪烁，指示灯 F 熄灭。否则应对转角传感器进行检查。

⑦ 检查转角传感器连接器，端子 1 和 2 之间的电压应为 3.5～4.2V，否则应修理或更换，如图 5-62 所示。

⑧ 缓慢转动方向盘，用电压表检查连接器端子 3、4 与端子 2 之间的电压，应在 5～10V 之间变化（正极接端子 3、4），否则应修理或更换控制装置到转角传感器之间的电路。

⑨ 检查转角传感器的窄槽圆盘是否弯曲变形或表面上是否有杂质。

3. 光电式方向盘转角传感器检测示例

雷克萨斯 LS400 轿车装用的光电式方向盘转角传感器检测方法如下。

（1）输出信号检测　接通点火开关，用跨接线 SST 连接诊断连接器上的 TS 与 E1 端子，如图 5-63(a) 所示，转动方向盘，若转角小于 45°，仪表板上的 NORM 灯亮，说明转向信号输出正常。

转角传感器信号是否输入悬架 ECU 的检查方法是，接通点火开关，慢慢转动方向盘，如图 5-63(b) 所示，在转动的同时分别用万用表测量 ECU 的 SS1、SS2 端子与搭铁间的电压，应为 0～5V，否则说明转角传感器信号未输入悬架 ECU 或转角传感器信号出现故障。

（2）转角传感器故障诊断与排除　对于转角传感器未输入信号故障，诊断方法为，拆下传感器连接器，接通点火开关，测量连接器 1 号端子和 2 号端子间电压，如图 5-63(c) 所示，正常值应为蓄电池电压，否则应检查悬架 ECU 的 IG 熔丝是否良好，转角传感器与熔丝盒之间的连线是否存在断路或短路。

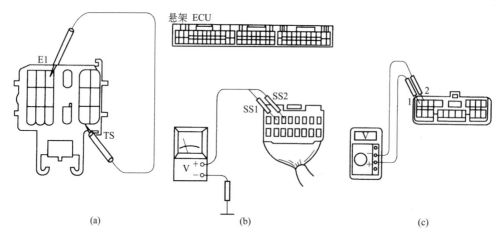

图 5-63　光电式方向盘转角传感器的检测

转角传感器故障排除方法：拆下传感器连接器，在转角传感器 1 号、2 号端子间施加蓄电池电压，在慢慢转动方向盘时，用万用表测量传感器的 10 号、11 号端子和 2 号端子间的电阻，正常值应在 0～8 之间变化，否则说明转角传感器存在故障，应当更换。

五、各向异性磁阻式方向盘转角传感器

磁性薄膜在平行于膜面的外磁场作用下达到饱和磁化时，薄膜的电阻率将随外磁场

方向和电流方向的变化而变化,这种效应就是各向异性磁阻(Anisotropic Magneto Resistance,AMR)效应。现以别克荣御轿车的ESP系统为例,介绍各向异性磁阻式方向盘转角传感器的识别与检测方法。

1. 各向异性磁阻式方向盘转角传感器的识别

别克荣御轿车的ESP系统装有各向异性磁阻式方向盘转角传感器,位于方向盘下面,其内部结构如图5-64所示,传感器框图如图5-65所示。

2. 各向异性磁阻式方向盘转角传感器的检测

别克荣御方向盘转角传感器的线路连接和各端子功用如图5-66所示。

各向异性磁阻式方向盘转角传感器的检测方法如下。

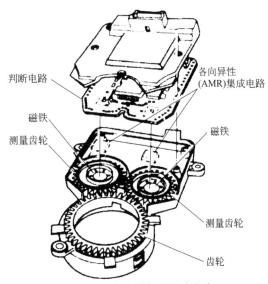

图5-64 各向异性磁阻式方向盘转角传感器的内部结构

(1) 检测供电电压 关闭点火开关,脱开传感器连接器,再将点火开关置于"ON"位置,使用万用表检测5号与6号端子电压,应该为12V,否则应检查线路。

图5-65 各向异性磁阻式方向盘转角传感器框图

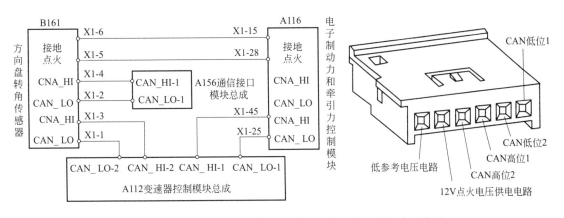

图5-66 别克荣御方向盘转角传感器的线路连接和各端子功用

(2) 用解码器读取故障码 由于传感器信号通过CAN总线输出,因此通过解码器的自诊断检测是比较准确和快捷的方法。方向盘转角传感器出现故障,则会显示故障码C0460。

(3) 校准方向盘转角传感器 电控单元监测并判断方向盘转角传感器的输出信号,当车辆沿直线行驶了15min或以上时,电控单元将该行驶方向设定为正前方向。可使用Tech2进行方向盘转角传感器校准,初始化传感器的具体操作步骤如下。

① 将方向盘置于车辆笔直向前的正中位置。

② 将 Tech2 连接到车辆上，并执行"Tech2 方向盘转角传感器校准程序"即可。

第六节

液位传感器的识别与检测

汽车上使用的液位传感器有模拟量输出型和开关型两种类型。模拟量输出型液位传感器主要用于检测燃油箱油量，有浮子式、电热式、电容式等；开关输出型液位传感器主要用于测量制动液液位、洗涤液液位、冷却水液位，在液位减少到一定值时，产生开关接通、闭合转换，开关输出型液位传感器有热敏电阻式、浮子式和舌簧开关式三种类型。

一、浮子舌簧开关式液位传感器

1. 浮子舌簧开关式液位传感器的识别

（1）浮子舌簧开关式液位传感器的结构　如图 5-67 所示为浮子舌簧开关式液位传感器的结构和电路，它由树脂圆管制成的轴和可沿其上下移动的环状浮子组成，在管状轴内装有舌簧开关（强磁性材料制成的触点），浮子内嵌有永久磁铁。舌簧开关内部是一对很薄的触点，随浮子位置的不同而闭合或断开，从而可以判定液量是多于规定值还是少于规定值。

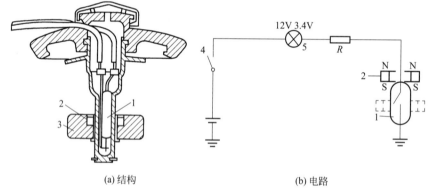

图 5-67　浮子舌簧开关式液位传感器的结构和电路
1—舌簧开关；2—永久磁铁；3—浮子；4—点火开关；5—报警灯

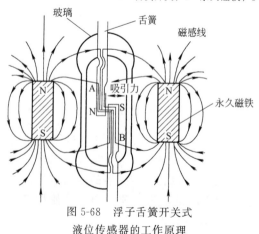

图 5-68　浮子舌簧开关式
液位传感器的工作原理

（2）浮子舌簧开关式液位传感器的工作原理（图 5-68）　当液位低于规定值时，浮子的位置低于规定值，由于浮子内嵌有永久磁铁，所以永久磁铁接近舌簧开关令磁力线从舌簧开关中通过，使舌簧开关内两金属触点产生吸引力，导致舌簧开关闭合，报警灯与搭铁接通而使报警灯点亮，如图 5-67（b）所示。报警灯亮表明液位已低于规定值。

当液位达到规定值时，浮子位置上升到规定值，没有磁力线穿过舌簧开关内的磁体，在舌簧本身弹力作用下舌簧开关的两触点打开,电路断开,报警灯熄灭。报警灯不亮表示液位在正常位置,符合要求。

浮子舌簧开关式液位传感器用于检测制动液液位时的报警系统电路如图 5-69 所示,用于检测洗涤液液位和冷却液液位时的报警电路如图 5-70 所示。

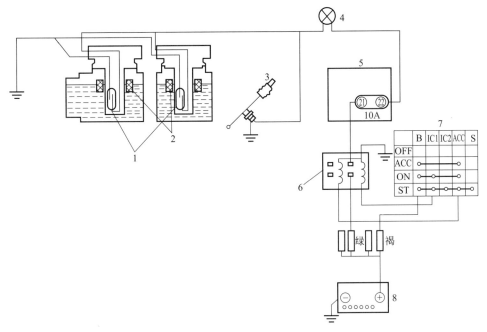

图 5-69 制动液液位报警系统电路
1—舌簧开关;2—浮子;3—驻车制动器;4—报警灯;5—熔丝盒;
6—继电器;7—点火开关;8—蓄电池

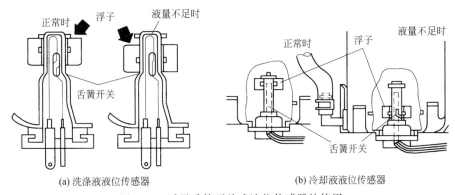

(a) 洗涤液液位传感器　　(b) 冷却液液位传感器
图 5-70 浮子舌簧开关式液位传感器的使用

2. 浮子舌簧开关式液位传感器的检测

浮子舌簧开关式液位传感器的常见故障是浮子损坏,舌簧弹性丧失不能工作。可用万用表测量传感器的两接线端子电阻,当浮子上下移动时,确认开关是否随之通断变化。检测方法如下。

用万用表欧姆挡表笔接浮子舌簧开关式液位传感器的两端。当浮子向下移动时,两端子之间导通(电阻值为 0),如图 5-71 所示。当浮子向上移动时,两端子之间不导通(电阻值为∞)。若不符合要求,则应更换浮子舌簧开关式液位传感器。

二、浮子可变电阻式液位传感器

1. 浮子可变电阻式液位传感器的识别

浮子可变电阻式液位传感器的结构如图 5-72 所示，它由浮子、内装滑动电阻的电位器以及连接浮子和电位器的浮子臂组成。这种液位传感器的浮子可以随液位上下移动，通过浮子的移动带动与其相连的浮子臂在滑动电阻上滑动，从而改变了搭铁与浮子间的电阻值，即改变了回路的电阻值。利用这一特性控制回路中的电流大小并在仪表上显示出来，即可表示液位高低。

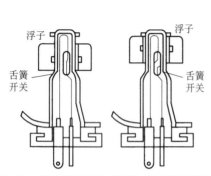

图 5-71 浮子舌簧开关式液位传感器电阻检测

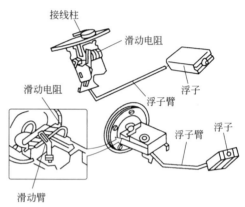

图 5-72 浮子可变电阻式液位传感器的结构

浮子可变电阻式液位传感器在燃油表中的应用如图 5-73 所示。仪表与浮子可变电阻式液位传感器串联，当满油箱时，浮子升到最高位置，滑动臂滑向低电阻方向，此时通过回路中的电流增大，使双金属片弯曲增大，指针指向 F 侧；当油箱内油量较少时，浮子降到较低的位置，滑动臂滑向高电阻方向，汽油表电路中电流减小，仪表内双金属片弯曲变小，指针指向 E 侧。这样就可以通过指针的位置来判断油量的多少。

2. 浮子可变电阻式液位传感器的检测

浮子可变电阻式液位传感器的检查如图 5-74 所示。

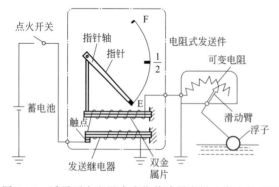

图 5-73 浮子可变电阻式液位传感器在燃油表中的应用

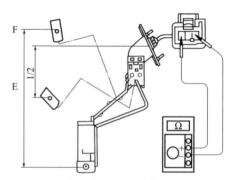

图 5-74 浮子可变电阻式液位传感器的检查

用万用表欧姆挡测量浮子位于不同位置时两端子 F 与 E 两点间的电阻。当燃油箱里的浮子由低部位移至高部位时，用万用表测量传感器插头 1、3 端子间的电阻，测量时变化要特别均匀，不得有接触不良和跳变现象。当 E 处电阻值大于 F 处电阻值，且从 E 处到 F 处变化过程中，阻值连续变化，说明传感器良好。若测量的电阻值不符合规定，则应更换浮子可变电阻式液位传感器。

三、热敏电阻式液位传感器

1. 热敏电阻式液位传感器的识别

热敏电阻上加有电压时，就有电流通过，在电流的作用下，热敏电阻本身会发热。当热敏电阻置于燃油中时，其热量易散发，所以热敏电阻的温度不会升高而是其电阻值增加；反之，当燃油量减少，热敏电阻暴露在空气中时，因为其热量难以散发，所以热敏电阻的电阻值降低。当热敏电阻的电阻值下降到一定值时，线路中流过的电流增大到可以使继电器触点闭合，而使油面过低报警灯点亮报警。热敏电阻式燃油报警电路如图 5-75 所示，通过指示灯的亮灭，就可判断燃油量的多少。

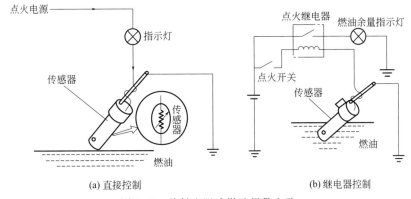

图 5-75　热敏电阻式燃油报警电路

2. 热敏电阻式液位传感器的检测

热敏电阻式液位传感器的检测方法如下。

（1）检查电阻　如图 5-76 所示，从上至下改变浮筒位置时，用万用表欧姆挡检查燃油端子与搭铁端子之间的电阻变化情况。当浮筒处于不同位置时，燃油端子与搭铁端子之间的电阻值应符合规定。

（2）检查液位报警灯　如图 5-77 所示，从燃油表上拔下插头，然后闭合点火开关，把报警灯的一端搭铁，这时报警灯应该点亮。

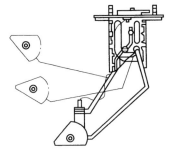

图 5-76　检查热敏电阻式液位传感器

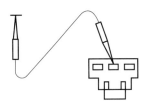

图 5-77　检查液位报警灯

（3）检查燃油液位报警开关　如图 5-78 所示，检查时取下燃油油量表的外壳，然后在报警端与搭铁端接入一个 12V、3.4W 的灯泡作为报警灯。当接上蓄电池时，报警灯应该点亮；将液位传感器放入水中，报警灯应该熄灭。

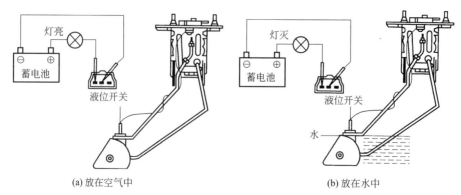

图 5-78 检查燃油液位报警开关

若检查不符合规定，则应更换液位传感器。

四、电容式液位传感器

1. 电容式液位传感器的识别

（1）电容式液位传感器的结构 电容式液位传感器的构造如图 5-79 所示，常用于燃油、机油和冷却液液位的测量。将电容式液位传感器放入燃油或冷却液中，随着燃油或冷却液液面高度 h 发生变化，因电容电极间的电介质的不同引起了电容的变化，而电容的变化引起了振荡周期的变化，通过计算振动频率，就能获知液面状态。

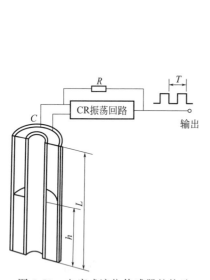

图 5-79 电容式液位传感器的构造

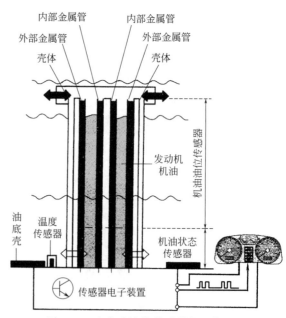

图 5-80 电容式液位传感器的工作原理

（2）电容式液位传感器的工作原理 如图 5-80 所示，两根金属管作为电容器电极嵌套安装在电极之间，发动机机油作为电介质。机油状态通过下面的传感器测得，作为电介质的机油因磨损碎屑不断增加以及添加剂的分解而使介电常数发生变化，相应的电容值将在传感器内的电子装置中被处理成数字信号,并作为发动机机油状态信息被传送给仪表电控单元。机油液位传感器在状态传感器的上部,它测量机油液位这一部分的电容值,该电容值会随着机油液位的变化而发生变化,并由传感器电子装置处理成数字信号再传送到仪表电控单元。在机油状态传感器的底座上装有一个铂温度传感器,该传感器检测机油温度,并将检测到的温度信号传送到仪表电控单元,再输出到机油温度表显示。只要在输出信号端连续测量,即可测得机油液位、温度和发动机机油状态信号的变化。

2. 机油状态传感器的检测

机油状态传感器 G_1 是一个三线式数字信号传感器,其检测方法如下。

(1) 检测供给电源电压 用数字式万用表直流 20V 挡检测机油状态传感器 1 号端子,点火开关打开时,其电源端电压应是蓄电池电压。

(2) 检测搭铁线 检测 2 号线与搭铁之间的电阻,正常值应为 0Ω,否则说明搭铁不正常。

(3) 检测信号线参考电压 检测 3 号线信号电压,应在 9.8～10.5V 范围内。在怠速时测量电压值应基本不变化。

(4) 解码器检测 使用 ＶＡＧ1551 可以查询故障码,如果机油状态传感器本身或线路出现问题,会出现故障码 00562。

(5) 波形检测 运用示波器对机油状态传感器输出端的信号进行波形分析,可以进一步确定该传感器信号特征。该信号是一个脉冲矩形方波信号。机油状态传感器波形如图 5-81 所示。

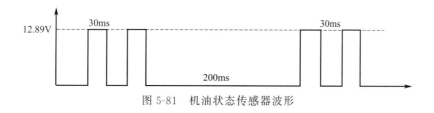

图 5-81 机油状态传感器波形

五、电极式液位传感器

1. 电极式液位传感器的识别

(1) 电极式液位传感器的结构 电极式液位传感器的结构如图 5-82 所示,主要是装在蓄电池盖上的铅棒,铅棒起电极作用。蓄电池液面报警系统利用电极式液位传感器测量液面高度,当蓄电池液面下降至低于规定量时,蓄电池液面报警灯点亮,向驾驶人报警,以便对蓄电池进行维护。

(2) 电极式液位传感器的工作原理 蓄电池液位传感器、控制电路与报警灯的原理电路如图 5-83 所示。当电解液液位正常时,如图 5-83(a) 所示,铅棒浸在电解液中而产生电动势,晶体管 VT_1 导通,电流从蓄电池正极沿箭头方向经点火开关、晶体管 VT_1 再回到蓄电池的负极,因为 A 点电位接近于 0,所以晶体管 VT_1 截止,报警灯不亮。当电解液液位不足时,如图 5-83(b) 所示,铅棒不能浸在电解液中,其上没

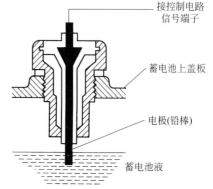

图 5-82 电极式液位传感器的结构

有电动势产生，所以晶体管 VT_1 截止。这时，A 点电位上升，晶体管 VT_2 的基极中有箭头方向所示的电流通过，晶体管 VT_2 导通，报警灯亮，通报电解液已不足。

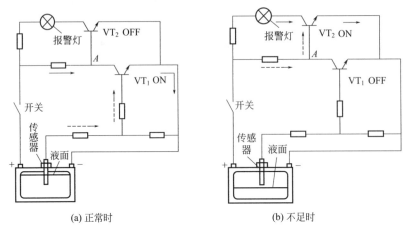

(a) 正常时　　　　　　　(b) 不足时

图 5-83　蓄电池液位传感器、控制电路与报警灯的原理电路

2. 电极式液位传感器的检测

当怀疑电极式液位传感器有故障时，应将要检测的传感器安装在液量正常的蓄电池上，对其进行性能试验。此时如试验灯不亮，则说明电极式液位传感器组件的性能良好。

首先检查蓄电池液面，如果液面正常，可以用下述方法对传感器和线路哪一部分损坏进行判定：拔掉传感器单线插头，将通向控制电路的线束侧接头与蓄电池正极直接相连，如果蓄电池液面报警灯熄灭，说明传感器有故障，则应更换。

六、半导体型液位传感器

1. 半导体型液位传感器的识别

现以别克 G/GL/GS 系列轿车的传感器为例，介绍半导体型液位传感器的识别方法。

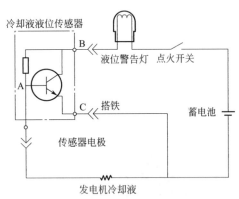

图 5-84　半导体型液位传感器连接电路

别克 G/GL/GS 系列轿车的传感器使用半导体型发动机冷却液液位传感器，其电路连接如图 5-84 所示。

2. 液位传感器的工作原理

当点火钥匙处于"RUN"位置时，水位传感器的 B 端有蓄电池电压供给，传感器电极浸入发动机冷却液中，而发动机冷却液作为电介质被传感器电路视为电阻。

发动机冷却液液位传感器的内部电路类似于三极管的工作原理，水位传感器的 B 端"＋"电压不仅是发动机冷却液液位警告灯电路的一部分，同时也是水位传感器的内部电路的工作电压，C 端为搭铁端。

当发动机冷却液液位正常时，发动机冷却液导电能力相对较强，电阻较小，根据分压原理，基极电位（A 点电位）较低，三极管截止，水位传感器的内部电路将使 C 端处于开路状态,则液位警告灯不亮;反之,当发动机冷却液液位较低时,发动机冷却液电阻较大,根据分压原理,A 点电位较高,三极管导通,水位传感器的内部电路使水位传感器的 B 端和 C 端导通,则液位警告灯点亮。

3. 半导体型液位传感器的检测

半导体型液位传感器的检测方法如下。

(1) 测量电压　检测时,关闭点火开关,断开液位传感器接头。打开点火开关后,首先检测 B 端是否有蓄电池电压,再检查 C 端搭铁是否正常。如果不正常,应检查线路。

(2) 测量电阻　检查发动机冷却液液位传感器 B 端和 C 端的路线是否有短路现象。用万用表电阻挡测量,在液位正常的情况下,传感器本体的 B、C 端之间不应导通,电阻为∞。拔出液位传感器,则 B、C 端之间应导通,电阻为零。检测时应注意表笔的正负极不要接反。

(3) 检查线路　在发动机冷却液液位正常的情况下,发动机液位警告灯依旧点亮,此时应检查液位警告灯至液位传感器 B 端的线路是否有短路现象。

第七节

溢流环位置传感器的识别与检测

柴油机电子控制式 VE 型分配式喷油泵的可调电感式溢流环位置传感器的作用是检测溢流环的位置,实现电子控制喷油量的控制。该传感器的工作原理如图 5-85 所示,在线圈内部有铁芯,铁芯与被检测位置的部件一起动作,当铁芯上下移动时,线圈的电感发生变化,输出的信号也随之变化。根据输出信号的大小即可检测出被测部件的位置,从而实现对喷油量的瞬时控制。

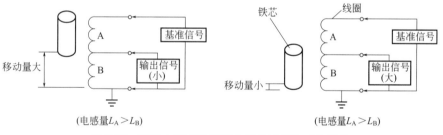

图 5-85　可调电感式溢流环位置传感器的工作原理

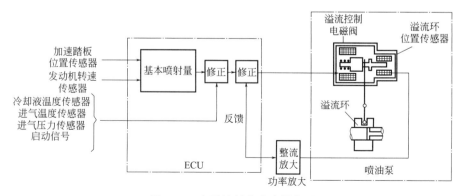

图 5-86　电子控制柴油喷射简图

电子控制柴油喷射简图如图 5-86 所示。该系统的目的是根据位置传感器检测出溢油环的位置即实际的喷油量，再反馈到计算机中，保证电子控制的精确性、准确性。

可调电感式溢流环位置传感器的常见故障是线圈断路或短路，检测时可用万用表欧姆挡测量端子间的电阻值来判断其是否良好，标准电阻值可参考有关维修手册。若电阻为 0Ω 或 ∞，则须更换该传感器。

第八节 离合器踏板位置传感器的识别与检测

目前在一些高档轿车上大都装有离合器踏板位置传感器，采用离合器踏板位置传感器感知离合器踏板的位置。当踩下离合器时，喷油量会短时降低并借此防止换挡过程中发动机转速迅速提高。另外，车辆的定速巡航以及电子驻车系统都需要离合器踏板位置的信息。踩下离合器，巡航解除。

一、离合器踏板位置传感器的识别

大众轿车的离合器位置传感器 G476（图 5-87）能切断定速巡航的控制，使换挡时减少喷油，保证换挡平顺，此外还能识别离合器的接合状态。

离合器踏板位置传感器用卡箍固定在主缸上，监测离合器踏板的动作，其一般为霍尔元件式传感器。主缸通过一个卡扣安装在轴承支撑架上，在活塞的最前端是一块永久磁铁，集成在离合器踏板位置传感器极板中的是一个或多个霍尔传感器。当踩下离合器踏板时，推杆推动主缸的活塞，推杆头和推杆一起沿离合器踏板位置传感器方向被推动。永久磁铁一经过霍尔传感器，电子机构就会向相应的控制单元发送信号。借此可以识别是否踩下了离合器踏板。离合器踏板位置传感器 G476 内部原理如图 5-88 所示。

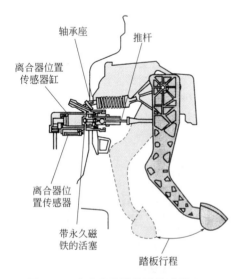

图 5-87　大众离合器位置传感器 G476

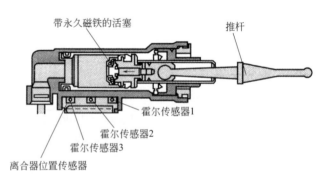

图 5-88　离合器踏板位置传感器 G476 内部原理

① 霍尔传感器 1 是一个数字传感器，它将电压信号发送到发动机 ECU，该信号用于关闭巡航控制系统。

② 霍尔传感器 2 是一个模拟传感器，它将一个频宽可调脉冲信号（PWM 信号）发送到电控机械驻车制动控制单元，这样就可监测到离合器踏板的准确位置，控制单元可在动态起步时，计算出驻车制动的最佳解除时间点。

③ 霍尔传感器 3 是一个数字传感器，它将电压信号发送到车载电网控制单元。控制单元监测驾驶人是否踩下了离合器踏板，仅在踩下离合器踏板的状态下可启动发动机（互锁功能），如图 5-89 所示。

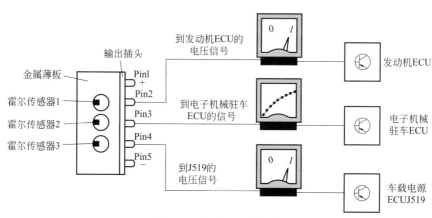

图 5-89 离合器电路控制

二、离合器踏板位置传感器的检测

① 正常情况下测量离合器开关的 2、3、4 号脚的电压，如图 5-90 所示。测量数据流见表 5-11。

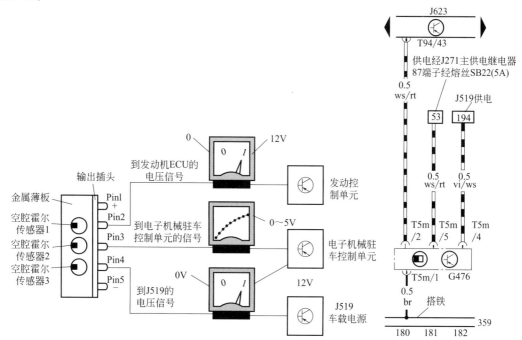

图 5-90 正常情况下离合器各端子的电压

G476—离合器位置传感器；T94—94 芯连接器连接；T5m—5 芯 M 连接器连接；
ws—白色；rt—红色；vi—紫色；br—棕色

表 5-11 正常情况下测量离合器开关的 2、3、4 号脚数据流

项目	01-09-66-02	09-09-15-03	03-09-03-01
不踩离合器	00000000	关	00
踩下 1/3	00000100	关	10
踩下 2/3	00000100	开	11

② 分别断开离合器 G476 的 2、3、4 脚后的数据流见表 5-12。

表 5-12 分别断开离合器 G476 的 2、3、4 脚后的数据流

项目	01-09-66 第 2 区	09-09-15-03	03-09-03-01
不踩离合器	00000000	关	00
到 J540 断路 踩下离合器	00000100	开	11
到 J623 断路 踩下离合器	00000100	开	01
到 J519 断路 踩下离合器	00000100	关	10

三、离合器踏板位置传感器检测示例

速腾车系手动变速器车型离合器踏板位置传感器电路如图 5-91 所示。

离合器踏板位置传感器 G476 的 $5^\#$ 端子为来自熔丝 SB22 的 12V 蓄电池电压供电；G476 的 $2^\#$ 端子输出传感器信号至发动机控制单元的 $65^\#$ 端子；G476 的 $1^\#$ 端子通过接地点 382 搭铁。

离合器踏板位置传感器的检测如下。

(1) 传感器电源检查 拔下离合器位置传感器 G476 的 $5^\#$ 端子插头，打开点火开关检查，插头 $5^\#$ 供电端 1 脚搭铁端应有 12V 蓄电池电压。

(2) 输出信号的检查 在线束连接完好的情况下，打开点火开关，测量各个信号输出端信号电压的变化，端子 $2^\#$ 在放开和踩下离合器踏板时，电压值应该在 0～2V 之间转换。

若检测的数据不正确，应更换离合器位置传感器。

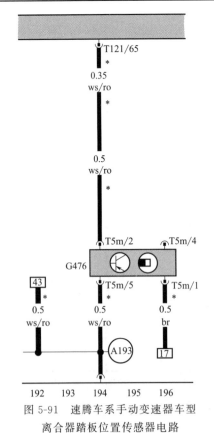

图 5-91 速腾车系手动变速器车型离合器踏板位置传感器电路

第九节 加速踏板位置传感器的识别与检测

加速踏板位置传感器（Accelerator Pedal Position Sensor，APP）是随着智能电子节气门、柴油共轨系统而出现的一种新的位置检测装置。其功用是利用加速踏板位置传感器来检测加速踏板被驾驶人踩下的位置，并将驾驶人意愿以电信号的形式输出到发动机控制单元（ECU），再由 ECU 通过控制供（喷）油量的执行元件来控制循环供（喷）油量。

加速踏板位置由 2 个传感器分开探测。之所以使用 2 个传感器，是为了能够实现冗余，一个用于监控，另一个用于故障识别。

加速踏板行程由传感器作为角度来探测，并作为踏板角度（°）的模拟线形电压特性线直接输出到发动机控制单元。总加速踏板行程可机械转换为 $16.0° \pm 0.5°$。

加速踏板位置的每个改变都会在最多 5ms 内发送到发动机控制单元。传感器信号以模拟方式进行传递。发动机控制单元监控传感器的两个输入信号，并比较这些信号的可信度（如同步性、线性）。加速踏板在减小油门时的复位借助弹簧元件实现。无触点型加速踏板位置传感器采用霍尔集成电路。

磁轭安装在加速踏板臂上，根据施加至加速踏板的作用力大小围绕霍尔集成电路转动。霍尔集成电路将磁通量的变化即时转换为电信号，并将其以加速踏板作用力的形式输出至 ECM。加速踏板位置传感器的位置与电路如图 5-92 所示。

霍尔集成电路包括两个电路，一个用于主信号，另一个用于副信号。它将加速踏板踩下的角度转换为两个具有不同特性的电信号并将其输出至 ECM。加速踏板位置传感器信号特性如图 5-93 所示。

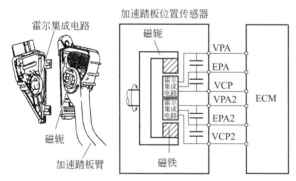

图 5-92　加速踏板位置传感器的位置与电路

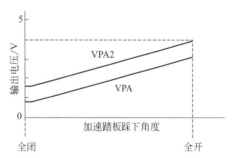

图 5-93　加速踏板位置传感器信号特性

加速踏板位置传感器一般安装在加速踏板总成上。常用的加速踏板位置传感器有电磁感应式加速踏板位置传感器、电位计（电阻式）式加速踏板传感器和双霍尔效应式加速踏板传感器 3 种。

一、电磁感应式加速踏板位置传感器

1. 电磁感应式加速踏板位置传感器的识别

（1）电磁感应式加速踏板位置传感器的结构　在大众的某些柴油车上使用的是电磁感应

式加速踏板位置传感器。加速踏板模块包括加速踏板、踏板限位块、用于转换移动方向的机械部件和两个加速踏板位置传感器。

这些传感器是印制电路板的一部分，分别由一个励磁线圈、三个接收线圈以及一个控制电子装置和一个分析电子装置组成。为安全起见两个传感器彼此独立工作。

加速踏板模块的机械部件将加速踏板的杠杆运动转换为金属片的直线移动。当驾驶人踩下加速踏板时，金属片沿直线移动（靠近印制电路板），如图 5-94 所示。

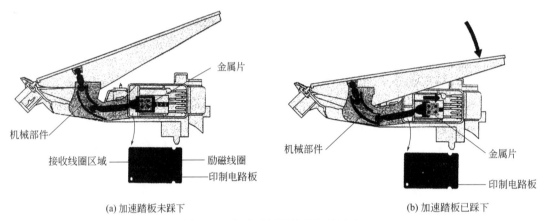

图 5-94 加速踏板模块的机械运动

（2）电磁感应式加速踏板位置传感器的工作原理 发动机控制单元提供 5V 的电压给踏板电子装置产生高频交流电压，以便励磁线圈上形成交变电磁场，如图 5-95 所示。这个交变电磁场作用在移动的金属片上。此时围绕该金属片形成另一个交变电磁场。这个交变电磁场作用在接收线圈上，并在此以感应方式形成相应的交流信号。

交流感应电压的高低主要取决于金属片的位置。位置不同，金属片与接收线圈之间的重叠程度不同。处于怠速位置时重叠程度最小，因此交流感应电压也最小。电磁感应式加速踏板位置传感器输出特性如图 5-96 所示。

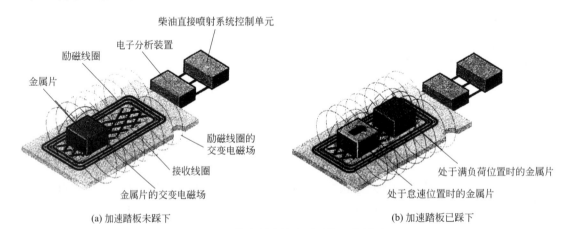

图 5-95 传感器内的电子元件工作原理

2. 电磁感应式加速踏板位置传感器的检测

大众速腾轿车使用了电磁感应式加速踏板位置传感器。电磁感应式加速踏板位置传感器与电磁感应式节气门位置传感器的基本工作原理是一样的。结构上的不同之处在于，节气门位置传感器采用的是旋转结构，而加速踏板位置传感器采用直线位移结构。

电磁感应式加速踏板位置传感器的检测方法可参照电磁感应式节气门位置传感器的检测方法。

二、电位计式加速踏板位置传感器

1. 电位计式加速踏板位置传感器的识别

2004 年款三菱 V73 汽车使用了安装在加速踏板总成内部的加速踏板位置传感器，传感器为双电位计式传感器，如图 5-97 所示。两个电位器输出信号为同相，当电子加速踏板位置发生变化时，其电阻同时线性增加或减小。传感器由控制单元供 5V 参考电压，这样就能将电阻值变化转变为电压输出信号。加速踏板位置传感器的线路连接如图 5-98 所示。

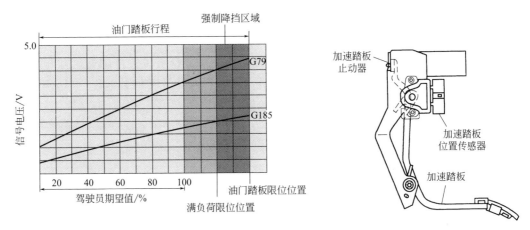

图 5-96　电磁感应式加速踏板位置传感器输出特性　　图 5-97　加速踏板位置传感器的安装位置

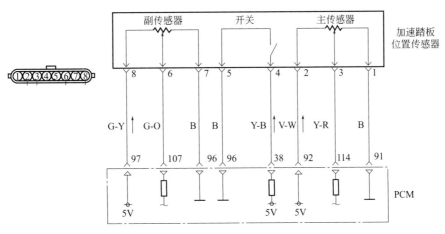

图 5-98　加速踏板位置传感器的线路连接

2. 电位计式加速踏板位置传感器的检测

电位计式加速踏板位置传感器的检测方法如下。

（1）电阻检测　关闭点火开关，断开加速踏板位置传感器，用万用表电阻挡测量元件侧，端子间的电阻值应符合表 5-13 规定。

表 5-13 标准电阻值

端子		标准电阻值
1-2		3.5~6.5kΩ
7-8		
2-3		将加速踏板由怠速位置直至完全踏下,其电阻值应随加速踏板的踏下而平稳光滑地变化
6-8		
5 与搭铁间电阻		2Ω 以下
4-5	放松加速踏板	0
	踏下加速踏板	∞

(2) 电压检测 关闭点火开关,断开加速踏板位置传感器,打开点火开关,用万用表电压挡检测线束侧 2 与搭铁、8 与搭铁间电压,应在 4.9~5.1V 范围内,4 与搭铁间电压应在 4V 以上。

(3) 输出信号初始值检测 关闭点火开关,连接加速踏板位置传感器,打开点火开关,用万用表电压挡检测线束侧 3 与搭铁、6 与搭铁间电压,其值应在 0.905~1.165V 之间。

3. 双可变电阻式加速踏板位置传感器检测示例

日产天籁、骐达/颐达车系加速踏板位置传感器为双可变电阻式。该传感器的结构原理与天籁、骐达/颐达车系气门位置传感器相同,其电路如图 5-99 所示。

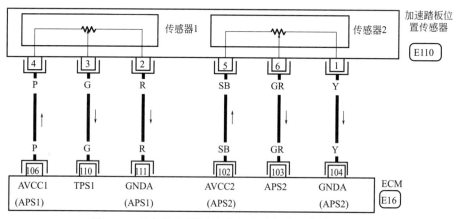

图 5-99 日产骐达/颐达汽车加速踏板位置传感器电路

双可变电阻式加速踏板位置传感器的检测方法如下。

打开点火开关,使用万用表直流电压挡在加速踏板不同状态下检查 ECM 端口 110（APP 传感器 1# 端子信号）、103（APP 传感器 2# 端子信号）与接地之间的电压。检查结果应符合表 5-14 的规定。

表 5-14 传感器输出电压标准值

端口	加速踏板	电压/V
110(加速踏板位置传感器 1# 端子)	完全释放	0.6~0.9
	完全踩下	3.9~4.7
103(加速踏板位置传感器 2# 端子)	完全释放	0.3~0.6
	完全踩下	1.95~2.4

三、双霍尔效应式加速踏板位置传感器

1. 双霍尔效应式加速踏板位置传感器的识别

三菱格蓝迪轿车电子节气门中使用的是双霍尔效应式加速踏板位置传感器,其线路连接图和端子如图 5-100 所示,传感器输出信号特性如图 5-101 所示。

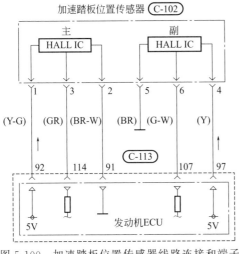

图 5-100 加速踏板位置传感器线路连接和端子

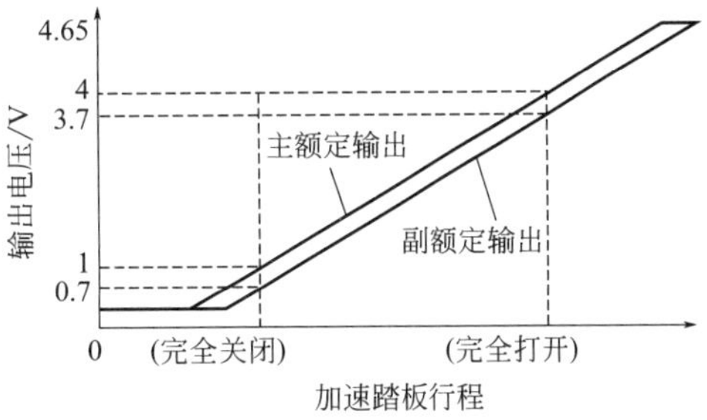

图 5-101 传感器输出信号特性

2. 双霍尔效应式加速踏板位置传感器的检测

双霍尔效应式加速踏板位置传感器的检测方法如下。

(1) 工作电压的检测 关闭点火开关,断开加速踏板位置插头,再打开点火开关,用万用表的电压挡测量 1-2、4-5 间是否有 5V 电压。如果没有,可能是线路损坏或 ECU 有故障。

(2) 输出信号的万用表检测 因为格蓝迪轿车使用的是线性霍尔效应式传感器,因此可以使用万用表进行模拟信号的检测。关闭点火开关,连接加速踏板位置插头,再打开点火开关,用背插法分别检测 3-2、5-6 间的电压,其电压值应该随着加速踏板的踏下而连续改变,不应有断点或者突变,否则应检查或更换加速踏板位置传感器。

(3) 解码器检测 在维修过程中,利用三菱专用解码器 MUT-Ⅲ 读出电子控制节气门系统的数据流和故障码,从而准确、快速地判断故障部位。

① 加速踏板位置主传感器和副传感器的检查。点火开关处于"ON"位置,应用 MUT-Ⅲ,慢慢踩压加速踏板,从数据流读出 77 项——加速踏板位置传感器(副)和 78 项——加速踏板位置传感器(主)的电压数值,看电压数值是否可以随加速踏板的下压而同步变大。如果变化不同步或中间有断点,则加速踏板位置传感器线路或本体有故障。表 5-15 为传感器标准参数值。

表 5-15 传感器标准参数值

序号	MUT-Ⅲ 显示项目	条件	正常值/V
78	加速踏板位置传感器(主)	点火开关置于"ON"位置,松开加速踏板	0.9~1.2
		点火开关置于"ON"位置,完全踩下加速踏板	≥4.0
77	加速踏板位置传感器(副)	点火开关置于"ON"位置,松开加速踏板	0.4~1.0
		点火开关置于"ON"位置,完全踩下加速踏板	≥3.6

② 故障码检测。利用 MUT-Ⅲ 的诊断功能，读出故障码，故障码及含义见表 5-16。

表 5-16 故障码及含义

DTC	故障码含义	DTC	故障码含义
P2122	加速踏板位置传感器（主）电路输入电压过低	P2123	加速踏板位置传感器（主）电路输入电压过高
P2127	加速踏板位置传感器（副）电路输入电压过低	P2128	加速踏板位置传感器（副）电路输入电压过高
P2138	加速踏板位置传感器（主传感器和副传感器）范围/性能故障		

3. 双霍尔效应式加速踏板位置传感器检测示例

2016 年丰田凯美瑞混合动力轿车（发动机型号，5AR-FSE）使用了双霍尔效应式加速踏板位置传感器，其结构原理与该款发动机霍尔元件式节气门位置传感器相同，其电路如图 5-102 所示。

双霍尔效应式加速踏板位置传感器的检测方法如下。

（1）检查传感器电源电压　断开加速踏板传感器连接器 A37（图 5-103），打开点火开关，用万用表直流电压挡按照表 5-17 所示检查端口电压，检测结果应符合规定数值。

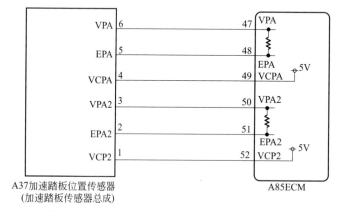

图 5-102 双霍尔效应式加速踏板位置传感器电路

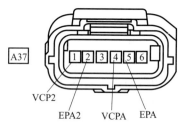

图 5-103 加速踏板传感器端子

表 5-17 传感器标准电压

检测仪连接	条件	规定数值/V
A37-4(VCPA)—A37-5(EPA)	点火开关转到"ON"位置	4.5～5.5
A37-1(VCP2)—A37-2(EPA2)	点火开关转到"ON"位置	4.5～5.5

（2）检查传感器线束（加速踏板位置传感器至 ECM）　断开加速踏板位置传感器连接器 A37 和发动机 ECM 端子 A85，按照表 5-18 的规定检查连接器之间或连接器与车身接地之间的电阻，应符合表 5-18 中的规定，否则应更换线束。

表 5-18 线束电阻标准值

检测仪连接	条件	规定状态
A37-6(VPA)—A85-47(VPA)	始终	小于 1Ω

续表

检测仪连接	条件	规定状态
A37-5(EPA)—A85-48(EPA)	始终	小于1Ω
A37-4(VCPA)—A85-49(VCPA)	始终	小于1Ω
A37-3(VPA2)—A85-50(VPA2)	始终	小于1Ω
A37-2(EPA2)—A85-51(EPA2)	始终	小于1Ω
A37-1(VCP2)—A85-52(VCP2)	始终	小于1Ω
A37-6(VPA)或A85-47(VPA)-车身接地和其他端子	始终	10kΩ或更大
A37-4(VCPA)或A85-49(VPA)-车身接地和其他端子	始终	10kΩ或更大
A37-3(VPA2)或A85-50(VPA2)-车身接地和其他端子	始终	10kΩ或更大
A37-1(VCP2)或A85-52(VCP2)-车身接地和其他端子	始终	10kΩ或更大

(3) 用诊断仪读取数据流

① 将点火开关置于"ON"(IG)位置。

② 连接诊断仪,选择以下菜单项:Powertrain/ Hybrid Control/Data List/Accel Pedal Pos #1,Accel Pedal Pos #2。

③ 读取数据流,标准数据见表5-19。

表 5-19 标准数据

踏板状态	Accel Pedal Pos 1# (加速踏板位置1)	Accel Pedal Pos 2# (加速踏板位置2)
未踩下	0.4~1.4V(8%~28%)	1.0~2.2V(20%~44%)
完全踩下	3.1~4.6V(62%~92%)	3.9~5.0V(78%~100%)
未踩下 →完全踩下 →未踩下 (应缓慢操作加速踏板)	值逐步改变	值逐步改变

说明:在检测仪上将5V描述为100%。

小提示:加速踏板位置传感器的失效保护。

当失效保护检测到任何传感器存在故障时,如果发动机ECU仍能继续正常控制发动机控制系统,则说明发动机可能有故障或出现其他故障。为了防止出现此问题,发动机ECU的损坏保护功能提供有助于存储的数据,使发动机控制系统继续运行,或在预测到即将出现危险的情况下停止发动机。

加速踏板位置传感器有两个传感器(主和副),若其中一个传感器电路出现故障(图5-104),则发动机ECU会检测两个传感器电路之间不正常的信号电压差,并切换到"跛行"模式。在"跛行"模式中,正常工作的电路被用来计算节气门开度,从而在"跛行"模式控制下运行车辆。

如果两个传感器电路都出现故障(图5-105),则发动机ECU会检测这两个传感器电路的不正常信号电压,中断节气门控制。此时,可以在发动机怠速范围内驾驶车辆。

小提示:智能电子节气门控制系统。

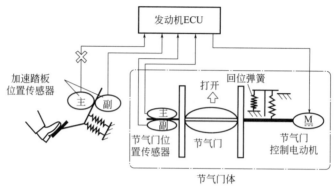

图 5-104　一个传感器电路出现故障

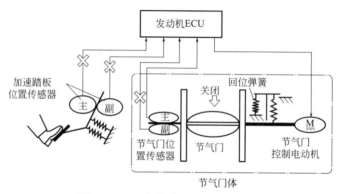

图 5-105　两个传感器电路出现故障

在常规节气门体中，都是由加速踏板作用力确定节气门角度。广州丰田凯美瑞轿车 ETCS-i 使用发动机 ECU 来计算适用于相应驾驶条件的最佳节气门开度，并使用节气门控制电动机来控制节气门的开度。在异常情况下，该系统切换至"跛行"模式。智能电子节气门控制系统 ETCS-i 如图 5-106 所示。

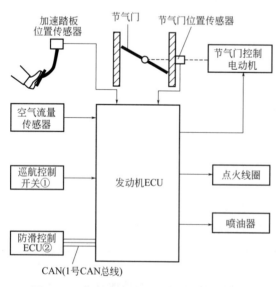

图 5-106　智能电子节气门控制系统 ETCS-i
①仅适用于带巡航控制系统的车型；②仅适用于带有制动控制系统的车型

将节气门设置为适合加速踏板作用力和发动机转速等适应驾驶条件的最佳节气门角度，从而实现优异的节气门控制性能和所有工作范围内的舒适操作。ETCS-i 具有下列 5 项功能。

（1）VVT-i（智能可变气门正时）系统结构　它用于将进气凸轮轴控制在（曲轴角度的）40°左右，从而提供最适于发动机状态的气门正时。这使发动机在所有转速范围内的转矩得到改进，燃油经济性增强，废气排放减少。

根据发动机转速、进气量、节气门位置和冷却液温度，发动机 ECU 可以计算各种驾驶条件下的最佳气门正时,控制凸轮轴正时机油控制阀。此外,发动机 ECU 使用来自凸轮轴位置传感器和曲轴位置传感器的信号来检测实际气门正时,从而提供反馈控制以实现目标气门正时。

(2)ISC(怠速控制)　发动机 ECU 控制节气门,从而使发动机恒定地维持理想的怠速转速。

(3)TRC(牵引力控制)　作为 TRC 系统的一部分,当驱动轮出现过量滑动时,根据来自防滑控制 ECU 的请求信号关闭节气门,这便于车辆确保稳定性和驱动力。

(4)VSC(车辆防滑控制)　为了发挥 VSC 系统控制的最佳效用,通过防滑控制 ECU 协调控制性能来控制节气门角度。

(5)巡航控制　带有集成巡航控制 ECU 的发动机 ECU,通过直接控制节气门来进行巡航控制。

第十节　制动踏板位置传感器的识别与检测

在某些高端车型的电子制动控制系统或行驶动态管理系统中安装有制动踏板位置传感器或制动踏板行程传感器。一般安装在制动踏板上部制动助力装置前,用来精确感应驾驶人踩踏制动踏板的力度,从而对制动系统或行驶动态管理系统做出响应。例如,丰田雷克萨斯 RX400h 的电子制动控制(ECB)系统中安装有制动踏板位置传感器,它安装于制动踏板上部。

制动踏板位置传感器一般使用双滑动电阻传感器,滑动触点跟随制动踏板的摆动而旋转,使输出电压发生变化。根据输出电压的大小和变化的速度,可以反映驾驶人所需求的制动强度和制动的速率。

新型的制动踏板位置传感器采用两路滑动变阻电路,主传感器与副传感器输出反向,制动踏板位置传感器电路如图 5-107 所示。两个传感器共用一个电源和搭铁回路,SKS1 和 SKS2 为信号输出。

双滑动变阻器式制动踏板位置传感器的工作原理和检测方法与双滑动电阻器式节气门位置传感器、加速踏板位置传感器相同,这里不再赘述。

小提示:制动踏板行程传感器。

制动踏板行程传感器主要用于 BAS(制动辅助系统),当车辆相关系统检测到驾驶人在紧急制动的情况

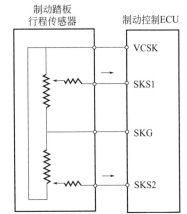

图 5-107　制动踏板位置传感器电路

下,BAS 控制模块根据传感器的信号控制制动系统制动压力,增加制动行程,达到干预制动系统的目的,使之在紧急制动时更加安全。制动踏板行程传感器安装在真空助力器内部,一般为滑动变阻器式传感器。例如,宝马 G11/G12 行驶动态管理系统中安装有制动踏板行程传感器。

制动踏板位置传感器和制动踏板行程传感器主要不同点:安装位置的不同,制动踏板位置传感器安装于制动踏板处,制动踏板行程传感器安装于制动主缸处的真空助力器内,用于感测膜片的运动;感测的运动部位不同,制动踏板位置传感器感测制动踏板的位置和运动,

而制动踏板行程传感器检测制动主缸的动作。

BAS 制动踏板行程传感器 b1 用于感测膜片的运动，因此也称为膜片行程传感器，它使用滑动电阻式传感器，需要输入 5V 参考工作电压，滑动触点根据制动助力器膜片的移动而滑动，因此滑动电阻的输出信号就反映了制动主缸动作的幅度和速度。制动踏板行程传感器的位置和电路如图 5-108 所示。

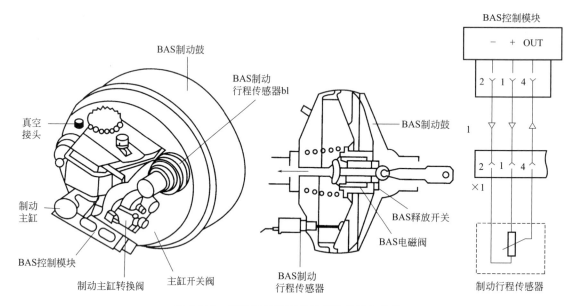

图 5-108　制动踏板行程传感器的位置和电路

第十一节

喷油器针阀升程传感器的识别与检测

一、喷油器针阀升程传感器的识别

喷油器针阀升程传感器主要用于电控分配泵或柴油机中，用来确定喷油阀喷油始点，使喷油阀喷油始点进行闭环控制（根据发动机转速、发动机负荷和温度），它安装在喷油器内部。喷油器针阀升程传感器主要有差动式和霍尔效应式两大类型。

① 差动式喷油器针阀升程传感器结构如图 5-109 所示，主要由电磁线圈、传动杆等组成。当喷油器有高压燃油时，喷油器针阀传动杆上升，改变电磁线圈的磁阻，输出信号电压，从而反馈喷油器的喷油始点给 ECU。

② 霍尔效应式喷油器针阀升程传感器的结构和工作原理如图 5-110 所示。霍尔元件装在针阀弹簧座的上方，弹簧座上固定着一块永久磁铁。霍尔元件通电后，弹簧座随针阀运动时，因永久磁铁的运动，使通过霍尔元件的磁感应强度发生变化，造成近似地与针阀升程成正比的输出信号电压的变化，故可由信号电压的变化测出喷油始点。针阀升程传感器由固定在顶杆内的磁铁和进行检测的霍尔元件构成，非常紧凑地布置在喷油器体内。

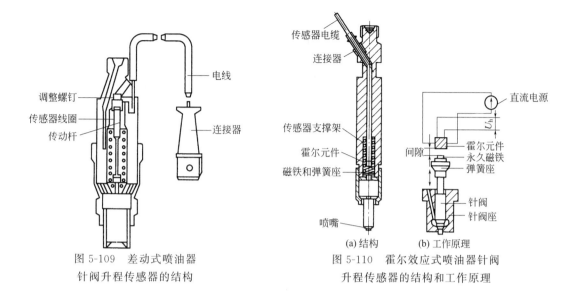

图 5-109 差动式喷油器
针阀升程传感器的结构

图 5-110 霍尔效应式喷油器针阀
升程传感器的结构和工作原理

二、喷油器针阀升程传感器的检测

如果传感器损坏，喷油器喷油始点信号转换到开环控制（根据发动机转速与发动机负荷）。在正常操作过程中，喷油器喷油始点信号由闭环功能控制（根据发动机转速、发动机负荷与温度）。针阀升程传感器主要检测项目有供电电压测量、输出信号测量、波形测试、相关线路检测等。

（1）用万用表检测针阀升程传感器　用万用表检测针阀升程传感器的方法如下。

① 关闭点火开关，拔下针阀升程传感器插头（以捷达 SDI 发动机为例）。

② 测量插头两端子间电阻值，标定值为 80～120Ω。若达不到标定值，则更换带针阀升程传感器的 3 缸喷油器。

③ 若达到标定值，连接接线盒 ＶＡG1598/31 至控制单元线束，根据电路图检查接线盒与插座间导线是否断路。检测点：端子 1 与插口 109，端子 2 与插口 101，导线电阻最大 1.5Ω。

④ 检测导线间是否彼此短路。

⑤ 对地短路或正极短路。若未发现故障，则更换柴油机控制单元（J248）。

（2）用示波器测试针阀升程传感器　用示波器测试针阀升程传感器的方法如下。

连接好示波器、启动发动机，测试喷油器针阀升程传感器波形，如图 5-111 所示。若达不到标准值，则应更换带针阀升程传感器的 3 缸喷油器。

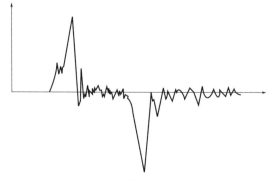

图 5-111 喷油器针阀升程传感器标准波形

第十二节

座椅位置传感器的识别与检测

目前大部分中高档轿车采用了带存储功能的电动座椅,座椅位置传感器用于电控单元控制的动力座椅上确定座椅的位置。它通过控制单元,能将选定的两种或三种(前后直立位置、斜躺角度、滑动位置等)不同的理想座椅调节位置进行存储,再设定按键操作。使用时只需按指定按键开关,即能自动地调节到预先选定的位置。常见的座椅位置传感器有霍尔效应式和滑动电阻式两种。

一、霍尔效应式座椅位置传感器

1. 霍尔效应式座椅位置传感器的识别

(1) 霍尔效应式座椅位置传感器的结构 座椅位置传感器(4种)的外形和结构如图5-112所示。其中座位滑移传感器、前后直立传感器安装在壳内的蜗轮上,由霍尔元件和永久磁铁组成。斜躺传感器也由霍尔元件和永久磁铁组成,它安装在斜躺电动机壳内的螺旋齿轮上。座椅位置传感器的安装位置如图5-113所示。

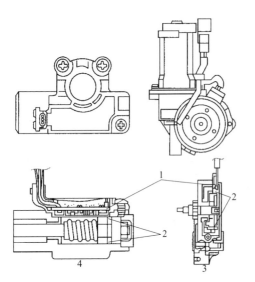

图 5-112 座椅位置传感器外形与结构
1—霍尔元件;2—永久磁铁;3—靠背位置传感器;
4—座位导轨、前与后垂直传感器

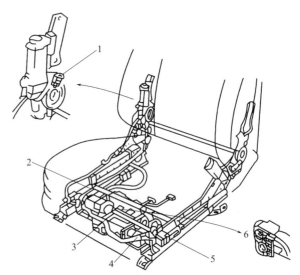

图 5-113 座椅位置传感器安装位置
1—靠背用旋转传感器;2—电控单元;3—前垂直传感器;4—后垂直传感器;5—导轨用传感器;6—导轨垂直用传感器

带有记忆功能的座椅控制系统组成如图5-114所示。霍尔效应式位置传感器与滑动调节电动机(滑动传感器)、升降电动机(升降传感器)、前部高度调节电动机(前部垂直高度传感器)、靠背倾斜角度电动机(倾斜角度传感器)集成在一起,协同座椅存储器开关工作。

在将座椅调整到适当位置后,由滑动位置传感器、前垂直位置传感器、后垂直位置传感器、靠背位置传感器来感测滑动、高度、前垂直、靠背位置,然后送给电动座椅ECU进行储存。

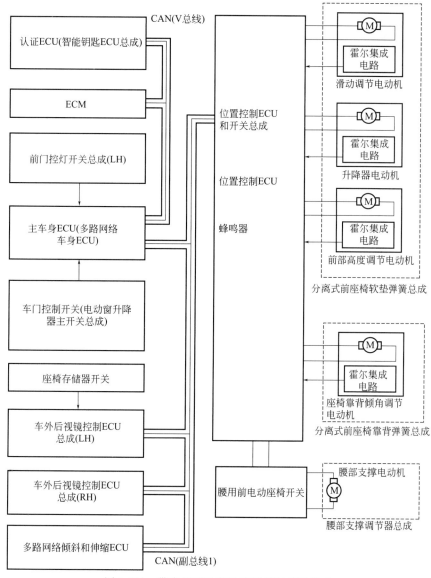

图 5-114 带有记忆功能的座椅控制系统组成

（2）霍尔效应式座椅位置传感器的原理 霍尔效应式座椅位置传感器是通过霍尔元件将由旋转永久磁铁的位置变化而产生磁场的磁通量密度检测出来，产生霍尔电压，以脉冲信号的形式输入控制电控单元，实现 ECU 对座椅位置的自动调节。

2. 霍尔效应式座椅位置传感器的检测

以 2016 年款丰田凯美瑞混合动力版车型的驾驶人侧座椅滑动电动机为例，介绍滑动座椅传感器的检测方法。滑动电动机（集成滑动传感器）电路如图 5-115 所示，滑动电动机（集成滑动传感器）端子 E15 如图 5-116 所示。

如图 5-115 所示，E15 的 4# 端子和 1# 端子为滑动电动机控制端子；2# 端子为滑动传感器信号端子。如滑动位置传感器出现故障，则前电动座椅控制 ECU 会存储故障码 "B2650"（滑动传感器故障）。检测方法如下：

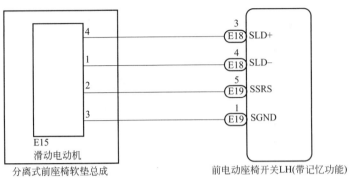
图 5-115 滑动电动机（集成滑动传感器）电路

图 5-116 滑动电动机（集成滑动传感器）端子 E15

(1) 检查前电动座椅开关 LH（带记忆功能） 断开滑动电动机 E15 连接器，根据表 5-20 检测电压，电压应符合规定。如不符合规定，则应检查线束和连接器。

表 5-20 前电动座椅开关检测

万用表连接	开关状态	规定状态/V
E15-2#—E13-3#	滑动开关置于"ON"位置	4.8～5.1

(2) 检测滑动电动机 连接好滑动电动机连接器 E15，在滑动开关打开的状态下检测 E15 和车身接地之间的电压，应为 4.5～4.8V。如不符合规定，则更换滑动电动机总成。

(3) 检查线束 断开前电动座椅开关连接器 E19，根据表 5-21 检测线束之间或线束与车身接地之间的电阻，应符合规定。

表 5-21 线束和线束连接器 E19 检测

检测仪连接	条件	规定状态
E19-5(SSRS)—E15-2	始终	小于 1Ω
E19-1(SGND)—E15-3	始终	小于 1Ω
E19-5(SSRS)—车身接地	始终	10kΩ 或更大
E19-1(SGND)—车身接地	始终	10kΩ 或更大

断开前电动座椅开关连接器 E18，根据表 5-22 检测线束之间或线束与车身接地之间的电阻，应符合规定。

表 5-22 线束和线束连接器 E18 检测

检测仪连接	条件	规定状态
E19-3(SLD+)—E15-4	始终	小于 1Ω
E19-4(SLD−)—E15-1	始终	小于 1Ω
E19-3(SLD+)—车身接地	始终	10kΩ 或更大
E19-4(SLD−)—车身接地	始终	10kΩ 或更大

(4) 滑动电机测试 断开滑动电动机连接器 E15，在端子 4 和端子 1 上分别施加正负蓄电池电压，检查座椅是否平稳移动。检查结果应符合表 5-23 的规定。

表 5-23　滑动电动机的测试

检测条件	操作说明
蓄电池正极(＋)→端子 4 蓄电池负极(－)→端子 1	座椅软垫向前移动
蓄电池正极(＋)→端子 4 蓄电池负极(－)→端子 1	座椅软垫向后移动

二、滑动电阻式座椅位置传感器

滑动电阻式座椅位置传感器的作用是将座椅的位置转变成电压信号输送给电子模块存储起来，它主要由壳体、螺杆、滑块、电阻等组成。当调节座椅时，电动机将动力传给螺杆使其转动，螺杆又带动滑块在电阻丝上滑移，于是改变了电阻值。当座椅的位置调定后，将电压输送给电子模块，驾驶人只要按下存储按钮，就能将选定的调节位置进行存储并作为重新调节的基准。使用时只要按指定的按键，座椅就会调节到预先选定的座椅位置上。

滑动电阻式座椅位置传感器的检测方法与一般滑动电阻的检测方法相似。首先检查供给传感器的参考电压和搭铁线路是否正常，然后检测滑动电阻的总阻值，以及在滑动的过程中电阻是否有短路、断路现象。

第十三节

方位传感器的识别与检测

一、磁通量闸门式方位传感器

1. 导向系统的结构

方位传感器从电磁的角度看，它是利用地磁产生电信号进行检测的传感器，可应用于车辆的导航系统，以指示方向偏差。如图 5-117(a) 所示为其方向指示的原理，励磁线圈可在环状磁芯上产生方向、强度呈周期变化的交变磁场，若测定检测线圈 X、Y 的输出电压，就可知道如图 5-117(b) 所示的方位。

丰田轿车导向系统安装位置如图 5-118 所示。该系统由操纵部分、显示部分、地磁方位传感器等组成，它通过电控单元完成显示功能、方位的距离计算和修正计算，其电路如图 5-119 所示。

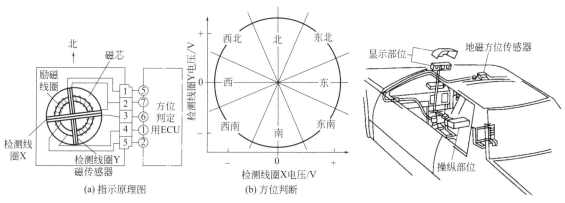

(a) 指示原理图　　　(b) 方位判断

图 5-117　方位偏差指示原理　　　图 5-118　丰田轿车导向系统安装位置

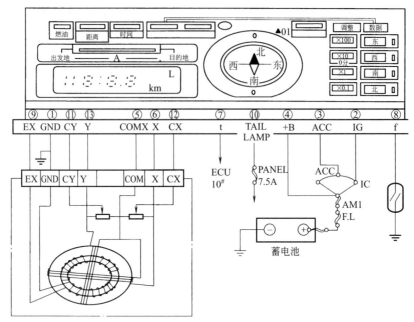

图 5-119　丰田轿车导向系统电路

2. 导向系统的工作原理

首先从地图上找出从出发地到目的地的东西方向距离 a，南北方向距离 b，输入系统的操纵部分，同时也把到目的地的直线距离 L_0 输入电控单元中，如图 5-120 所示。当车辆行驶后，无论车辆在哪个方向上移动，地磁方位传感器都能检测出绝对方向 θ_1，并将其显示在仪表盘上，而且通过电控单元计算距离目的地的方向 θ_2 和距离 L，并显示出来。

二、双线圈发电机型地磁矢量方位传感器

双线圈发电机型地磁矢量方位传感器如图 5-121 所示。日产公司研制的导向系统使用双线圈发电机型地磁矢量方位传感器。

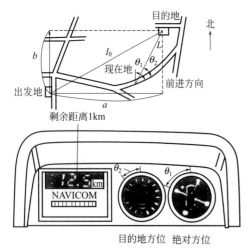

图 5-120　导向系统的工作原理

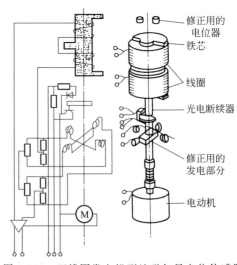

图 5-121　双线圈发电机型地磁矢量方位传感器

这种方位传感器的上、下线圈的相位相反，所以垂直方向的磁感应电动势互相抵消。如果改用电动机转动线圈和铁芯，地磁的水平分量如图 5-122 所示，使铁芯中的磁通密度发生变化，从而建立磁场。在图 5-122 所示 a 位置，磁场方向朝内；在图 5-122 所示 b 位置，磁场强度为零；在图 5-122 所示 c 位置，磁场方向朝外。所以，在地磁检测线圈中产生一个正弦交变电压，其相位由地磁场的方位决定。另外，由光电断续器发生相位固定的脉冲信号，根据这两个输出信号的相位差，可以检测出地磁的方向，由此可检测出汽车的方位。

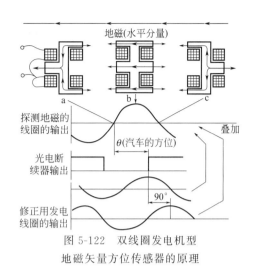

图 5-122 双线圈发电机型地磁矢量方位传感器的原理

第十四节

废气再循环系统位置传感器的识别与检测

废气再循环系统（Exhaust Gas Recirculation，EGR）是在保证发动机力性不降低的前提下，根据发动机的温度及负荷大小将发动机排出的废气的一部分再送回进气管，和新鲜空气或新鲜混合气混合后再次进入气缸参加燃烧，使燃烧反应的速度减慢，从而降低 NO_x 的排放量（图 5-123）。

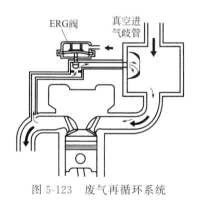

图 5-123 废气再循环系统

按照是否设置有反馈监测元件，废气再循环系统可以分为开环控制 EGR 系统和闭环控制 EGR 系统。闭环控制 EGR 系统与开环控制 EGR 系统相比，只是在 EGR 阀上增设一个 EGR 阀位置传感器作为反馈信号，用以监测 EGR 阀开度的大小，使 EGR 率保持在最佳值。

部分本田轿车、别克轿车、丰田轿车上安装有 EGR 阀位置传感器。

一、废气再循环系统位置传感器的识别

EGR 位置传感器位于 EGR 阀的上部，是一种电位计式位移传感器，用于检测 EGR 阀阀杆上下移动的实际位置，输出相应电压信号给控制器，控制器据此判断阀门是否对 ECU 的指令做出正确响应。同时，它的信号输出也是发动机 ECU 计算废气再循环流量的依据。

EGR 位置传感器的结构如图 5-124 所示，EGR 阀阀针与电位计的滑动触点臂相连，占空比控制的 EGR 阀随着占空比的变化，控制的真空吸力也不同，引起 EGR 阀阀门开启的大小也不一样，阀杆上升的位移也不同。阀杆上升，推动与之相连的滑动触点臂的位置发生变化，从而使滑动触点在滑动电阻上滑动，产生不同的电压信号，这个信号会传递到发动机控制 ECU，发动机控制 ECU 以此监视 EGR 阀的位置，确保阀门对 ECU 的指令做出正确的响应，从而调整和修正 EGR 阀的开启时刻和占空比，精确控制再循环量的大小，以减小排放、改善性能。

二、废气再循环系统位置传感器的检测

电位计式 EGR 阀传感器与 ECU 之间的连接电路如图 5-125 所示。

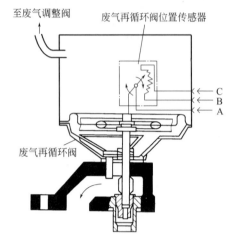
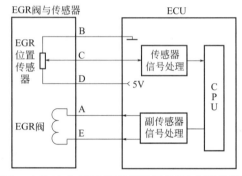

图 5-124　EGR 位置传感器的结构　　图 5-125　电位计式 EGR 阀传感器与 ECU 之间的连接电路

EGR 位置传感器的检测方法如下。

（1）供电的检测　在拆下电位计式 EGR 阀传感器连接器的情况下，打开点火开关，采用数字式万用表电压挡检测传感器 D 端脚与搭铁之间的 5V 供电是否正常。

断开点火开关，采用万用表电阻挡，检测 B 端脚与搭铁之间的电阻值，该电阻值应近于 0Ω，否则说明搭铁不良。

（2）输出电压的检测　在连接好电位计式 EGR 阀传感器连接器的情况下，打开点火开关，采用万用表电压挡检测传感器 C 端脚与搭铁之间的电压，该电压在 EGR 阀全关闭时应在 0.14～1.2V 之间（车型不同而不一样，以下均同）；采用手动打开 EGR 阀时，该信号电压会随着 EGR 阀开度的变化而改变，全开时为 4.5～5V。

（3）电阻的检测　在拆下电位计式 EGR 阀传感器连接器的情况下，采用万用表电阻挡单独检测传感器 B 与 D 端脚之间的电阻值，应为 4.7～5.5Ω，B 与 C 端脚之间的电阻值应随 EGR 阀开度的变化而发生改变。

EGR 位置传感器通常与 EGR 阀制成一体，不可单独维修，如有故障只能随 EGR 阀一起更换。

三、废气再循环系统位置传感器的检测示例

上海别克汽车 EGR 位置传感器的连接电路如图 5-126 所示。废气再循环真空控制电磁阀和 EGR 位置传感器共用一个 5 针插头，灰色连接的端子 A、白色连接的端子 E 分别与发动机控制单元（PCM）连接，采用正极驱动器和 PCM 中的搭铁电路控制，用于废气再循环真空控制电磁阀的驱动，另外 3 条为电位计式的 EGR 位置传感器所使用，它能够监视 EGR 阀的位置，确保阀门对 PCM 的指令做出正确的响应。电位计的 D 端子为 5V 参考电源、B 端子为搭铁端子、C 端子为信号输出端子。

EGR 位置传感器的检测方法如下。

（1）故障征兆判断法　当发动机在怠速、低速小负荷及冷机时，发动机控制单元控制废气不参与再循环，避免发动机性能受到影响。因此，一旦发动机的 EGR 系统出现故障，特

别是在发动机怠速、低速、小负荷及冷机工况时，使得废气参与再循环，将会影响发动机混合气的正常燃烧，导致发动机怠速不稳、加速不稳、汽车行驶无力等故障现象，从而影响发动机力性。

(2) 电阻检测 电阻检测时，首先关闭点火开关，拔掉 EGR 位置传感器线束插头，对传感器本体进行电阻测量：插座端子"B"与"D"之间的电阻应为 4.92kΩ；插座端子"B"与"C"之间的电阻应随 EGR 阀开度的变化而变化。

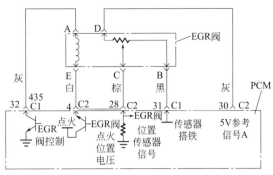

图 5-126 上海别克汽车 EGR 位置传感器的连接电路

(3) 外部电压和信号电压检测 在检查传感器外部供电电压时，打开点火开关至"ON"位置，断开 EGR 位置传感器线束插头，用数字万用表电压挡检查 D 端子与搭铁端电压，应有 5V 参考电压，检查 B 端子与搭铁端电压，应为 0V。连接 EGR 位置传感器线束插头，测量 C 端子信号电压，在 EGR 阀全关闭时为 0.14～1.0V，用手动打开 EGR 阀，其信号电压随着 EGR 阀开度的变化而变化，全开时为 4.5～4.8V。如果测量结果不符合要求，则应更换 EGR 阀。

(4) 解码器检测法 如果废气再循环系统位置传感器有故障，会出现故障码。其含义如下。

① 故障码 P0403——EGR 阀控制线路故障。如果电路功能损坏，驱动器向 PCM 发送信号，设置此故障码。

② 故障码 P0404——EGR 阀打开位置不正确。在 EGR 阀打开时，PCM 将真实的 EGR 位置与要求的位置比较，如果真实的 EGR 位置小于要求位置 15%，将设置此故障码。造成此故障一般为 EGR 枢轴或轴座积炭过多引起的。

③ 故障码 P0405——EGR 阀位置传感器信号电压低。如果 PCM 检测到 EGR 位置传感器反馈的电压低于 0.14V，将设置此故障码。

④ 故障码 P1404——EGR 阀关闭不严。如果 PCM 指令 EGR 阀关闭时真实的 EGR 位置仍指示 EGR 阀处于打开的位置，将设置此故障码。

(5) 输出波形检测 将示波器信号测量线探针插入传感器信号线中，启动发动机并加速，观察波形变化情况，如图 5-127 所示。当 EGR 阀打开时波形上升，这时废气排放；当 EGR 阀关闭时，波形下降，这时限制废气排出。汽车怠速时，EGR 阀是关闭的，不需要废气再循环；汽车正常加速时，EGR 阀开大；汽车减速时，EGR 阀也是关闭的。

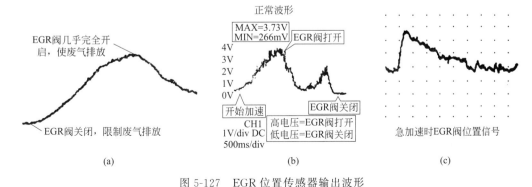

图 5-127 EGR 位置传感器输出波形

第十五节

超声波距离传感器与激光传感器的识别与检测

目前测定汽车之间或汽车与物体之间距离的方法，根据检测介质的不同，主要有超声波法、红外法、激光法和微波雷达法等几种。

(1) 超声波法　超声波产生于机械振动，在空气中传播速度和声速相同，约340m/s。超声波探测距离相对较短，适应测距范围在0.1～3m之间。防水、防尘，少量的泥沙遮挡也无妨。目前主要应用在车辆倒车控制系统中。常见超声波传感器频率为40kHz。

(2) 红外法和激光法　由于其检测面太小，探头需要光学窗口，容易被泥沙遮挡，而且在近距离上发挥不理想，因此在汽车上应用较少。

(3) 微波雷达法　常采用毫米电磁波作为探测介质，故也可称为毫米波雷达。微波具有探测距离远、穿透能力强、运行可靠以及实时性佳等优点，并且检测性能受环境及天气等外界因素的影响较小，可直接探测并获得车辆与前方目标车的距离和相对速度信息。因此常被用在汽车主动安全系统中，如自适应巡航控制系统（ACC）、预碰撞安全系统中。

超声波距离传感器也称为超声波换能器，俗称"探头"。它是利用超声波检测出车辆后方障碍物的位置（包括距离），并利用指示灯和蜂鸣器将车辆到障碍物的距离及障碍物的位置通知驾驶人，从而起到安全倒车的作用。它主要由能产生超声波和接收超声波的装置以及信号处理装置构成，超声波探头有压电式、磁致伸缩式、电磁式等，汽车用的超声波传感器主要是压电式。

一、压电式超声波传感器

1. 压电式超声波传感器的识别

压电式超声波传感器采用了压电元件锆钛化铅，一般称为PZT。这种传感器的特点在于它具有方向性，传感器用蜂鸣器的纸盒为椭圆形，其目的是使传感器的水平方向特性宽，而垂直方向受到限制，其结构如图5-128所示。

压电式超声波接收器一般是利用压电材料的逆效应进行工作的，当在压电材料上施加交变电压时，就会使压电元件产生机械振动从而产生超声波。其结构和超声波发生器基本相同，有时用一个换能器兼做发生器和接收器两种用途。当超声波作用到压电材料上时会使压电材料收缩，在晶片的两个界面上便产生了交变电荷，这种电荷转换成电压经放大后送到测量电路，最后记录或显示出来。

汽车用超声波传感器根据探测距离分为短距离和中距离两种类型。短距离超声波传感器的检测距离约为50cm，中距离超声波传感器的检测距离约为2m。

2. 采用超声波传感器的倒车系统

超声波传感器在汽车上的主要应用就是汽车倒车系统。汽车倒车系统采用的是中距离超声波传感器。此系统有两对超声波传感器，并均匀地分布在汽车后保险杠上，其中两个为发射器、两个为接收器，如图5-129所示，该系统由微机进行自动检测、控制、显示及报警。

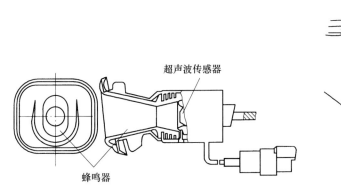

图 5-128 压电式超声波传感器的结构

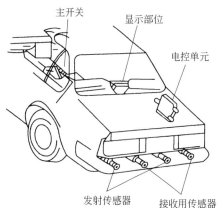

图 5-129 倒车系统的组成

障碍物的位置和显示器的关系如图 5-130 所示。其中 T_1、T_2 为倒车声呐系统的发射头，R_1、R_2 为接收头。发射头以 15 次/s 的频率向后发射 40kHz 的超声波脉冲，如果车后有障碍物，则超声波被反射到接收头，根据超声波的往返时间，可以确定障碍物到汽车的距离。距离的表示用蜂鸣器告知，并用显示器亮灯表示，不同的距离采用不同的报警方式，从而可用不同的声音区别不同的距离范围。当距离为 1~2m 时，发出"嘟嘟"两声短音；当距离为 0.5~1m 时，发出"嘟嘟嘟"三声短音；当距离为 0.5m 以内时，发出"嘟"一声长音。

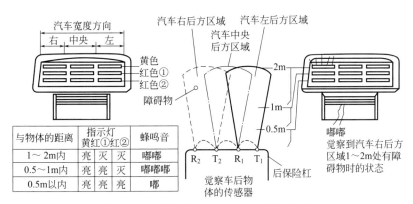

图 5-130 障碍物的位置和显示器的关系

而障碍物的位置是根据不同传感器发射头与接收头的组合而获得的。在倒车时，微机控制左方发射头 T_1 与右方接收头 R_1 工作，覆盖左后方区域；用 T_2 和 R_1 覆盖正后方区域；用 T_2 和 R_2 覆盖右后方区域。这样，不同的组合巡回检测，即可确定障碍物在汽车后左、中或右的位置，如图 5-130 所示。

3. 超声波传感器的检测

以现代伊兰特轿车倒车雷达系统为例，说明超声波传感器的检测方法。

现代伊兰特轿车倒车雷达系统由控制模块、检测障碍物的超声波传感器、发出警报音的报警器等部件组成。其倒车雷达系统线路如图 5-131 所示。

（1）电源检测 由于超声波距离传感器使用的压电元件需要 8V 工作电压，因此首先要对供电回路进行检测：打开点火开关，断开传感器接头，将车辆挂入倒挡，用万用表的电压

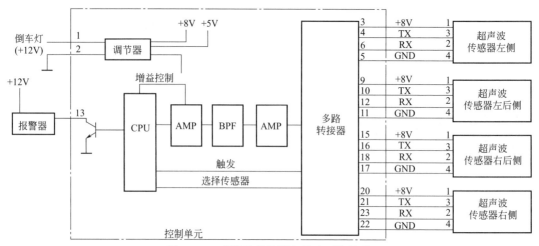

图 5-131　现代伊兰特倒车雷达系统线路

挡测量控制模块侧的 1 脚与 4 脚，应该有 8V 电压，如果没有，应检查控制模块是否从倒挡开关处取得 12V 工作电压。

（2）利用故障诊断模式进行检测　系统出现故障时，打开故障诊断模式，会按如图 5-132 所示方式反复循环提示故障位置，因此，利用故障诊断模式的提示音可以方便地判断出是哪一个传感器出故障。

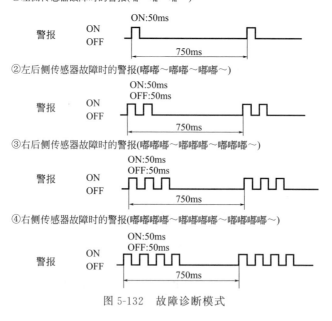

图 5-132　故障诊断模式

（3）信号的示波器检测　利用示波器可以对超声波距离传感器的发射端子 TX 和接收端子 RX 进行检测。用示波器检测时，注意要在线束连接完好的情况下，将车辆挂入倒车挡，利用背查法进行，其信号应与图 5-133 所示波形相符。

（4）经验判断法　在汽车进入倒车工作状态下，用耳朵贴近传感器表面，仔细听是否有轻微的嘀嗒声（可与正常的比较），如果响声正常，说明传感器的电源正常，检查传感器和

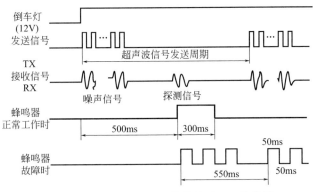

图 5-133 发射端子 TX 和接收端子 RX 的信号

控制器之间的信号连接是否正常。

二、激光雷达

激光雷达是以发射激光束来探测目标位置的雷达系统,其功能包含搜索和发现目标;检测其距离、速度、角位置等运动参数;检测目标反射率、散射截面和形状等特征参数。

激光雷达根据扫描机构的不同,有二维和三维两种。它们大部分都是靠旋转的反射镜将激光发射出去并通过检测发射光和从障碍物表面反射光之间的时间差来测距。三维激光雷达的反射镜还附加一定范围内俯仰,以达到面扫描的效果。二维激光雷达和三维激光雷达在先进驾驶辅助系统上得到了广泛应用。

激光雷达由激光发射系统、光电接收系统、信号采集处理系统、控制系统等组成,其简化结构如图 5-134 所示。

激光雷达发射系统主要负责向障碍物发射激光信号;接收系统主要负责接收经障碍物反射之后回来的激光信息;信号采集处理系统主要负责将接收回来的信号进行处理,使它能够符合下一级系统的要求,它是激光

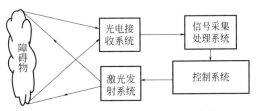

图 5-134 激光雷达系统的简化结构

雷达系统最关键的环节,将直接影响激光雷达系统的检测精度;控制系统的主要作用是提供信号并且对接收回来的信号进行数据处理。

三、电磁波测距传感器

1. 电磁波测距传感器(毫米波雷达传感器)的识别

毫米波雷达是指工作频率介于微波和光之间,选在 30~300GHz 频域(波长为 1~10mm,即 1mm 波波段)的雷达。

测距传感器又称雷达传感器,主要用于自适应巡航系统、自动泊车系统、倒车系统等,尤以自适应巡航系统和碰撞预测安全系统应用最为普遍。

毫米波雷达传感器总成由毫米波雷达电路、信号处理电路和 CPU 组成。车速不低于 2km/h 时,毫米波雷达输出雷达波。毫米波雷达使用 76.5GHz 波段的频率。

接收天线接收反射的毫米雷达波,信号处理电路通过产生毫米雷达波并计算接收天线接收到的信号检测物体的距离、相对速度和方向,然后将该信息传输至行驶辅助 ECU 总成。

碰撞预测安全系统的毫米波雷达传感器采用 76.5GHz 波段内的频率，毫米波雷达不易受天气状况（如雨、雾或雪）的影响，具有良好的物体识别特性。因此，非常适用于碰撞预测安全系统和动态雷达巡航控制系统。

2. 毫米波雷达传感器的调整

若毫米波雷达传感器信号不正常，会在碰撞预防安全系统控制单元中存储故障码。确定传感器信号不正常后，应先调整传感器，传感器本身不允许维修，只能更换总成。

水平调整传感器总成时，确保车辆停在水平路面上。调整前需要先检查轮胎压力，并从车上卸下超重物（如行李）。拆下冷气进气管密封。清除毫米波雷达传感器水平支架上的尘土、油污和异物。在毫米波雷达传感器水平支架上固定水平仪。检查水平仪气泡是否在红色框内。如果气泡不在红色框内，则使用螺钉旋具调整螺栓，直到气泡在红色框内为止，如图 5-135 所示。

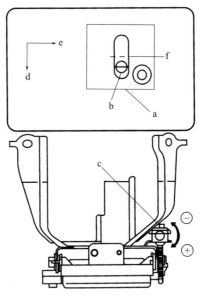

图 5-135 传感器水平调整示意
a—等级；b—气泡；c—螺栓；d—车辆前部；e—车辆左侧；f—0°

调整方法：向上方向调整，即将螺钉旋具向正⊕侧转动；向下倾方向调整，即将螺钉旋具向负⊖侧转动；螺钉旋具转动一圈时，调整约 0.12°。

第六章

汽车气体和液体流量传感器的识别与检测

空气流量传感器又称空气流量计，一般安装在进气管上。其作用是检测发动机进气量的大小，并将进气量信息通过电路的连接转换为电信号输入ECU，以供ECU确定喷油量和点火时间。通过空气流量传感器获得的进气量信号是ECU进行喷油控制的主要依据，如该传感器损坏或其电路连接出现故障，则会使发动机进气量的检测不准确，使进入气缸的混合气过浓或过稀，从而导致ECU无法对喷油量进行准确的控制，进而导致发动机运转不正常，排放超标。

根据进气量检测方式的不同，空气流量传感器可分为体积式和质量式2种，质量式空气流量传感器的特点是能直接测出吸入气缸内的空气的质量；而体积式空气流量传感器则只能测出吸入气缸内的空气的体积，需要根据温度传感器获得的温度信息来通过电控单元（ECU）算出吸入的气体质量。

其中体积式空气流量传感器分为翼片式、卡尔曼涡流式和量芯式空气流量计3种；质量式空气流量传感器分为热线式和热膜式空气流量传感器2种。汽车上应用的气体流量传感器主要是空气流量传感器，其中热膜式空气流量计应用最广泛，如奔驰、宝马、大众等很多车型使用的是热膜式空气流量传感器。

汽车上应用的液体流量传感器，主要有用于计量燃油消耗量的流量传感器和用于计量冷媒通过量的冷媒流量传感器。

第一节

翼片式空气流量传感器的识别与检测

一、翼片式空气流量传感器的识别

1. 翼片式空气流量传感器的结构

翼片式空气流量传感器又称翼片式或活门式空气流量传感器，它是利用力矩平衡原理和电位器原理开发研制的机械式传感器。其结构如图6-1所示，主要由翼片部分、电位计部分和接线插头三部分组成。广泛用于丰田皇冠、佳美、马自达等轿车的燃油喷射系统中。

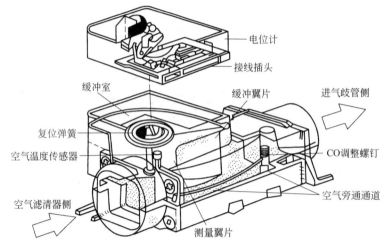

图 6-1 翼片式空气流量传感器的结构

（1）翼片部分 翼片式空气流量传感器的翼片部分的构造如图 6-2 所示，包括测量翼片（主空气道内旋转）和缓冲翼片（在缓冲室内偏转，对翼片起阻尼作用，当发动机吸入的空气量急剧变化和气流脉动时，减小翼片的脉动），两者铸成一体。

（2）电位计部分 电位计位于空气流量传感器上壳体上方，内有平衡配重、回位弹簧、调整齿圈和印制电路板等，其结构如图 6-3 所示。

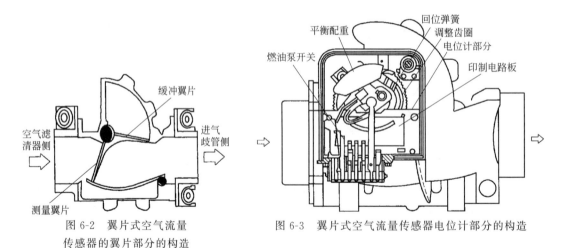

图 6-2 翼片式空气流量
传感器的翼片部分的构造

图 6-3 翼片式空气流量传感器电位计部分的构造

（3）接线插头部分 翼片式空气流量传感器的接线插头共有 7 个接线端子，新生产的日产轿车取消了燃油泵控制触点，其接线插头为 5 个接线端子，如图 6-4 所示（以日产和丰田

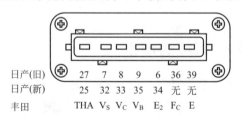

图 6-4 翼片式空气流量传感器插头

为例）。在插头护套上一般都标有接线端子名称。

2. 翼片式空气流量传感器的工作原理

翼片式空气流量传感器的工作原理如图 6-5 所示。当空气通过传感器的主通道时，翼片将受吸入空气气流的压力和回位弹簧的弹力共同作用，节气门开度增大时，空气流量增大，气流压力将增大，此压力作用在翼片上使其偏转，令其转角 α 逐渐增大，直到气流的压力和回位弹簧的弹力平衡。与此同时，电位计的滑臂与翼片转轴同轴旋转，使接线端子 V_C 与 V_S 之间的电阻减小，使其分压电压 U_S 的值降低。当吸入空气的流量减小时，翼片转角 α 减小，接线端子 V_C 与 V_S 之间的电阻增大，U_S 电压值升高。这样，发动机电控单元（ECU）就可根据空气流量传感器输出的 U_S/U_B 的信号大小感知空气流量的大小。U_S/U_B 的电压比值与空气流量成反比，其变化关系如图 6-6 所示。

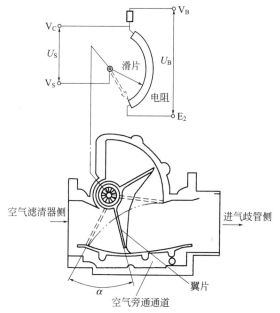

图 6-5 翼片式空气流量传感器的工作原理

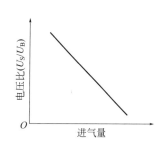

图 6-6 U_S/U_B 与空气流量的变化关系

二、翼片式空气流量传感器的检测

若翼片式空气流量传感器出现故障，会使电控单元接收错误的进气量信号，从而导致混合气的空燃比过大或过小，使混合气过稀或过浓，影响发动机的正常运转及稳定性。

翼片式空气流量传感器常见故障有：翼片摆动卡滞，电位计滑动触点磨损或腐蚀而使滑动电阻片与触点接触不良，以及油泵触点接触不良导致的电动燃油泵供油不稳等。

对空气流量传感器进行检测时，首先应检测其机械部分是否工作良好。可用手拨动翼片，使其转动，检查翼片是否运转自如，回位弹簧是否良好，若触点无磨损，翼片摆动平衡、无卡滞和破损，说明其机械部分完好。然后应检测传感器的空气流量计各端子与搭铁间电阻、油泵触点与搭铁间电阻、进气温度传感器与搭铁端子的电阻和信号输出电压，检测方法如下。

1. 检测电动燃油泵电阻

用万用表测量电动燃油泵两信号端子间的电阻值，翼片关闭时应为∞，翼片开启后任一位置都应为 0，否则说明有故障。

2. 检测流量计的电阻

检测流量计的电阻时有静态和动态测量两种。

（1）静态测量方法　先断开点火开关，拔下传感器线束连接插头，用万用表测量各端子间电阻，应与标准参考值相差不大，否则说明传感器有故障。

（2）动态测量方法　先断开点火开关，拔下传感器各线束连接插头，用万用表测量各端子电阻的同时用螺丝刀拨动翼片，在翼片摆动过程中，电阻值应连续变化，否则说明传感器有故障。

3. 检测进气温度传感器电阻

用万用表测量进气温度传感器随热敏电阻温度而变化的电阻值，应符合标准参考值，否则说明传感器有故障。

三、翼片式空气流量传感器的检测示例

丰田大霸王轿车翼片式空气流量传感器的检测电路原理如图 6-7 所示。

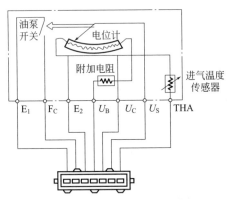

图 6-7　丰田大霸王轿车翼片式空气流量传感器的检测电路原理
THA—进气温度传感器信号端子；U_S—进气流量传感器输出信号端子；
U_C—空气流量传感器输入信号端子；U_B—电源电压端子；
E_2—搭铁；F_C—油泵开关端子；E_1—油泵开关搭铁

翼片式空气流量传感器的检测可采用就车检测或单体检测两种方法。

1. 就车检测

关闭点火开关，拔下轿车空气流量传感器的导线连接器，用万用表电阻挡测量连接器各端子间的电阻，其电阻值应符合表 6-1 所列标准；如果不符合，则说明传感器已损坏，应进行更换。

表 6-1　丰田轿车空气流量传感器各端子间电阻

端子	标准电阻/kΩ	温度/℃	端子	标准电阻/kΩ	温度/℃
U_S-E_2	0.02～0.60	—		2.00～3.00	20
U_C-E_2	0.02～0.60	—	THA-E_2	0.90～1.30	20
	10.00～20.00	−20		0.40～0.70	60
	4.00～7.00	0	F_C-E_2	0 或 ∞	—

2. 单体检测

（1）外观检查　用手指拨动翼片，检查翼片的摆动是否平顺，翼片有无破裂、卡滞，转轴是否松垮等。

（2）检查电动机汽油泵开关　用万用表电阻挡测量 E_1、F_C 两端子之间的电阻，在测量翼片关闭时，此值应为 ∞，在测量翼片开启后的任一角度上，此值应为 0。

（3）检测电位计性能　用旋具推动测量片，同时用万用表电阻挡测量电位计滑动测点 U_S 与 E_2 端子间的电阻；在测量翼片由全闭至全开的过程中，电阻值应逐渐变小，且应符合表 6-1 规定；若不符合，则说明传感器已损坏，应更换。

（4）检测进气温度传感器电阻值　用电热风机对空气流量传感器的进气温度传感器加热，或将其拆下放在有热水的烧杯里加热，并用万用表测量 THA 与 E_2 端子间的电阻值，该值应随温度升高而降低，且应符合表 6-1 的规定；若不符合，则应更换进气温度传感器。

第二节　卡尔曼涡流式空气流量传感器的识别与检测

通常卡尔曼涡流式空气流量传感器与空气滤清器外壳安装成一体。在进气管道中间设有流线型或三角形的涡流发生器，当空气流经涡流发生器时，在其后部的气流中会不断产生不对称却十分规则的被称为卡尔曼涡流的空气涡流。根据卡尔曼涡流理论，这个漩涡行列是紊乱的，依次沿气流流动方向移动，其移动的速度与空气流速成正比，即在单位时间内通过涡流发生器后方某点的涡流数量与空气流速成正比。因此，通过检测单位时间内涡流的数量就可计算出空气流速，再将空气通道的有效截面积与空气流速相乘，就可以知道吸入空气的量。

卡尔曼涡流式空气流量传感器是根据卡尔曼涡流的理论制成的。根据涡流频率的检测方式不同，卡尔曼涡流式空气流量传感器可分为超声波式卡尔曼涡流式空气流量传感器和反光镜式卡尔曼涡流式空气流量传感器。

一、超声波式卡尔曼涡流式空气流量传感器

1. 超声波式式卡尔曼涡流式空气流量传感器的识别

（1）超声波式卡尔曼涡流式空气流量传感器的结构　超声波式卡尔曼涡流式空气流量传感器设有主空气道和旁通空气道两个空气道。涡流发生器设在主空气道上；设置旁通空气道是为了调节主空气道的流量，这样，对于排量不同的发动机，通过改变旁通空气道截面积大小，可使用同一规格的流量传感器来满足流量检测的要求。超声波式卡尔曼涡流式空气流量传感器的安装位置与结构如图 6-8 所示。日本三菱、中国长丰猎豹吉普车和韩国现代都采用超声波式卡曼涡流式传感器。

（2）超声波式卡尔曼涡流式空气流量传感器的工作原理　超声波式卡尔曼涡流式空气流量传感器与 ECU 的连接电路如图 6-9 所示。

超声波是指频率超过 20kHz 的机械波，当发动机运转并吸入一定的气体时，超声波发生器通过发射器不断向接收器发出一定频率（40kHz）的超声波。当超声波通过进气气流到达接收器时，由于受到气流移动速度及漩涡数量变化的影响，接收到的超声波信号的相位（时间间隔）以及相位差（时间间隔之差）就会发生变化，且进气量越大、漩涡数越多、移

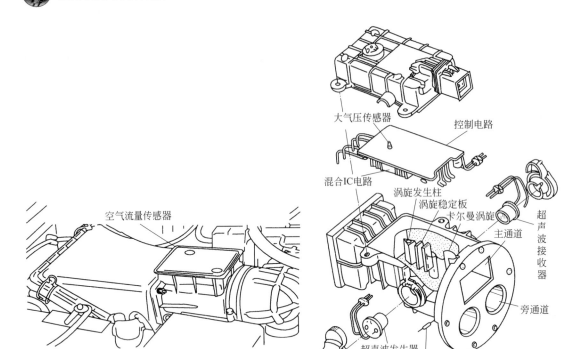

图 6-8 超声波式卡尔曼涡流式空气流量传感器的安装位置与结构

动速度越快,接收到的超声波的相位及相位差越大;反之则越小。控制电路根据超声波信号的相位或相位差的变化就可计算出涡流的频率并将其输入给 ECU,ECU 根据输入的进气涡流信号就可计算出进气量。

2. 超声波式卡尔曼涡流式空气流量传感器的检测

三菱轿车超声波式卡尔曼涡流式空气流量传感器与 ECU 的连接电路如图 6-10 所示。

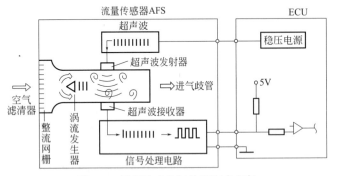

图 6-9 超声波式卡尔曼涡流式空气流量传感器与 ECU 的连接电路

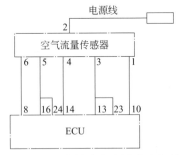

图 6-10 三菱轿车超声波式卡尔曼涡流式空气流量传感器与 ECU 的连接电路

传感器的 1 号端子与 ECU 的 10 号端子相连,向 ECU 输入空气流量信号。电源由燃油继电器通过 2 号端子引入蓄电池电压,4 号端子与 ECU 的 14 号端子提供搭铁;5 号端子是大气压力传感器输出信号,由 16 号端子输入 ECU;6 号端子与 ECU 的 8 号端子相连,ECU 通过 8 号端子向传感器内的温度传感器提供 5V 电压;空气流量的信号电压平均值为 2.2~3.2V。

空气流量计的检测方法如下。

① 将点火开关置于"ON"位置,测量传感器 1 号端子与搭铁间电压,该值应为 5V。

② 启动发动机,使发动机转速为 3000r/min,这时再测量 1 号端子与搭铁间电压,该值应为 2.2~3.2V。

③ 将点火开关置于"OFF"位置,测量传感器 4 号端子与搭铁间电阻值,该值应为 0Ω。

若检测不符,则应更换传感器。

3. 超声波式式卡尔曼涡流式空气流量传感器的检测示例

三菱轿车 6G72 发动机采用超声波检测方式的卡尔曼涡旋式空气流量传感器,其电路如图 6-11 所示。空气流量传感器上有 7 个接线端子:1 号端子由 ECU 提供大气压力传感器所用的 5V 参考信号;2 号端子为大气压力传感器输出信号;3 号端子为空气流量传感器输出信号;4 号端子通过控制继电器提供 12V 电源;5 号端子提供传感器搭铁;6 号端子为进气温度传感器输出信号;为了避免怠速时发动机抖动影响空气流量传感器的计量,设置了复位设定信号,由传感器 7 号端子提供,用于侦测负荷,重新校正流量传感器信号使用。

卡尔曼涡流式空气流量传感器的检测方法如下。

(1)检测电源电压 取下空气流量传感器的连接器,打开点火开关,用万用表电压挡检测线束侧 4 号端子与搭铁间电压,应为蓄电池电压(12V 左右)。否则检修电源电路故障。

(2)检测参考电压 取下空气流量传感器的连接器,打开点火开关,用万用表电压挡检测线束侧 3 号端子与搭铁间电压,应为 5V 左右;检测 7 号端子与搭铁间电压,应为 6~9V。否则检修空气流量传感器与 ECU 间线束或 ECU 故障。

(3)检查搭铁 拆下空气流量传感器的连接器,用万用表电阻挡检测传感器线束侧 5 号端子与搭铁间的导通性,正常情况其值应为 0Ω。

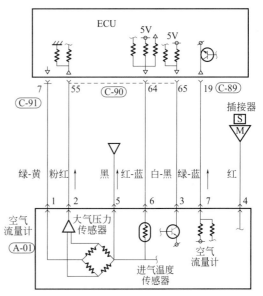

图 6-11 三菱轿车 6G72 发动机空气流量传感器的电路

(4)检测输出信号的电压 连接空气流量传感器的连接器,利用背插法,用万用表直流电压挡检测空气流量计 3 号端子电压,怠速时应为 2.2~3.2V,复位 7 号端子为 0~1V(2000r/min 时为 6~9V)。

(5)检测输出信号的频率 因为超声波检出卡尔曼涡流式空气流量传感器输出信号为 5V 脉冲数字信号,输出频率与发动机进气量成正比,所以可以使用频率计或示波器检测 3 号端子与搭铁间输出信号,输出信号频率范围为 25~2000Hz。发动机怠速(700r/min)运转时,空气流量传感器输出频率应在 25~50Hz 范围内;当发动机转速升高时,空气流量传感器输出频率应随转速升高而升高;当转速升高到 2000r/min 时,空气流量传感器输出频率应在 70~90Hz 范围内,否则说明空气流量传感器或其线路有故障。

二、反光镜式卡尔曼涡流式空气流量传感器

1. 反光镜式卡尔曼涡流式空气流量传感器的识别

（1）反光镜式卡尔曼涡流式空气流量传感器结构　它主要由涡流发生器、发光二极管（LED）、光电晶体管、反光镜、张紧带、厚膜集成控制电路和进气温度传感器组成。其外形与结构如图 6-12 所示，其中涡流发生器后面设置有导压孔，用来将变化的涡流压力导入导压腔内；反光镜安装在张紧带上，发光二极管和光电晶体管设置在反光镜的上面，发光二极管发出的光经反光镜反射后使光电晶体管导通。

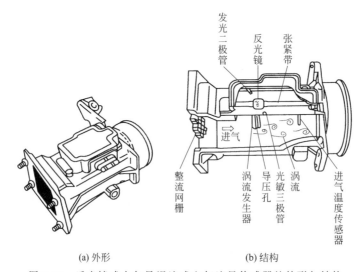

(a) 外形　　　　(b) 结构

图 6-12　反光镜式卡尔曼涡流式空气流量传感器的外形与结构

（2）反光镜式卡尔曼涡流式空气流量传感器的工作原理　反光镜式卡尔曼涡流式空气流量传感器的空气入口处设有蜂窝状整流网栅，其作用是使吸入的空气在涡流发生器上游形成比较稳定的气流，从而保证气流经涡流发生器后产生与其流速成正比的涡流。涡流发生器用合成树脂与厚膜集成控制电路封装成一体。

当进气气流流过涡流发生器时，发生器两侧就会交替产生涡流，两侧的压力就会交替发生变化。进气量越大，产生的涡流数量越多，压力变化频率就越高。变化的压力被导压孔引导到导压腔中使张紧带产生振动，从而带动张紧带上面的反光镜一起振动，且振动频率与单位时间内产生的涡流数量（即旋涡频率 f）成正比。由于反光镜的振动，被反光镜反射的光束也以同样频率变化，使得光电晶体管也随光束的变化以同样的频率导通和截止，所以光电晶体管导通与截止的频率与涡流频率成正比。信号处理电路将涡流频率信号转换成方波电压信号输入 ECU 后，ECU 便可计算出进气量的多少。

2. 反光镜式卡尔曼涡流式空气流量传感器的检测

现以丰田雷克萨斯 LS400 型轿车反光镜式卡尔曼涡流式空气流量计为例，说明反光镜式卡尔曼涡流式空气流量传感器的检测方法。空气流量传感器与 ECU 的连接电路如图 6-13 所示。

丰田轿车的反光镜式卡尔曼涡流式空气流量传感器的检测方法如下。

（1）静态检测　关闭点火开关，拔下空气流量传感器线束插头，用万用表电阻挡测量传感器插座上端子"THA"与"E"之间的电阻值，检测结果应当符合表 6-2 的规定。若不符

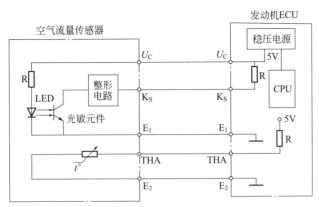

图 6-13 空气流量传感器与 ECU 的连接电路

合,则应更换传感器。

表 6-2 丰田轿车涡流式空气流量传感器的检测标准参数

检测对象	端子名称	检测条件	标准参数	备注
进气温度传感器	THA-E_2	-20℃	10～20kΩ	—
		0℃	4～7kΩ	—
		20℃	2～3kΩ	—
		40℃	0.9～1.3kΩ	—
		60℃	0.4～0.7kΩ	—
		怠速进气温度(20℃)	0.5～3.4kΩ	—
空气流量传感器	U_C-E_1	点火开关接通	4.5～5.5V	检测电源电压
	K_S-E_1	点火开关接通	4.5～5.5V	检测电源电压
		怠速	2.0～4.0	信号电压跳跃变化

(2) 动态检测 将空气流量传感器线束插头与插座插好,用万用表直流电压挡测量传感器连接器端子"THA"与"E_2"、"U_C"与"E_1"和"K_S"与"E_1"之间的电压,这些电压值应当符合表 6-2 的规定。如检测结果与标准电压值不符,应检查传感器与 ECU 之间的线束是否断路;如线束良好,则拔下传感器插头并接通点火开关,检查电源端子"U_C"与"E_1"和信号输入端子"K_S"与"E_1"之间的电压,如在 4.5～5.5V 内,说明 ECU 工作正常且空气流量传感器损坏,应当更换空气流量传感器,如所测电压不在 4.5～5.5V 内,说明 ECU 有故障,应检测或更换 ECU。

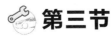 第三节

热线式与热膜式空气流量传感器的识别与检测

一、热线式空气流量传感器

1. 热线式空气流量传感器的识别

(1) 热线式空气流量传感器的结构 热线式空气流量传感器按其铂金热线安装位置的不

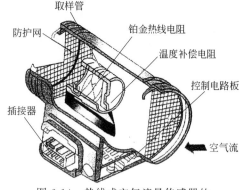

图 6-14 热线式空气流量传感器的结构（主流测量方式）

同可分为主流测量方式（热线电阻安装在主进气道中）及旁通测量方式（热线电阻安装在旁通气道中）两种，其结构分别如图 6-14 和图 6-15 所示。

主流测量方式的热线式空气流量计由铂金热线、温度补偿电阻（冷线）、取样管、控制线路板、防护网及连接器组成。热线是一根直径约 0.07mm 的铂金丝，它装在取样管内的支承环上，其阻值随温度变化而变化。

旁通测量方式的热线式空气流量计与主流测量方式的热线式空气流量计的结构基本相同，主要区别在于前者把热线和补偿电阻用铂丝缠绕在陶瓷螺旋管上，且把铂金热线和温度补偿电阻（冷线）安装在旁通气道上。

（2）热线式空气流量传感器的工作原理 热线式空气流量传感器的基本原理如图 6-16 所示。安装在控制电路板上的精密电阻 R_A 和 R_B 与热线电阻 R_H 及温度补偿电阻 R_K 组成了惠斯顿电桥。

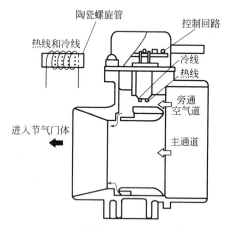

图 6-15 热线式空气流量传感器的结构（旁通测量方式）

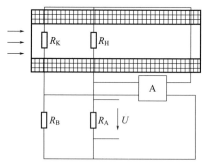

图 6-16 热线式空气流量传感器的基本原理
A—混合集成电路；R_H—热线电阻；R_K—温度补偿电阻；R_A—精密电阻；R_B—电桥电阻

热线电阻 R_H 放在进气道内，当进气气流流经它时，其热量被流过的空气吸收，使热线温度降低，且空气流量增大时，被带走的热量也增加，热线式空气流量计就是利用热线与空气之间的这种热传递进行空气流量测定的。

在发动机停火后，电路会把热线自动加热到 1000℃ 左右，以清洁流量传感器，所以热线式流量传感器还具有自洁功能。

2. 热线式空气流量传感器的检测

各种车型的传感器插头端子设置有所不同，而且因车型的不同，热线式空气流量传感器的检测数据也有所差异，但是检测方法基本相同。

热线式空气流量传感器连接器有 5 端子和 6 端子两种。由于热线式空气流量传感器的热线所需电流较大，其电源的供给是不通过 ECU 的，而是直接取自于蓄电池，因此，接线端子中有蓄电池供电端子 E，同时也相应地增设了不通过 ECU 内部的搭铁端子，用它作为热线加热电路的搭铁端子 C。热线式空气流量传感器电路如图 6-17 所示。

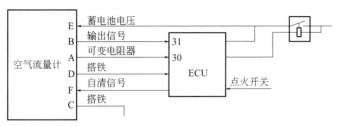

图 6-17　热线式空气流量传感器电路

热线式空气流量传感器除上述搭铁端子外，还另有一个搭铁端子是通过控制电控单元（ECU）内部来搭铁的，它是传感器内部集成电路的搭铁端子 D。

A 端子为调整一氧化碳的可变电阻输出端子（电位计的信号输出端）。在早期没有安装氧传感器的发动机上，该电位计用于调整怠速时可燃混合气的空燃比，从而进一步控制怠速时的一氧化碳排放浓度，与怠速混合气调整螺钉联动，输出高电压，ECU 便稍微增加喷油量，混合气变浓，怠速较为稳定，废气中的一氧化碳含量会有所增加；相反，喷油量则减少，混合气变稀，废气中的一氧化碳含量有所减少。

热线式空气流量传感器的检测方法如下。

（1）拆下进行直观检查　检查其护网有无阻塞或破裂，并从出口处观察铂丝热线是否堵塞、脏污、折断，并检查空气滤清器的质量和使用情况。

（2）传感器输出电压　在关闭点火开关的前提下，拔下空气流量传感器的导线连接器，并拆下空气流量传感器总成，进行单体测量。测量输出信号之前，需在传感器蓄电池电压输入端子 E 与搭铁端子 D 之间加蓄电池电压（蓄电池正极接 E、负极接 D）。

（3）静态检测（图 6-18）　将蓄电池的正极与 E 端相连，负极与 D 端相连，并将万用表置于 10V 直流电压挡，测量端子 B 和 D 之间的电压，其标准电压值为（1.6±0.5）V。如其电压值不符，则须更换空气流量传感器。

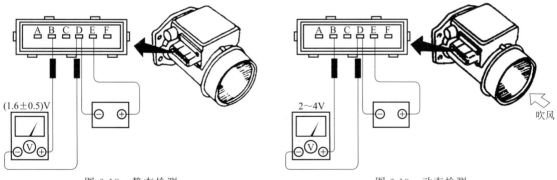

图 6-18　静态检测　　　　　图 6-19　动态检测

（4）动态检测（图 6-19）　保持上述"静态检测"接线方式不变，用电风扇向空气流量计吹入空气，用万用表电压挡测量端子 B 和 D 之间的电压，其电压值应升到 2~4V（大约值）。如其电压值不符，则须更换空气流量传感器。

（5）在线检测

① 接通点火开关，不启动发动机，测量插座内 E 端子与 D 端子之间的电压，应为 12V

左右。

② 如果测量 E 端子和 D 端子之间无电压，而 E 端子和 C 端子之间电压为 12V，则说明 D 端子接触不良。应检查 D 端子到发动机控制单元的导线或搭铁线是否良好。

③ 检测 B 端子和 D 端子之间的电压，应为 1.6V 左右；启动发动机，测量 B 端子和 D 端子之间的电压，应为 2～4V。

3. 热线式空气流量传感器检测示例

如图 6-20 所示，上海别克轿车使用的热线空气流量（MAF）传感器安装在进气歧管中。其连接器端子如图 6-21 所示，传感器与 ECU 的连接电路如图 6-22 所示。

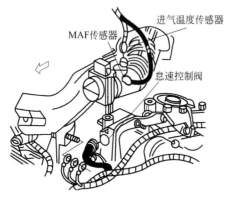

图 6-20 热线式空气流量传感器安装位置

图 6-21 热线式空气流量传感器连接器端子
A—空气流量计信号端子；B—搭铁端子；C—电源电压输入端子

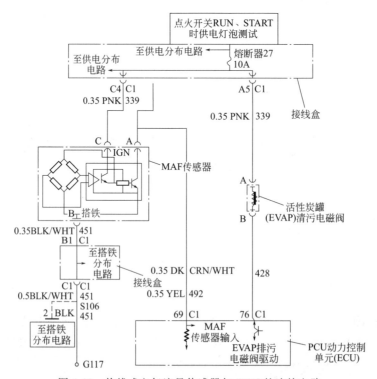

图 6-22 热线式空气流量传感器与 ECU 的连接电路

对热线式空气流量传感器进行检测时，应主要检测空气流量传感器的输出信号电压。检测方法如下。

① 首先关闭点火开关，拔下传感器连接器。然后将点火开关转至"ON"位置，但不启动发动机。

② 用数字式万用表电压挡测量空气流量传感器信号端子和搭铁端子间电压，即端子 A 与端子 B 间电压，该值应为5V。

③ 当传感器输出电压正常时，可用吹风机向此传感器进气口吹风，其信号电压应随吹风量大小的变化而变化，且应符合标准规定。若不符合上述规定值，说明空气流量传感器已损坏，应当更换。

二、热膜式空气流量传感器

1. 热膜式空气流量传感器的识别

（1）热膜式空气流量传感器的结构　热膜式空气流量传感器是热线式空气流量传感器的改进产品，其结构与热线式基本相同，只是它的发热体是热膜（由发热金属铂固定在薄的树脂膜上制成），而不是热线。热膜式空气流量传感器固定在通向进气消声器的进气软管上，是一个组合式传感器。其结构如图 6-23 所示。

热膜式空气流量传感器内部的进气通道上设有一个矩形护套（相当于取样套），热膜电阻设在护套中。为了防止污物沉积到热膜电阻上而影响其检测精度，在护套的空气入口侧设有空气过滤层，用以过滤空气中的污物。为了防止因空气温度变化而使检测精度受到影响，在热膜电阻附近的气流上游设有铂金属膜式温度补偿电阻。温度补偿电阻和热膜电阻与传感器内部控制电路连接在一起，控制电路与线束连接器插座连接在一起，线束设在传感器壳体中部。

（2）热膜式空气流量传感器的工作原理　热膜式空气流量传感器与热线式空气流量传感器工作原理大致一样。传感器的热膜电阻 R_H、温度补偿电阻 R_T、精密电阻 R_1 及 R_2、信号取样电阻 R_S 在电路板上以惠斯顿电桥的方式连接，如图 6-24 所示。

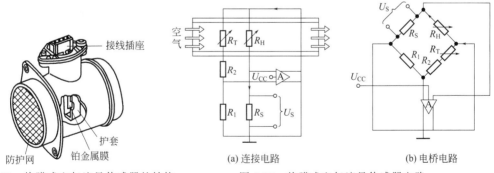

图 6-23　热膜式空气流量传感器的结构　　图 6-24　热膜式空气流量传感器电路

2. 热膜式空气流量传感器的检测

（1）热膜式空气流量传感器　热膜式空气流量传感器与ECU连接如图 6-25 所示。

热膜式空气流量传感器的检测方法如下。

① 电阻检测。电阻检测主要是测试线束的导通性，以确认线束通畅情况，有无断路或短路，插接器是否牢靠，各信号传递是否无干扰。

a. 线束导通性测试。关闭点火开关，拔下传感器插头与电控单元插接器，使用数字式万用表分别测量各线束间的电阻，分别测试空气流量计 3、4、5 号针脚对应至电控单元 12、11、13 号针脚的电阻，这些电阻值应低于 5Ω。

b. 线束短路性测试。将数字式万用表设置在电阻 200kΩ 挡，测量空气流量计针脚 2 与电控单元针脚 11、12、13 之间的电阻，应为∞。测量空气流量传感器针脚与电控单元针脚（3-11、13；4-12、13；5-11、12）之间电阻，均应为∞。

② 电压检测。电压检测有电源电压检测和信号电压检测 2 部分，其中信号电压检测是确定空气流量传感器是否损坏的主要依据。

a. 电源电压检测。打开点火开关，用数字式万用表直流电压 20V 挡，测量空气流量传感器 2 号针脚与接地（蓄电池负极或其他车身搭铁）间电压。启动起动机时应显示 12V 左右的电压。

测量空气流量计针脚 4 与蓄电池负极或其他车身搭铁，应显示 5V 左右电压。

b. 信号电压检测。启动发动机并使其达到工作温度，用数字式万用表直流电压 20V 挡，测量空气流量传感器针脚 5 与空气流量流量传感器针脚 3、蓄电池负极或进气歧管壳体的信号反馈电压，急速时应显示电压 1.5V 左右，急加速电压应变化到 2.8V。

如果不符合上述变化，或电压反而下降，在电源电压与参考电压完好的前提下，可以断定空气流量传感器损坏，则应更换新件。

（2）第六代热膜式空气流量传感器

① 第六代热膜式空气流量传感器（HFM6）的结构。大众汽车使用的第六代热膜式空气流量传感器（HFM6）由测量管和传感器电子单元及传感器元件组成。通过测量分流（旁路）中的空气来测量空气质量。通过其特殊的结构，空气流量传感器可以测量吸入及回流的空气质量，见图 6-26。

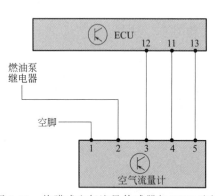

图 6-25 热膜式空气流量传感器与 ECU 连接

图 6-26 第 6 代热膜式空气流量传感器的结构

② 工作原理。新空气流量传感器与以往型号一样按照热力测量原理工作。功能部件主要由具有回流识别功能的微型机械式传感器元件和进气温度传感器、一个具有数字信号处理功能的传感器电子单元和一个数字接口组成。

a. 旁路通道。与以往的型号 HFM5 相比，HFM6 的旁路通道在流动性方面进行了优化。用于空气质量测量的空气分流在阻流边后面被吸入旁路通道。通过传感器元件粘贴和密封，旁路通道完全与传感器电子单元隔离。此外，传感器元件使用了更坚固的材料。

通过阻流边的构造在其后产生负压，在这个负压的作用下，空气分流被吸入旁路通道，以进行空气质量测量。迟缓的污粒跟不上这种快速的运动,通过分离孔被重新导入进气中。这样,测量结果不会因污粒而失真,传感器元件也不会因其而损坏。

b. 传感器元件。传感器元件位于传感器电子单元旁边,并伸入用于空气质量测量的空气分流内。在传感器元件上有 1 个热电阻、2 个与温度相关的电阻 R_1 和 R_2 以及 1 个进气温度传感器,如图 6-27 所示。

传感器元件在中间通过热电阻被加热到高于进气温度 120℃。

由于与热电阻之间的间距,传感器至边缘的温度逐渐降低。电子模块通过 R_1 和 R_2 的温度差识别出进气空气质量和流向。

进气门关闭时,吸入的空气受其阻碍回流到空气流量计。如果回流未被识别出来,则测量结果就会出错。

如图 6-28 所示,回流的空气碰到传感器元件,先流过与温度相关的电阻 R_2,接下来流过热电阻,然后流过与温度相关的电阻 R_1。电子模块通过 R_1 和 R_2 的温度差识别出回流空气质量和流向。

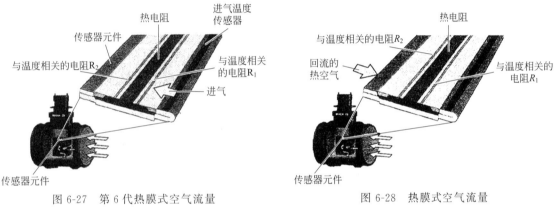

图 6-27　第 6 代热膜式空气流量传感器传感元件的工作原理　　　图 6-28　热膜式空气流量传感器传感元件回路识别

空气流量传感器的传感器元件耸立在发动机吸入的气流中。一部分空气流经空气流量传感器的旁通气道,旁通气道内有传感器电子装置,该电子装置上集成有 1 个加热电阻和 2 个温度传感器,这 2 个温度传感器用来识别空气的流动方向;吸入的空气首先经过温度传感器 1;从关闭的气门回流的空气首先经过温度传感器 2 和加热电阻,发动机控制单元就可以计算出吸入空气中的氧含量。

(3) HFM6 电路检查

① 热膜式空气流量传感器各插头端子的说明。

a. T5h/5 为空气流量传感器信号线,电压在 0～5V 之间变化。

b. T5h/4 为搭铁线,在车身线束 B702 中。

c. T5h/3 为电源线,打开点火开关时,由点火开关 15 号线 J527 向转向柱电子装置电控单元提供电源信号,再向 J519 提供电源号,J519 向 J329 提供电源使继电器吸合,并经熔丝 SC22(5A)向空气流量传感器提供蓄电池电压。

d. T5h/2 为进气温度传感器信号线,温度低时电压高,温度高时电压低,如在 20℃ 时电压在 0.5～3V 之间。

e. T5h/1 为电源信号线,由发动机电控单元 J623 提供 5V 参考电压。

HFM6 与 ECU 的连接电路如图 6-29 所示。

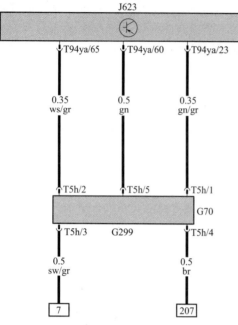

图6-29 HFM6与ECU的连接电路
G299—进气温度传感器；G70—空气流量传感器；J623—发动机电控单元

② 检测电源电压。

a. 关闭点火开关，拆下空气滤清器，再打开点火开关，即置于"ON"位置，不启动发动机。

b. 用万用表的电压挡测量空气流量传感器插头中的T5h/3端子（正信号线）与T5h/4搭铁线端子（负信号线）之间的电压值，该电压值为蓄电池电压。

c. 然后用万用表测量插头T5h/5端子与T5h/4搭铁线端子间的电压值，该电压的标准值应为5V。

③ 检测信号电压。关闭点火开关，拆下空气滤清器，再打开点火开关，即置于"ON"位置，不启动发动机；用万用表的电压挡测量空气流量传感器插头中的T5h/1端子（正信号线）与T5h/5端子（负信号线）之间的电压值；将"＋"表笔插入空气流量传感器5号端子线束中，"－"表笔插入3号端子的线束中，然后用电吹风（冷风挡）向空气流量传感器入口处吹气，观察信号电压的变化情况。如果信号电压不发生变化，则说明空气流量传感器损坏，应予以更换。信号电压的标准值为2.0～4.0V。

④ 用故障诊断仪检测数据流。用故障诊断仪检测空气流量传感器信号，读取基本功能数据。显示区域进气流量，其标准值为2.0～4.5g/s，如果小于2.0g/s，则说明进气系统有泄漏；如果大于4.5g/s，则说明发动机负荷太大。偏离标准值的原因可能是空气流量传感器或其线路发生故障。如果空气流量传感器有故障，则会出现故障码00553（空气流量传感器G70线路搭铁断路或短路）。

3. 热膜式空气流量传感器的检测示例

2016年款丰田凯美瑞混合动力车系（发动机6AR-FSE）采用新型硅片式热膜式空气流量传感器（HMF6），传感器内部集成数字处理电路使传感器输出更加精确，其结构如图6-30所示。传感器内部桥接电路如图6-31所示。传感器与ECU的连接电路如图6-32所示。

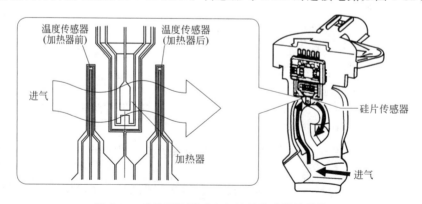

图6-30 硅片型热膜式空气流量传感器的结构

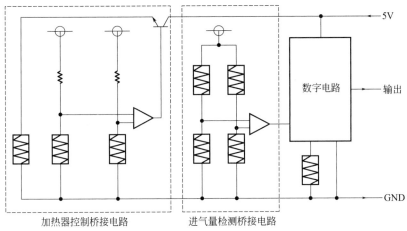

图 6-31 传感器内部桥接电路

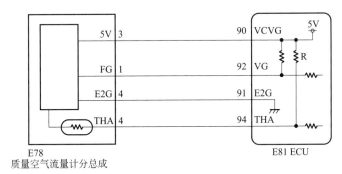

图 6-32 传感器与 ECU 的连接电路

传感器的检测方法如下。

(1) 传感器单体检测 断开点火开关,拆下传感器,检查空气流量传感器的温度传感器(热敏电阻)上是否有异物,如有异物则应该更换传感器;用万用表检查传感器 E78 的 2# 端子、3# 端子之间的电阻(进气温度传感器),如图 6-33 所示,其检测数值应符合规定(表 6-3),如不符合规定,则应更换传感器。

表 6-3 检测数值

检测仪连接	条件/℃	数值/kΩ
4(THA)—2(E2G)	-20	13.6～18.4
	20	2.21～2.69
	60	0.49～0.67

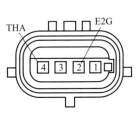

图 6-33 传感器单体检测

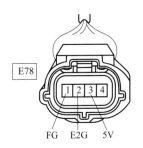

图 6-34 传感器供电检测

(2)传感器供电检测 断开空气流量传感器 E78 连接器,再打开点火开关,用万用表电压挡按图 6-34 所示检测传感器供电,检测数值见表 6-4,如不符合规定,则应检查和维修空气流量传感器与发动机控制单元 ECM 之间的线束。

表 6-4 检测数值

检测仪连接	条件	数值/V
E79-3(5V)—E79-2(E2G)	点火开关转到"ON"位置	4.8~5.2
E79-1(FG)—E79-2(E2G)	点火开关转到"ON"位置	4.8~5.2

(3)传感器线束检测(传感器和 ECM 之间线束) 关闭点火开关,断开空气流量传感器和 ECM 连接器,用万用表欧姆挡按照图 6-35 所示检测线束之间和搭铁之间的电阻值,检测结果应符合规定(表 6-5)。

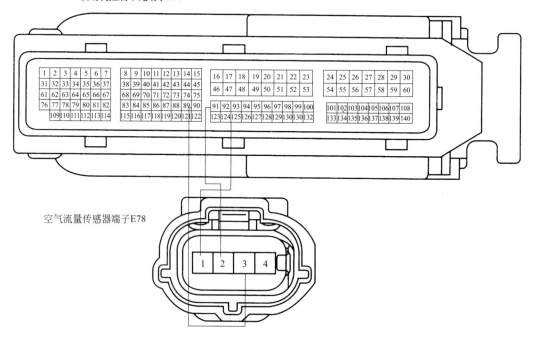

图 6-35 传感器线束检测

表 6-5 标准数值

检测仪连接	条件	规定状态
E79-3(5V)—E81-90(VCVG)	始终	小于 1Ω
E79-1(FG)—E81-92(VG)	始终	小于 Ω
E79-2(E2G)—E81-91(E2G)	始终	小于 Ω
E79-3(5V)或 E81-90(VCVG)—车身接地和其他端子	始终	10kΩ 或更大
E79-1(FG)或 E81-92(VG)—车身接地和其他端子	始终	10kΩ 或更大
E79-2(E2G)或 E81-91(E2G)—车身接地和其他端子	始终	10kΩ 或更大

第四节
量芯式空气流量传感器的识别与检测

一、量芯式空气流量传感器的识别

1. 量芯式空气流量传感器的结构

量芯式空气流量传感器由翼片式空气流量传感器改进而成,它具有进气阻力小、计量精度高和工作性能可靠等优点,它被应用于日本马自达929型轿车发动机上。该传感器的外形和结构如图6-36所示,它主要由量芯、电位计、进气温度传感器和线束连接器等组成。它的进气量测量部件由一个椭球形量芯构成,安装在进气道内,并可以沿着进气道移动,也就是量芯代替了翼片式传感器的翼片。电位计滑动臂的一端与量芯连接,另一端是滑动触点,当量芯移动时,触点可以在印制电路板的滑动电阻上移动。量芯式传感器没有旁通进气道,也没有怠速混合气调整螺钉。而发动机怠速时,混合气的浓度由电控单元根据氧传感器的反馈信号进行空燃比调节。

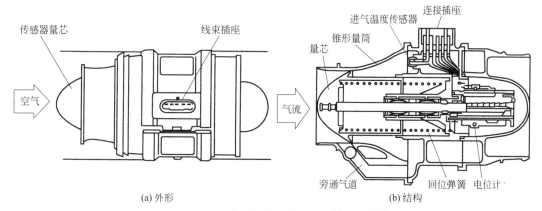

图6-36 量芯式空气流量传感器的外形和结构

2. 量芯式空气流量传感器的工作原理

发动机ECU向空气流量传感器的U_C端输入一个不变的5V电压,量芯在进气气流的推动下向后移动,导致电压输出端U_S输出一个可变电压,并把U_S输入ECU,因进气量与U_S变化值成正比,所以可测得进气量大小。进气温度传感器把进气温度信号也输入ECU,用于修正进气量,ECU按最佳比例控制空燃比,使发动机在任何工况下都能正常工作。

二、量芯式空气流量传感器的检测

量芯式空气流量传感器的常见故障有:量芯卡滞、移动不灵活,电位计滑动触点磨损或接触不良,量芯回位弹簧的弹性变弱及电位计的电阻不准确等。

量芯式空气流量传感器的检测,主要检查电阻、电压。马自达929轿车用量芯式空气流量传感器的电路如图6-37所示。

量芯式空气流量传感器的检查方法有单件检测和就车检测两种。

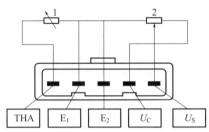

图 6-37 马自达 929 轿车用量芯式空气流量传感器的电路

1—进气温度传感器；2—空气流量传感器电位计；U_C—基准电压；E_2—接地；U_S—输出信号；THA—进气温度传感器信号输出端子；E_1—搭铁

(1) 单件检测　点火开关置于"OFF"位置，从发动机上取下空气流量传感器，首先检查量芯式空气流量传感器是否开裂，量芯是否发卡等，若有，则应更换。

用万用表电阻挡测量量芯式空气流量传感器插接器上各端子之间的电阻值，若不符合规定，则应更换量芯式空气流量传感器。

在测量空气流量传感器信号端子（U_S-E_2）间的电阻时，还需缓慢移动量芯，检查万用表的电阻值变化情况。如果随着量芯的移动，电阻值忽大忽小，或有间断出现电阻很大（∞）的情况，均为空气流量传感器不良，需更换空气流量传感器。在测量全过程中，电阻应呈摆动变化。

测量进气温度传感器热敏电阻端子时，需同时测量环境温度。

(2) 就车检测　点火开关置于"OFF"位置，拆下量芯空气流量传感器导线插接器，用万用表电阻挡测量导线插接器 U_C-E_2 端子间的电压应为5V，若不正常，则为导线或电控单元故障，应检修或更换导线或电控单元。用万用表电阻挡测量空气流量传感器插接器上 THA-E_1 与 U_C-E_2 之间的电阻值。若检测电阻值不符合规定（表6-6），则应更换量芯空气流量传感器。

表 6-6　量芯式空气流量传感器的检测（参考）

测量端子	电阻/kΩ	电压/V
U_C-E_2	0.20～0.40	5
U_S-S_2	—	怠速时2.8，停机时4
THA-E_1	2～3(20℃) 0.40～0.70(60℃)	2.5(20℃)

注：THA-E_1 间的电阻值随环境温度的不同而不同，一般来说随着环境温度的升高而电阻值减小。

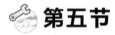

光电式燃油流量传感器的识别与检测

一、光电式燃油流量传感器的识别

光电式燃油流量传感器主要由光电耦合元件、叶轮、透光板组成，其结构与电路如图 6-38 所示。当叶轮旋转时，透光板也随叶轮在光电耦合件之间旋转，光敏晶体管就一会儿导通，一会儿截止，根据导通的次数就可以检测出燃油量。

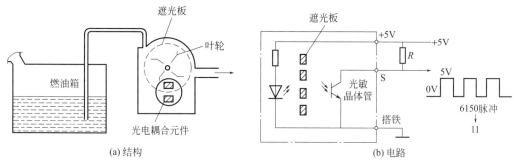

图 6-38　光电式燃油流量传感器的结构与电路

二、光电式燃油流量传感器的检测

点火开关置于"ON"位置，首先检查供电电压，应为5V，在发动机处于怠速运转状态时，用万用表电压挡测量光电式燃油流量传感器信号输出端子间的电压变化情况。电压应该以脉冲形式发生，并且脉冲间的时间间隔均匀，当发动机转速升高时，脉冲传感器的电压频率应明显加快。

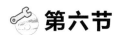

静电式冷媒流量传感器的识别与检测

静电式冷媒流量传感器可用于微机控制的汽车空调上检测空调冷媒流量。

1. 静电式冷媒流量传感器的结构

静电式冷媒流量传感器的结构如图 6-39 所示。主要由电极、电容器及控制电路组成。传感器的内部有多个电极，通过传感器的流量发生变化时，则电极间的电容量也发生变化。

静电式冷媒流量传感器一般安装在空调系统的高压管路上，如图 6-40 所示。

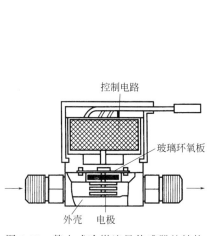

图 6-39　静电式冷媒流量传感器的结构

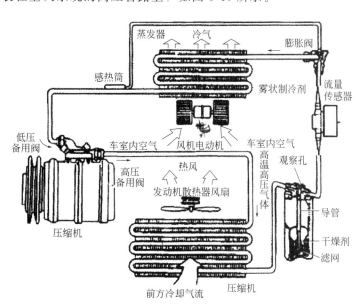

图 6-40　静电式冷媒流量传感器的安装位置

微机控制自动空调采用了静电式冷媒流量传感器，利用其静电容的变化检测冷媒量的变化。如图 6-41 所示，静电式冷媒流量传感器接在储液罐和膨胀阀之间，通过传感器的电极检测出冷媒量的变化，把这种变化转换成频率之后，再输入空调控制 ECU 中，ECU 再把这种传感器输入的脉冲信号变换成电压，并判断冷媒数量是否正常。当出现异常时，利用监控显示系统向驾驶人报警。

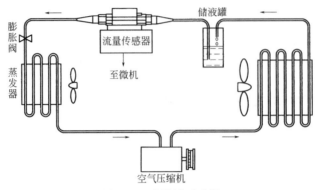

图 6-41　冷媒循环过程

2. 静电式冷媒流量传感器的检测

检测时拔下静电式冷媒流量传感器导线连接器橡胶套，在发动机运转期间，打开空调系统，用万用表电压挡测量信号输出端子间的电压变化频率，然后使出风量最大、温度最低，并提高发动机转速，以改变流过流量传感器的冷媒流量，此时观察电压表指示电压变化频率有无变化，若无变化则需更换静电式冷媒流量传感器。

3. 静电式冷媒流量传感器的检测示例

2016 年款丰田凯美瑞混合动力车型空调制冷剂质量流量传感器安装在连续可变排量型空调压缩机上。空调制冷剂质量流量传感器安装位置和剖面以及电路连接如图 6-42 所示。

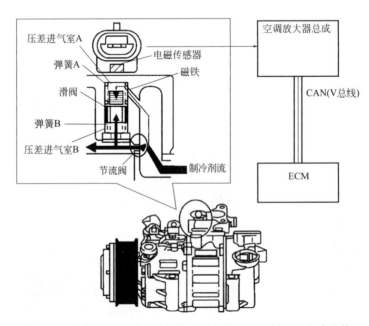

图 6-42　空调制冷剂质量流量传感器安装位置和剖面及电路连接

空调制冷剂质量流量传感器线束检查：断开空调放大器连接器端子 I77 和空调压缩机连接器端子 E75，两个连接器端子分别如图 6-43 和图 6-44 所示。用万用表欧姆挡检测线束相关连接器端子之间及相关连接器与车身接地之间的电阻，电阻应符合表 6-7 中的规定。如不符合规定，则应修理或更换线束及连接器。

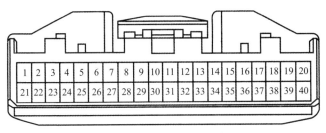

图 6-43 空调放大器总成连接器 I77

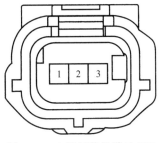

图 6-44 空调压缩机端口 E75

表 6-7 标准电阻值

检测仪连接	条件	规定状态
I77-7(FLOQ)—E75-3(QUFL)	始终	小于 1Ω
I77-13(SG-2)—E75-2(SGFL)	始终	小于 1Ω
I77-30(S5-1)—E75-1(S5FL)	始终	小于 1Ω
I77-7(FLOQ)—车身接地	始终	10KΩ 或更大
I177-13(SG-2)—车身接地	始终	10KΩ 或更大
I77-30(S5-1)—车身接地	始终	10KΩ 或更大

注意：空调制冷剂质量流量传感器通过空调压缩机端口 E75 与空调放大器端口 I77 连接。空调制冷剂质量流量传感器不能单独更换，出现故障时需要整体更换空调压缩机总成。

第七章

汽车气体浓度传感器的识别与检测

在汽车上使用的气体浓度传感器主要有氧传感器、稀薄混合气传感器、全范围空燃比传感器和烟雾浓度传感器等。

氧传感器安装在发动机的排气管上，它的作用是通过检测排放气体中氧的含量来获得混合气空燃比的稀浓信号，并将检测结果变成电压信号输入 ECU，ECU 根据氧传感器的输入信号不断地对喷油脉宽进行修正，使混合气体在理想范围内。当监测到的氧气浓度较浓时，提供给发动机 ECU 的电压较高；监测到的氧气浓度较稀时，提供给发动机 ECU 的电压较低。氧传感器可分为氧化钛式和氧化锆式两种。

为降低排气污染，目前汽车发动机的排气管上普遍安装了三元催化转化器，它能净化排气中的 CO、HC 和 NO_x 三种有害气体的成分，但三元催化转化器只在空燃比接近理论值（14.7∶1）的范围内起净化作用。当排气管中装上氧传感器时，根据检测排气中的氧浓度信号，ECU 可控制空燃比，使三元催化转化器更有效地起净化作用。

在稀燃发动机领域的空燃比反馈控制系统中，采用了稀燃传感器，这种传感器能够在混合气极稀薄领域中，连续地测出稀薄燃烧区的空燃比，实现了稀薄领域的反馈控制。

全范围空燃比传感器（又称宽域空燃比传感器）能连续检测混合气从浓到稀的整个范围的空燃比。与普通的氧传感器相比，这样的传感器可以在发动机的整个运转范围内实现空燃比的反馈控制，在各个区域上实现最佳油耗、最佳排放及最佳运转性能。

烟雾浓度传感器用于空气净化装置中，该传感器通过检测烟雾浓度，可使空气净化器运转或停止，从而达到净化驾驶室的目的。

第一节

氧传感器的识别与检测

目前，汽车上采用的氧传感器有氧化钛（TiO_2）式和氧化锆（ZrO_2）式两种。氧化锆式氧传感器又分为加热型氧传感器和非加热型氧传感器两种。氧化钛式氧传感器本身带有一个电加热器。大部分汽车使用带加热器的氧传感器，这种传感器是在原来传感器的基础上，增加了一个陶瓷加热元件用于加热传感器，可在发动机启动后的 20～30s 内迅速将氧传感器加热至工作温度，扩大了空燃比闭环控制的工作范围，故又称为加热型氧传感器。

氧传感器有一线制、二线制、三线制、四线制 4 种类型，其结构如图 7-1 所示。一线制只有一根信号线与发动机 ECU 连接，传感器的另一极直接搭铁；二线制的两根线均与 ECU 相连，一根为信号线，另一根进入 ECU 后搭铁；三线制、四线制均属于加热式氧传感器，由于添加了两根加热电阻的接线，和氧传感器信号线组合成为三线制或四线制。加热电阻的两根接线，一根直接接控制继电器或主继电器，接受 12V 加热电源，一根由 ECU 控制搭铁端，控制加热电阻加热时间。氧传感器加热器是正比例系数热敏元件，在传感器与线束断开的情况下，可以通过检测加热器的阻值来对加热元件进行检测。

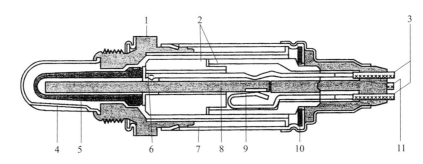

图 7-1　氧传感器的结构

1—壳体；2—陶瓷管支承；3—加热电阻电缆；4—带槽的保护套；5—二氧化锆；6—接触元件；
7—外保护套；9—加热元件；9—电加热触头；10—弹簧垫圈；11—氧传感器信号

随着排放法规越来越严格，现在越来越多的车辆都在三元催化转化器的前后端分别安装了氧传感器，称为双氧传感器系统，一个在三元催化转化器之前，称作为主氧传感器或上游氧传感器，用于混合气反馈控制，发动机电控单元根据主氧传感器的反馈信号，增加或减少喷油量，将实际空燃比控制在理论空燃比附近；另一个位于三元催化转化器之后，称作副氧传感器或下游氧传感器，用于监测三元催化转化器的催化净化效率。

当三元催化转化器损坏时，其转化效率丧失，这时在其前后的排气管中的氧气量十分接近，几乎相当于没有安装三元催化转化器，前、后两个氧传感器的信号电压波形就趋于相同，并且电压波动范围也趋于一致，此时表明三元催化转化器转化能力下降。

一、二氧化锆式氧传感器

以日产新阳光车系加热型氧传感器为例，介绍二氧化锆式氧传感器的识别与检测方法。

1. 二氧化锆式氧传感器的识别

日产新阳光车系加热型氧传感器位于三元催化器之后，用于监测废气中的氧含量。即使空燃比（A/F）传感器的开关特性改变，空燃比仍然可以根据加热型氧传感器发出的信号，控制在化学计量比范围内。二氧化锆式氧传感器由二氧化锆陶瓷制成，如图 7-2 所示。二氧

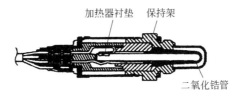

图 7-2　日产新阳光车系加热型氧传感器的构造

化锆会产生电压,在氧气充足时大约为1V,而在含氧稀薄时减小到0。

2. 加热型氧传感器的检测

氧传感器对汽车电子控制燃油喷射发动机正常运转和尾气排放起着至关重要的作用,一旦氧传感器或其连接线路出现故障,不但会使排放超标,还会出现回火、放炮、怠速熄火、发动机运转失准、油耗增大等各种故障,使发动机工况恶化。

加热型氧传感器为4线式传感器。加热型氧传感器E31的$2^\#$端子为来自发动机智能控制模块35脚的12V氧传感器加热器供电;E31的$3^\#$端子为氧传感器加热器的控制信号,来自发动机控制模块的$5^\#$端子;E31的$4^\#$端子为氧传感器信号输出端,连接ECM的$50^\#$端子,在暖机状态下发动机转速从怠速升高至3000r/min时,信号电压为0~1.0V;E31的$1^\#$端子为传感器接地端,连接ECM的$59^\#$端子。

检测方法如下。

(1) 检查氧传感器供电　关闭点火开关,断开加热型氧传感器线束插头;打开点火开关,检查E31端子2和接地之间的电压,标准值应为蓄电池电压。

(2) 检查传感器输出信号电路　关闭点火开关,断开ECM和E31线束插头,检查E31的$3^\#$端子和ECM F7插头的$5^\#$端子之间线束是否导通。标准值应为导通状态,如不导通则修理或更换线束。

(3) 检查传感器加热器电阻　关闭点火开关,断开氧传感器插接器E31,检查E31的端子2和端子3之间的电阻,标准阻值应为3.3~4.4Ω。

3. 二氧化锆式氧传感器检测示例

新款捷达轿车使用二氧化锆式氧传感器的电路如图7-3所示,T4C/1、T4C/2端为加热元件插头,T4C/1端供电来自J519经燃油泵继电器J17的端子87R提供蓄电池电压,T4C/2端为搭铁端,接ECU,由ECU控制加热时间;T4C/3、T4C/4端为氧传感器信号端,其中,T4C/3为信号电压正极,T4C/4为信号电压负极(即搭铁端)。

二氧化锆式氧传感器的检测方法如下。

(1) 解码器检测　氧传感器的异常工作会在ECU中存储故障码。因此,通过专用解码器或通用解码器,可以查出氧传感器的故障码00525——氧传感器G39、G130无信号,或氧传感器G39、G130对正极短路,也可通过读取数据流来判断氧传感器是否故障。如果氧传感器示数长时间停滞在一个数值不变或变化缓慢,则说明氧传感器有故障。

(2) 检测加热元件的电阻　在室温下,可用万用表进行检测。检测时,拔下氧传感器线束插头,检测插头上端子T4C/1与T4C/2之间的电阻,在常温下该阻值应为1~5Ω。如果常温下该阻值为∞,则说明加热元件断路,应更换氧传感器。

(3) 检测氧传感器加热元件的电源电压　氧传感器加热元件的电压为蓄电池电压,当点火开关接通使燃油泵继电器触点接通时,加热元件的电源即被接通。检测加热元件的电压时,拔下氧传感器插头,启动发动机,检测插接器插座上的端子T4C/1与T4C/2之间的电压,电压值应不低于11V。如果该电压值为零,则说明熔丝S5(10A)断路或燃油泵继电器触点接触不良,分别检修即可。

(4) 检测传感器的信号电压　由于当氧传感器工作温度低于300℃时,氧传感器没有达到正常工作温度,无信号输出,因此应在二氧化锆式氧传感器处于300℃以上的工作状态时测量其输出电压。用汽车万用表测压法检查二氧化锆式氧传感器的具体方法:使发动机转速在2500r/min运行约90s,插头与插座连接,将数字式万用表连接到氧传感器端子T4C/3与

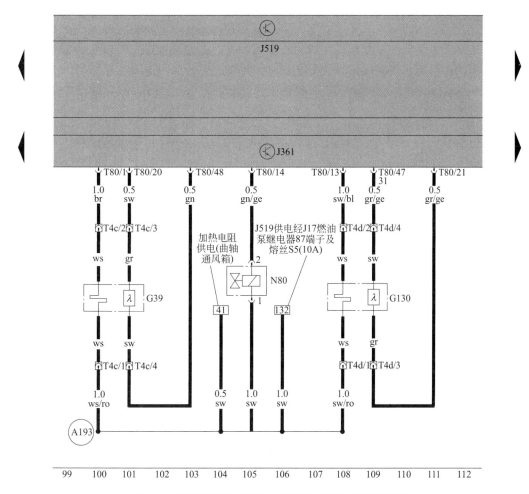

图 7-3 新款捷达轿车使用二氧化锆式氧传感器的电路

G39—氧传感器；G130—尾气催化净化器后的氧传感器；J361—SIMOS 发动机 ECU；J519—中央电器控制单元；
N80—活性炭罐电磁阀；T4C—4 芯 C 棕色插头连接；T4D—4 芯 D 黑色插头连接；
T80—80 芯黑色插头连接；A193—车身线束内的连接（87A）；
ws—白色；sw—黑色；ro—红色；br—棕色；gn—绿色；bi—蓝色；gr—灰色；ge—黄色

T4C/4 连接的导线上，当供给发动机浓混合气（加速踏板突然踩到底）时，信号电压应为 0.7~1.0V；当供给发动机稀混合气（拔下空气流量传感器至发动机之间的真空管）时，信号电压应为 0.1~0.3V；否则说明氧传感器损坏，应予以更换。

（5）检测氧传感器的信号变化频率　可将一个发光二极管和一个 300Ω 的电阻串联接在传感器 T4C/3 与 T4C/4 端子连接的导线之间进行检测。二极管正极连接到 3# 端子上，二极管负极经 300Ω 电阻连接到插接器 4# 端子上。发动机怠速或部分负荷运转时，发光二极管应当闪亮。闪亮频率每分钟应不低于 10 次，如果二极管不闪亮或闪亮频率过低，则说明氧传感器损坏，应更换传感器。

（6）示波器检测　用示波器检测氧传感器输出的信号波形，可以很直观地确定氧传感器是否良好。测试方法：启动发动机，使传感器预热到 300℃ 以上，发动机处于闭环工作状态时，用探针连接到传感器插接器信号端子 T4C/2 和 T4C/3 上，发动机从怠速开始增大转速，观察氧传感器输出信号波形，并与标准波形比较，判断传感器的好坏。如图 7-4 所示为氧传感器在怠速和转速为 2500r/min 时输出信号波形。

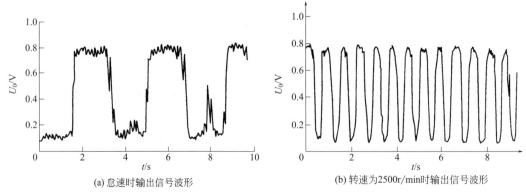

(a) 怠速时输出信号波形　　　　　　　(b) 转速为2500r/min时输出信号波形

图 7-4　氧传感器在怠速和转速为 2500r/min 时输出信号波形

二、二氧化钛式氧传感器

1. 二氧化钛式氧传感器的识别

（1）二氧化钛式氧传感器的构造　二氧化钛式氧传感器的结构与二氧化锆式氧传感器的结构相似，主要由二氧化钛传感元件（钛管）、钢质壳体、加热元件和接线端子、护套等组成，如图 7-5 所示。

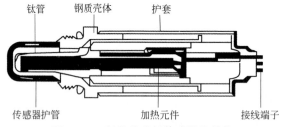

图 7-5　二氧化钛式氧传感器的结构

二氧化锆式氧传感器和二氧化钛式氧传感器的主要区别：二氧化锆式氧传感器是将排气中氧含量的变化转化为电压的变化；二氧化钛式氧传感器是将排气中氧含量的变化转化为电阻的变化。

目前使用较多的二氧化钛传感元件有芯片式和厚膜式两种。芯片式是将铂金属线埋入二氧化钛芯片中，金属铂兼作催化剂用；厚膜式是采用半导体封装工艺中的氧化铝层压板工艺制成。此外还有热敏电阻进行温度补偿的二氧化钛式传感器等。

新型二氧化钛式氧传感器由发动机 ECU 提供 1V 基准电压，外形和原理与二氧化锆式氧传感器相似，但为了使二氧化钛式氧传感器有着与二氧化锆式氧传感器相同的变化，即和二氧化锆式氧传感器输出的 0~1V 的电压值相一致，将参考电压由原来的 5V 变为 1V；同时，为了降低传感器的重量和更换时的成本，将其中的精密电阻转移到了 ECU 内部，因此，在传感器的接线上减少一条引出线。其结构如图 7-6 所示。

（2）二氧化钛式氧传感器的工作原理　二氧化钛式氧传感器与二氧化锆式氧传感器在测量氧气浓度的原理上有很大的不同：二氧化锆式氧传感器是以浓差电池原理为基础，通过浓度差异产生电压，判断混合气的稀与浓；而二氧化钛式氧传感器则是利用气敏电阻的原理，通过氧气浓度引起的二氧化钛电阻值的改变来判定混合气状态，故又称电阻型氧传感器。

电控单元（ECU）的 C 端子将一个恒定的 1V 电压加在二氧化钛式氧传感器的 A 端上，传感器的另一端子 B 与 ECU 的 D 端子相接，如图 7-7 所示。

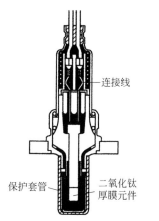

图 7-6　新型二氧化钛式氧传感器的结构

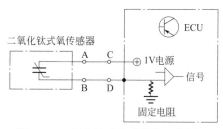

图 7-7　二氧化钛式传感器的工作原理

当排出的废气中氧浓度随发动机混合气浓度变化而变化时，氧传感器的电阻随之改变，ECU 的 D 端子电位也随着变化，当 D 端子上的电压高于参考电压时，ECU 判定混合气过浓；当 D 端子上的电压低于参考电压时，ECU 判定混合气过稀。通过 ECU 的反馈控制，可保持混合气的浓度在理论空燃比附近。在实际的反馈控制过程中，二氧化钛式氧传感器与 ECU 连接的 D 端子上的电压也是在 0.1~0.9V 之间不断变化，这一点与二氧化锆式氧传感器是相似的。

小提示：在发动机运转过程中，氧传感器和反馈控制系统并不是任何时候都起作用。ECU 是通过开环和闭环两种方式对发动机的喷油量进行控制的。在发动机启动、大负荷及暖机过程中需要较浓的混合气，此时 ECU 处于开环控制状态，氧传感器不起作用。因为氧传感器只有在高温下（一般在 390℃）才能正常工作，产生可靠的信号。只有当发动机达到正常工作温度后，ECU 才进行闭环控制，氧传感器起反馈作用。而当氧传感器出现故障、输出信号异常时，电控单元会自动切断氧传感器的反馈作用，发动机进入开环控制。

2. 二氧化钛式氧传感器的检测

当二氧化钛式氧传感器出现故障、输出信号异常时，电控单元会自动切断氧传感器的反馈作用，使发动机进入开环控制工作状态。二氧化钛式氧传感器的检测方法与二氧化锆式氧传感器基本相同。具体检测方法如下。

（1）检查加热器电阻　用高阻抗数字式万用表欧姆挡对氧传感器的加热电阻值进行测试，拔下氧传感器线束插头，测试氧传感器 A、B 接线柱间的电阻值。正常情况下，其阻值为 5~7Ω。如果阻值为 ∞，说明加热电阻烧断，应更换氧传感器。

（2）检查氧传感器电源电压　打开点火开关，用万用表电压挡测量传感器的电源电压，如图 7-8 所示，其标准值应为 1V。

（3）检查氧传感器加热器电源电压　如图 7-9 所示，打开点火开关，用万用表电压挡测试传感器的加热电源电压，其标准值应为 12V。

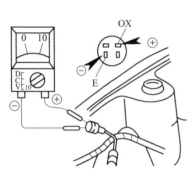

图 7-8　检查氧传感器电源电压

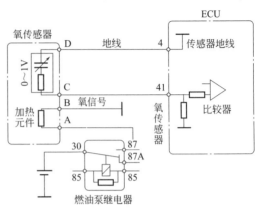

图 7-9　检查氧传感器加热器电源电压

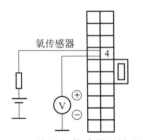

图 7-10　检查氧传感器反馈电压

（4）检查氧传感器反馈电压　如图 7-10 所示，接通点火开关，并启动发动机使其在急速下正常运转，然后用电压表测量电控单元（ECU）的 4 号接脚与搭铁之间的电压值，其值应在 0.2～0.8V 内变动。当发动机提高转速后，其电压值应为 0.6～1.0V，否则应更换氧传感器。

（5）动态测试　使发动机充分预热，拔下燃油压力调节器的真空软管，堵上歧管，混合气加浓（空燃比减小）。在急速状态下测量电控单元（ECU）连接器的端电压，氧传感器上的电压应大于 0.5V，否则应更换氧传感器。

第二节

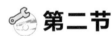

稀薄混合气传感器的识别与检测

在现代车辆中，为了达到净化排气的目的，除采用三元催化转化方式净化排气外，也可采用稀薄燃烧控制技术。这一技术可有效降低排气中的 NO_x 含量。

稀薄燃烧系统采用了稀薄混合气传感器，用于对稀薄混合气状态下的空燃比进行反馈控制，稀薄燃烧系统的构成如图 7-11 所示。

在稀薄燃烧系统中，由电控单元（ECU）对燃油喷射量与点火时刻进行控制，采用了进气歧管压力、发动机转速、冷却液温度、进气温度、节气门位置等传感器信号，并以稀薄混合气传感器代替氧传感器，实现了稀薄燃烧状态下的空燃比反馈控制。

一、稀薄混合气传感器的识别

1. 稀薄混合气传感器的结构

稀薄混合气传感器应用在发动机稀薄燃烧空燃比反馈控制系统中，与氧化传感器一样，使用二氧化锆元件测定排气中的氧浓度，从而来测定空燃比。它是在超稀薄燃烧领域进行空燃比的反馈控制，与氧化催化剂结合，达到降低燃料消耗的目的。稀薄混合气传感器主要由氧化铝陶瓷元件和加热器构成，其结构如图 7-12 所示。稀薄混合气传感器一般安置在排气

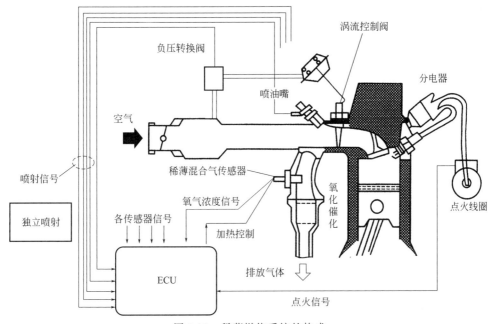

图 7-11 稀薄燃烧系统的构成

歧管上，如图 7-13 所示。

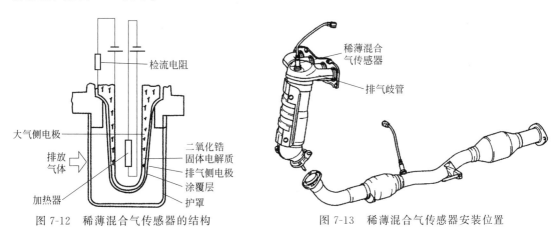

图 7-12 稀薄混合气传感器的结构

图 7-13 稀薄混合气传感器安装位置

2. 稀薄混合气传感器工作原理

稀薄混合气传感器的内部装有二氧化锆陶瓷元件与加热器。二氧化锆式氧传感器是在二氧化锆元件的内外侧分别装有铂电极，并以该电极上随氧浓度差而产生的电位差作为输出电压信号，利用在理论空燃比附近输出电压急剧变化的特性，检测出在理论空燃比附近的变化状态。与此相比，稀薄混合气传感器是利用在传感器电极两端施加一定电压时通过的电流与排气中氧浓度成正比的这一特性，连续地检测出稀薄燃烧状态下的空燃比。该传感器的输出特性如图 7-14 所示。

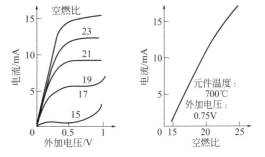

图 7-14 稀薄混合气传感器的输出特性

二、稀薄混合气传感器的检测

稀薄混合气传感器的检测方法如下。

(1) 检查传感器的加热器电阻　将点火开关置于"OFF"位置，拔下氧传感器的导线连接器，用万用表欧姆挡测量氧传感器接线端中加热器端子与搭铁端子间的电阻，其电阻值应符合标准值（一般为 4～40Ω）。如不符合标准值，则应更换氧传感器。

(2) 检查传感器输出电流信号　用万用表的电流挡测试传感器的输出电流信号，电流值应随空燃比的增大而增大。

第三节
全范围空燃比传感器的识别与检测

全范围空燃比传感器，又称为宽域型氧传感器、宽量程氧传感器、宽带氧传感器。汽车发动机电控系统全范围空燃比传感器的作用是用来检测混合气从过浓状态到理论空燃比再到稀薄状态整个过程。

全范围空燃比传感器为五、六线制，属于线性、电流型氧传感器，在全空燃比范围内（λ＝0.7～4.0）起作用。它由一个普通窄范围浓度差电压型氧传感器（能斯特元件）、氧气泵单元（ZrO_2）、加热线圈、传感器控制器及扩散小孔、扩散室等构成。

一般来讲，全范围空燃比传感器只用于催化转化器之前，催化转化器之后必为普通氧传感器。后氧传感器只负责校验，当前氧传感器出现故障时，发动机进入开环紧急运行状态。查看发动机盖下的标识，如果标识为 HOS，则为普通氧传感器；如果标识为 A/FS，则为宽域型氧传感器

一、全范围空燃比传感器的识别

1. 全范围空燃比传感器的结构

全范围空燃比传感器由一个氧气泵单元、普通窄范围浓度差电压型二氧化锆式氧传感器、加热器构成，如图 7-15 所示。

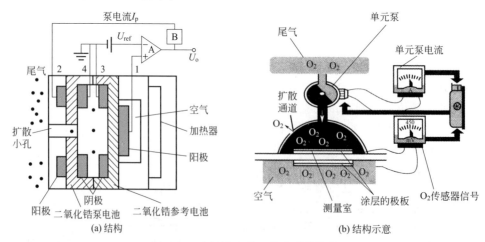

图 7-15　全范围空燃比传感器的结构
1—传感器信号线；2—泵电流输入线；3,4—5V 电源线

全范围空燃比传感器的基本特性如图7-16所示，混合气空燃比在过浓一侧对应负电流，在稀薄一侧对应正电流，当理论空燃比为14.7时，电流值为零，这样即可连续测量出空燃比，从而控制喷油脉宽。

2. 全范围空燃比传感器的工作原理

全范围空燃比传感器的工作原理如图7-17所示。全范围空燃比传感器是由泵单元与常规传感器单元相互作用而实现功能的。二氧化锆参考电池不断监测测量区的氧气浓度，如果二氧化锆参考电池电压不在0.45V附近，传感器控制器运算放大器就会控制二氧化锆泵电池的泵电流I_p，利用泵单元的泵氧作用，使二氧化锆参考电池目标电压值在0.45V附近，使测量区氧浓度达到$\lambda=1$。在这一过程中泵单元的电流要发生变化，通过泵单元的电流值的变化，发动机ECU计算出尾气中的氧含量，进而控制喷油量。

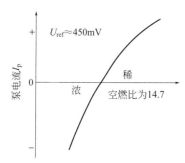

图7-16 全范围空燃比传感器的基本特性

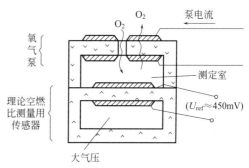

图7-17 全范围空燃比传感器的工作原理

当混合气较稀时，通过扩散通道进入测量室中的发动机尾气中氧含量较多，二氧化锆参考电池信号电压值下降，富氧的稀混合气产生低于参考电压U_{ref}的电压值，传感器控制器就会产生泵电流，自动减小或反向提供单元泵的工作电流I_p（使泵入测试室的氧量减少），使二氧化锆参考电池信号尽快恢复到0.45V的电压值。ECU接收到单元泵的工作电流（控制单元将其折算成电压值信号），根据减少的泵电流，推算出空燃比，加大喷油量。

当混合气过浓时，氧气泵的泵氧量与通过扩散通道进入测量室的氧量叠加后，测量室中氧的含量较少，二氧化锆参考电池信号电压值上升，浓混合气产生高于参考电压U_{ref}的电压值，传感器控制器就会产生泵电流，自动增加单元泵的工作电流I_p（使泵入测试室的氧量增加），使二氧化锆参考电池信号尽快恢复到0.45V的电压值。ECU接收到单元泵的工作电流（控制单元将其折算成电压值信号），根据增加的泵电流，ECU减少喷油量。

二、全范围空燃比传感器的检测

全范围空燃比传感器一般有6个端子，包括加热线圈电源端子、加热线圈搭铁端子、两个5V电源端子、信号端子、泵电流输入端子（图7-18）。有些全范围空燃比传感器在内部将两个5V电源端子合并，故只有5个端子。

全范围空燃比传感器的检测方法如下。

① 关闭点火开关，拆下传感器线束连接器，在传感器侧检测加热线圈电源端子与搭铁端子间的电阻值，一般为4~40Ω（具体值查阅车型

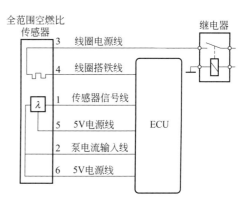

图7-18 全范围空燃比传感器的电路

维修资料)。电阻值如为∞,说明加热线圈烧断,应更换氧传感器。

② 打开点火开关,在线束侧检测加热线圈电源端子与搭铁端子间的电压,正常情况下应为蓄电池电压。

③ 宽带式氧传感器的电源信号只能由 ECU 转化为电压值显示出来,只能通过读取数据块检测其信号电压。宽带式氧传感器的电压规定值为 1.0～2.0V,电压值大于 1.5V 时说明混合气过稀,电压值小于 1.5V 时说明混合气过浓,电压值为 0、1.5V、4.9V 的恒定值时都说明氧传感器线路的故障。

三、全范围空燃比传感器的检测示例

宝来轿车全范围空燃比传感器的电路如图 7-19 所示。

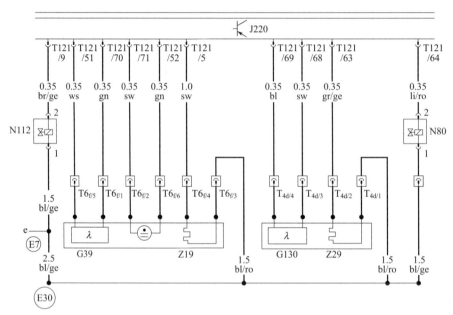

图 7-19 宝来轿车全范围空燃比传感器的电路
G130—尾气催化净化器后氧传感器;Z29—尾气催化净化器后氧传感器的加热装置;
Z19—氧传感器加热装置;G39—氧传感器;J220—发动机控制单元

全量程氧传感器性能的检查分为 3 种情况:一是检测氧传感器电阻;二是测量氧传感器电压输出信号;三是观察氧传感器外观颜色。

(1) 检查外观颜色 通过观察氧传感器顶部的颜色,可以判断故障的原因。氧传感器顶部的正常颜色为淡灰色,如果发现氧传感器顶部颜色发生变化,则预示着氧传感器存在故障或故障隐患。氧传感器顶部呈黑色,是由于积炭污染造成的,可拆下氧传感器后清除其上的积炭。氧传感器顶部呈红棕色,说明氧传感器受铅污染,此时甚至不起净化作用。如果氧传感器顶部呈白色,说明是硅污染造成的,原因是发动机在维修时使用了不符合要求的硅密封胶,此时必须更换氧传感器。

(2) 检查氧传感器加热器电阻 当发动机温度达到正常后,拔下氧传感器连接器,用欧姆表检测氧传感器端子之间的电阻值。前氧传感器加热器电阻:3-4 针脚为 2.5～10Ω。后氧传感器加热器电阻:1-2 针脚为 6.4～47.5Ω。否则应更换氧传感器。

(3) 检查单元泵电阻 用万用表欧姆挡检测前氧传感器单元泵电阻,即 2-6 针脚的电阻为 77.5Ω。

(4) 检查二氧化锆参考电池输出电压 用万用表直流电压挡检测 1-5 针脚，氧传感器电压应保持在 0.4～0.5V 附近。

(5) 检查全范围空燃比传感器输出电压 全范围空燃比传感器输出电压不能用万用表直接测量，而应通过专用解码器读取数据流。发动机控制单元将全范围空燃比传感器的电流信号转化为电压值显示出来，其规定电压值为 1.0～2.0V，发动机运转时宽域氧传感器的输出电压应在 1.0～2.0V 之间波动。电压值大于 1.5V 时表示混合气过稀；电压值小于 1.5V 时表示混合气过浓。当电压值为 0、1.5V、4.9V 的恒定值时，表明氧传感器本身或其线路有故障。

第四节 烟雾浓度传感器的识别与检测

一、烟雾浓度传感器的识别

1. 烟雾浓度传感器的结构

烟雾浓度传感器用于检测烟雾，当烟雾浓度传感器从车室内检测出烟雾后，可自动地使空气净化器运转，没有烟雾时使空气净化器自动停止运转，总是保持车室内空气处于净化状态。烟雾浓度传感器的结构如图 7-20 所示，由发光元件、光敏元件及信号处理电路组成。烟雾浓度传感器的内部电路是由电子电路构成的，如图 7-21 所示。

烟雾浓度传感器的外观如图 7-22 所示，它由本体和罩盖组成。烟雾浓度传感器本体上设置有许多可以使烟雾自由进入的细缝，当检测出有烟雾时，烟雾浓度传感器使空气净化器的鼓风机自动运转。一般情况下，当烟雾浓度达到 0.3%/m³，即抽 1～2 根香烟时，就可使烟雾浓度传感器动作。在烟雾浓度传感器的本体上还设有感测灵敏度调整旋钮（灵敏度用电位

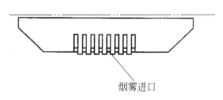
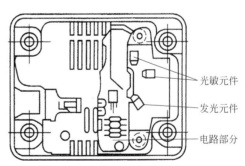

图 7-20 烟雾浓度传感器的结构

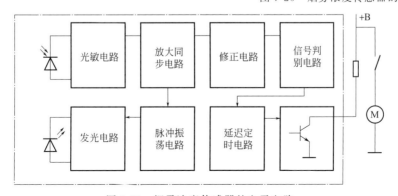

图 7-21 烟雾浓度传感器的电子电路

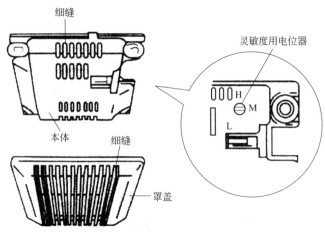

图 7-22 烟雾浓度传感器的外观

器），转动旋钮，即可调整传感器的灵敏度。烟雾浓度传感器安装在车室顶棚上室顶灯的旁边。

2. 烟雾浓度传感器的工作原理

当空气进入烟雾浓度传感器壳体的窄缝光敏元件后，可以自由地流动，发光元件（发光二极管）间歇地发出肉眼不可见的红外光，在空气中没有烟雾的情况下，这种红外光射不到光敏元件上，电路不工作；但当烟雾等进入烟雾浓度传感器的壳体内时，烟雾粒子对间歇的红外光进行漫反射，使部分红外光照射到光敏元件上，这时传感器判断出车内有烟雾存在，就会使空气净化器系统的鼓风机旋转。烟雾浓度传感器的工作原理如图 7-23 所示。

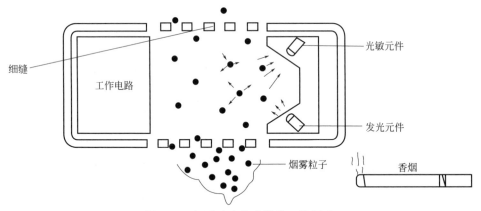

图 7-23 烟雾浓度传感器的工作原理

为了防止外部干扰引起烟度浓度传感器的误动作，这种传感器的控制电路采用了脉冲振荡工作方式，这样即使有相同波长的红外线射入烟度浓度传感器内，因其脉冲周期不同，传感器也不能做出有烟雾的判断，只有在其与烟度浓度传感器的间歇光同步时，烟度浓度传感器才判断出有烟雾。

另外在烟度浓度传感器控制电路中还包含延时、定时电路，当检测出有烟雾时，鼓风机一次连续工作至少 2min。当传感器测到有少量烟雾进入时，即使烟雾逐渐消失，延时电路也会使鼓风机持续工作 2min。

有些汽车的烟度浓度传感器测出车内空气已被烟雾等污染时，就自动地接通空气净化器，使其工作。应用烟度浓度传感器的车内空气净化系统，主要由空气净化器主体、控制开关及烟度浓度传感器构成。

空气净化器本体的结构如图 7-24 所示。空气净化器本体由鼓风机电动机、风扇、滤清器、调速电阻以及壳体组成。滤清器采用加活性炭的滤纸式结构，在滤清器侧面塑料盒内放有中和除臭剂，目的是增大除臭作用。鼓风电动机旋转时带动风扇旋转，在吸风口处把灰尘、烟雾等吸入，把经滤清器过滤、除臭的空气在出风口处吹向乘员室内。

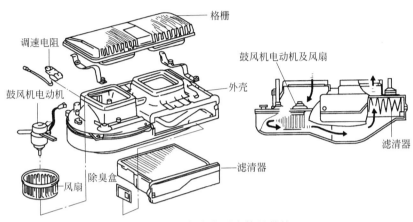

图 7-24　空气净化器本体的结构

二、烟雾浓度传感器的检测

以丰田皇冠轿车空调系统中的烟雾浓度传感器为例，介绍其检测方法。

丰田皇冠轿车在空调系统中使用了光电式的烟雾浓度传感器，其与空调放大器的线路连接如图 7-25 所示。

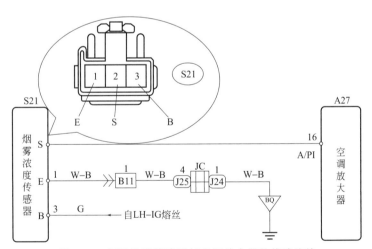

图 7-25　烟雾浓度传感器与空调放大器的线路连接

检测方法如下。

（1）检查传感器工作性能　如图 7-26 所示，将点燃的香烟放在烟雾浓度传感器传感器附近，若通风机有转动声音，说明传感器良好的。

（2）传感器电源的检测　关闭点火开关，拆开烟雾浓度传感器插接器，打开点火开关，用万用表电压挡测量烟雾浓度传感器线束端 S21-3（B 端）与车身搭铁间的电压，其值应在 4～10V 之间。

（3）搭铁端子电阻的检测　关闭点火开关，从烟雾浓度传感器上断开插接器，用万用表电阻挡测量烟雾浓度传感器线束端 S21-1（E 端）与车身搭铁间的电阻，其值应小于 1Ω。

（4）传感器信号的检测　关闭点火开关，拆下烟雾浓度传感器，将蓄电池正极（＋）导线连接到端子 S21-1，负极（－）导线连接到端子 S21-3。如图 7-27 所示，点燃香烟置于传感器旁边，各条件下电压值应符合规定值，见表 7-1。

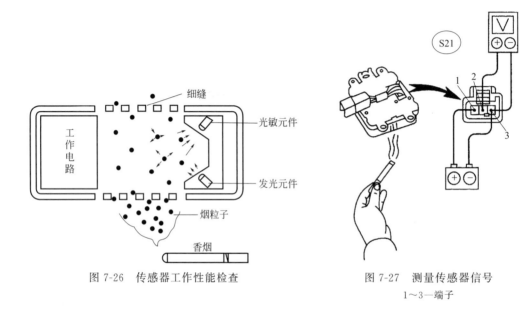

图 7-26　传感器工作性能检查　　图 7-27　测量传感器信号
　　　　　　　　　　　　　　　　　1～3—端子

表 7-1　烟雾浓度传感器信号标准值

用万用表电压挡时表笔连接端子	测试条件	信号输出电压标准值/V
S21-2—S21-3	无烟雾	<1
S21-2—S21-3	有烟雾	>4

第五节

柴油机烟度传感器的识别与检测

一、柴油机烟度传感器的识别

柴油机烟度传感器的结构如图 7-28 所示，它的整体类似于汽油机的火花塞，由绝缘体、电极和催化剂所组成的感应头装在金属体中，通过中间体与接线盒相连，金属体的下端有螺纹，可以方便地安装在排气管上。传感器感应头的本体一般制成陶瓷体，暴露在烟气中的电极一定要用贵金属铂或铂合金材料等做成；为了节省贵金属，降低制造成本，电极常可采用组合结构，即用 15mm 左右长的铂丝和其他金属丝在焊点处点焊在一起。

柴油机烟度传感器的工作原理如图 7-29 所示。

传感器的绝缘体中埋有两个电极，电极下端伸出绝缘体，两电极之间保持很小的缝隙，并涂有基本上是绝缘的强催化剂，电极上端接入直流电源 B 中，一般可采用 12V 或 24V 直流电源，A 为电流表（表盘上标有对应的烟度值），在电子控制系统中，A_1、A_2 与电控单元（ECU）相连。

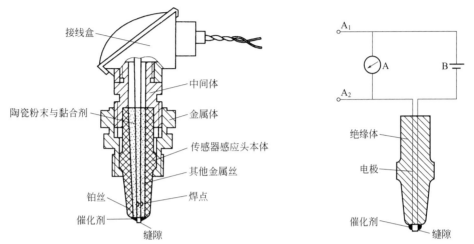

图 7-28　柴油机烟度传感器的结构　　图 7-29　柴油机烟度传感器的工作原理

当感应头接入电路中时，由于电极之间的电阻很大，电流表 A 无电流指示或只指示极微小的电流，当感应头插入烟气中时，缝隙中充满了炭烟，形成炭桥，电极之间的电阻就发生变化，炭烟少电阻大，炭烟多电阻小，电流表 A 的读数就随着炭烟的多少相应变化。同理，在电子控制系统中，供给电控单元（ECU）的信号也随炭烟的多少进行相应的变化。

由于感应头的电极端涂有催化剂，加上烟气中有充足的氧气存在，沉积在电极上的炭烟能迅速氧化，不会因电极上的炭烟堆积而使测量损坏，尤其是在排气温度较高的情况下，连续测量结果完全反映了排气中的炭烟量变化情况。

催化剂一般可采用 Gr_2O_3、SnO_2 或 Fe_2O_3，也可采用氧化金属的混合物，例如 Gr_2O_3（Fe_2O_3），但最好采用铂黑作为炭烟的催化剂。

二、柴油机烟度传感器的检测

随柴油机负荷与排温、烟度和传感器电流值变化应符合表 7-2 的规定（发动机转速保持在 2000r/min，传感器用 24V 直流电源）。随着柴油机负荷的增加，排温、烟度和传感器电流都相应增加，烟度与传感器电流间应满足下列关系式，即

$$R = KI$$

式中　R——波许烟度；
　　　I——传感器电流值；
　　　K——比例常数。

表 7-2　柴油机负荷与排温、烟度和传感器电流值变化

功率/kW	排温/℃	烟度(BSU)	传感器电流/μA
0	0	0	1.0
5.00	190	0.3	2.5
5.74	200	0.5	3

续表

功率/kW	排温/℃	烟度(BSU)	传感器电流/μA
7.79	240	0.8	5.5
8.75	260	1.1	7
9.04	290	1.3	10
9.41	300	1.5	12
9.71	325	1.8	15
10.29	350	2.0	19
11.47	390	2.7	33
11.84	405	3.0	42
12.13	420	3.4	50
12.35	430	4.3	65
12.57	440	5.0	80

第六节

NO_x 传感器的识别与检测

NO_x 是可燃混合气在高温、高压下燃烧后的产物，是 NO 和 NO_2 总称。NO_x 是在高温富氧的条件下生成的，当空气过量时，N_2 与 O_2 在电火花的作用下，产生 NO，而 NO 被空气中的 O_2 氧化为 NO_2。燃烧过程生成的氮氧化物95%以上可能是 NO，其余的为 NO_2。尾气中氮氧化物的排放量取决于燃烧温度、时间和空燃比等因素。

NO_x 传感器的功能如下。

① 识别和检查三元催化转化器的功能是否正常。

② 识别和检查三元催化转化器端全量程氧传感器调节点是否正常或是否需要修正。

③ 检测 NO_x 传感器产生的信号被传送至 NO_x 传感器控制单元。

④ NO_x 传感器感测到 NO_x 存储式催化转化器的存储空间达到饱和时，就会启动一个氮氧化物再生周期，即提供给 ECU 信号，使发动机在短时间内生成更浓的混合气体，使排气温度升高，转化器涂层更开始释放氮氧化物，氮氧化物会随之被转化为无害氮气。

⑤ 失灵时的影响。如果 NO_x 传感器的信号发生故障，则发动机仅能在均质充气模式中运行。

1. NO_x 传感器的结构

NO_x 传感器包含2个腔室、2个泵室、4个电极和1个加热器，如图7-30所示。NO_x 传感器的传感元件是用二氧化锆制成的，该元件的典型特点：如果对它施加电压，它就能使负的氧离子从负电极迁移到正

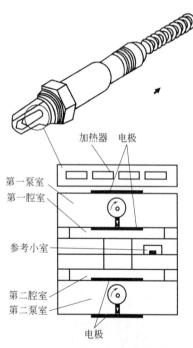

图7-30 NO_x 传感器的结构

电极，相当于气泵将氧气从一侧泵入另一侧。因此，习惯上也被称为氧气泵。

NO_x 传感器安装在存储 NO_x 催化转化器的后部，以监测其 NO_x 的存储量。

2. NO_x 传感器的工作原理

NO_x 传感器的检测原理也是以氧气测量为基础，并且可以从一个宽带 λ 探针上检测到氧气含量。NO_x 传感器工作过程可以分为两个阶段。

（1）确定第一腔室中的 λ 数值　如图 7-31(a) 所示，一部分废气流入第一腔室中。由于废气中的氧气残留量与参考小室中的氧气残留量不同，因此能在电极上测量出一个电压，氮氧化物传感器控制单元将此电压设定为恒定的 450mV，这相当于空气/燃油比 λ=1。如果偏离此数值，则氧气被泵出或者泵入，使 450mV 的电压保持恒定。

（2）确定第二腔室中的氮氧化物残留量　如图 7-31(b) 所示，不含氧气的废气从第一腔室进入第二腔室，废气中的氮氧化物分子被一个特殊的电极分裂成氮气和氧气。因为第二腔室内部电极和外部电极上的电压被调整至恒定的 450mV，所以氧气泵必须通入电流，使氧离子从内部电极迁移到外部电极。在此过程中氧气泵流动的电流表示的是第二腔室中的氧气残留量。因为氧气泵的电流大小与废气中的氮氧化物成正比，为此就能够确定氮氧化物的残留量。

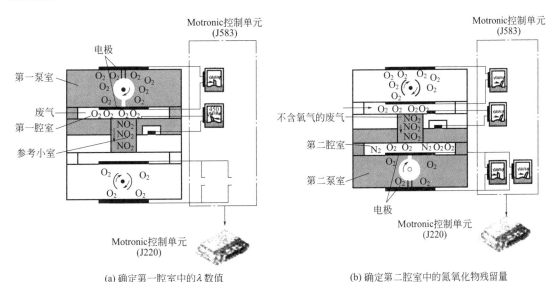

(a) 确定第一腔室中的 λ 数值　　　(b) 确定第二腔室中的氮氧化物残留量

图 7-31　NO_x 传感器的工作原理

如果超过了一定的氮氧化物阈值，氮氧化物存储式催化转化器的存储空间就会用完，这时会启动一个氮氧化物再生周期。

第八章

汽车爆震与碰撞传感器的识别与检测

第一节

爆震传感器的识别与检测

爆震传感器用于检测发动机气缸有无发生爆震现象，感应发动机各种不同频率的振动，并将振动转化为不同的电压信号输入ECU，ECU根据爆震传感器的反馈信号来调整点火提前角，从而使点火提前角保持最佳位置。可以避免发动机出现爆震，改善发动机的工作性能，延长发动机的工作寿命。

按对发动机缸体振动频率的检测方式不同，可分为共振型和非共振型两大类，如图8-1(a)、(b)所示。共振型又分为磁致伸缩式和压电式爆震传感器两种，而非共振型只有压电式。

按爆震传感器的结构不同，爆震传感器可分为压电式、磁致伸缩式及火花塞金属垫型[图8-1(c)]几种。

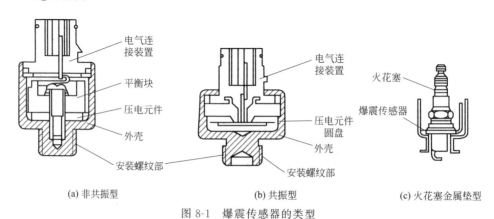

图8-1 爆震传感器的类型

共振型压电式爆震传感器是利用发动机产生爆震时其振动频率和传感器本身的固有频率一致而产生共振的现象，用以检测爆震是否产生，其输出信号为电压，电压值的大小表示爆震的强度。共振型传感器在发动机爆震时输出的电压比较高，因此无需使用滤波器即可判别有无爆震产生。由于机械共振体的频率特性尖且频带窄，因此无法响应发动机条件变化引起的爆震频率变化。即共振型爆震传感器只能用于特定的发动机，不能与其他发动机互换使用，装车自由自度很小。而非共振型的爆震传感器输出电压较低，频率特性平且频带较宽，需要配用带通滤波器（只允许特定频带的信号通过，对其他频率的信号进行衰减的电路组成的滤波器称为带通滤波器，带通滤波器一般由线圈和电容器组合而成），信号处理比较复杂。非共振型压电式爆震传感器感测频率范围设计成零至数千赫兹，可检测具有较宽频率带的发动机振动频率，适用于所有发动机，装车自由度很大。更换时只需调整滤波器的过滤频率就可使用，而不需要更换传感器。

现代绝大多数汽车采用共振型压电式爆震传感器，爆震传感器可安装在发动机缸体、火花塞或进气歧管上，而非共振型的爆震传感器通常安装在发动机缸体上。有的发动机还装有两个爆震传感器。

一、压电式爆震传感器

1. 压电式爆震传感器的识别

（1）共振型压电式爆震传感器　共振型压电式爆震传感器主要由接头、插接器、压电元件等组成，如图 8-2 所示。

共振型压电式爆震传感器中的压电元件紧密地贴合在振荡片上，而振荡片固定在传感器的基座上。振荡片随发动机的振动而振荡，压电元件随振荡片的振荡而发生形变，进而在其上产生一个电压信号。当发动机爆震时的气缸振动频率与传感器振荡片的固有频率相符合时，振荡片产生共振。共振型压电式爆震传感器的输出特性如图 8-3 所示，从图 8-3 可以看出该类型爆震传感器在发动机爆震时输出的电压比较高，因此无需使用滤波器即可判别有无爆震产生。

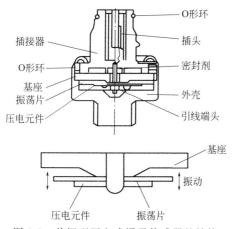

图 8-2　共振型压电式爆震传感器的结构

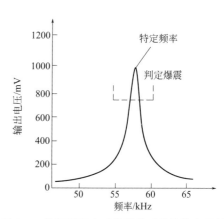

图 8-3　共振型压电式爆震传感器的输出特性

（2）非共振型压电式爆震传感器　非共振型压电式爆震传感器由平衡重（配重）、压电晶体、壳体、电气连接装置等组成，两个压电晶体同极性相向对接，平衡重由螺钉固定在壳体上。非共振型压电式爆震传感器一般也安装在发动机的气缸体上，其安装位置及结构如图 8-4 所示。

当发动机产生爆震时，安装在缸体上的爆震传感器内部平衡重受振动的影响而产生加速

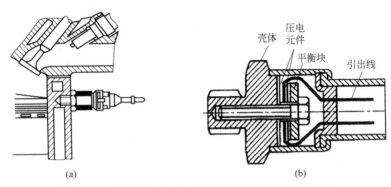

图 8-4 非共振型压电式爆震传感器的安装位置及结构

度,平衡重将此加速度惯性力转变为作用在压电晶体上的力,压电晶体受到此加速度惯性压力后产生电信号输出,输出电压由两个压电晶体的中央取出,经电路传输给 ECU。

在发动机爆震发生时,由于这种传感器输出的电压不大,具有平缓的输出特性,如图 8-5 所示。因此,需要将反映发动机振动频率的输出电压信号送到识别爆震的滤波器中,判别是否有爆震产生的信号。

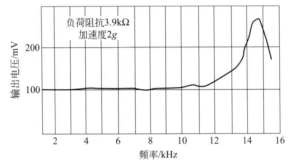

图 8-5 非共振型压电式爆震传感器输出电压与频率的关系

(3) 共振型压电式爆震传感器与非共振型压电式爆震传感器的不同

① 电压。共振型在爆震时输出电压明显增大,非共振型输出电压增大不明显。

② 测量。共振型电压易于测量,但传感器必须与发动机配套使用;非共振型用于不同发动机时,只需调整滤波器的频率范围就可以工作,不需要更换传感器,通用性比较强,但爆震信号的检测复杂一些。

③ 共振型爆震传感器的输出波形可以直接观察出爆震的波形,即爆震点,而非共振型的爆震传感器需经滤波器检出爆震的信号。共振型和非共振型爆震传感器输出波形比较如图 8-6 所示。

2. 压电式爆震传感器的检测

各种汽车用压电压式爆震传感器的检测方法基本相同。在发动机工作过程中,若爆震传感器信号中断,电控单元就会将各缸的点火提前角推迟约 15°,汽车在行驶过程中,发动机动力不足。为了避免爆震传感器误传输爆震信号,必须保证爆震传感器固定螺栓的拧紧力矩准确无误。

(1) 就车检查爆震传感器 在进行爆震传感器的检查时,可轻轻敲击该爆震传感器附件的缸体,当轻轻敲击时,发动机的转速应随之下降。这时还需打开节气门并稳定发动机,以

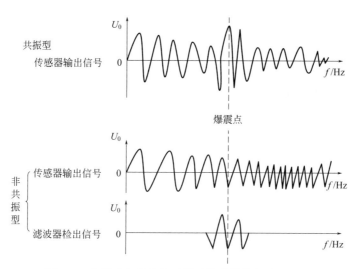

图 8-6 共振型和非共振型爆震传感器输出波形比较

提高发动机的转速，因此点火正时提前并将随之延迟。如果在爆震传感器附近轻轻敲击，对发动机的点火正时和转速无影响，则应用万用表进行检查。

（2）检查传感器波形　可用示波器检测发动机工作时爆震传感器输出电压的波形判断其是否正常。若没有波形输出或输出波形不随发动机工作状况的变化而变化，则说明爆震传感器有故障。

（3）检查爆震传感器电源电压　检查时，关闭点火开关，等待 10s 之后，拆下爆震传感器的插接头，然后打开点火开关（发动机不启动），测量线束上信号输出端子和信号回路端子之间的直流电压，应为 1~4V，否则说明线路有故障。

（4）检查爆震传感器的功能

① 发动机运转，连接好爆震传感器导线，缓慢地提高发动机转速至 3000r/min，同时用万用表电压挡测量。如果电压随之升高，说明爆震传感器有故障。

② 发动机运转，连接好爆震传感器导线，用锤子轻轻敲击排气歧管，同时用万用表电压挡测量。如果电压指示值发生波动，则说明爆震传感器有故障，应更换新的传感器。

3. 压电式爆震传感器的检测示例

2016 年款丰田卡罗拉轿车发动机的爆震传感器 D1 的连接电路与传感器端子如图 8-7 所示。

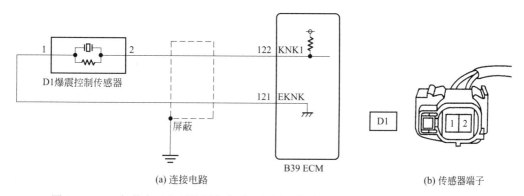

图 8-7　2016 年款丰田卡罗拉轿车发动机的爆震传感器 D1 的连接电路与传感器端子

爆震传感器的检测方法如下。

（1）爆震传感器供电检测　关闭点火开关，断开爆震传感器端子 D1；打开点火开关，检查端子 1 和端子 2 之间的电压，标准值应为 4.5～5.5V。

（2）爆震传感器线束检测　关闭点火开关，断开传感器端子 D1 和发动机控制单元（ECM）端子 B39。检查线束连接器之间以及与车身搭铁之间的电阻，应符合表 8-1 的规定。否则，应修理或更换线束。

表 8-1　传感器线束检测

检测仪连接	条件	规定状态
D1-2—B38-122(KNK1)	始终	小于 1Ω
D1-1—B38-121(EKNK)	始终	小于 1Ω
D1-2 或 B38—122(KNK1)-车身搭铁	始终	10kΩ 或更大

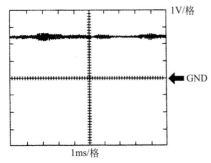

图 8-8　爆震传感器输出信号波形

（3）爆震传感器输出信号波形检测　关闭点火开关，断开爆震传感器端子 D1，再打开点火开关，启动发动机使之怠速运转直至发动机暖机，再将发动机转速提高至 4000r/min，用示波器或万用表电压挡检测传感器的两个接线端子 1 与 2，应有如图 8-8 所示波形输出。否则，应更换爆震传感器。

二、共振型磁致伸缩式爆震传感器

1. 共振型磁致伸缩式爆震传感器的识别

（1）结构　共振型磁致伸缩式爆震传感器主要由感应线圈、伸缩杆、永久磁铁和壳体组成，如图 8-9 所示。伸缩杆用高镍合金制成，在其一端设置有永久磁铁，另一端安放在弹性部件上。感应线圈绕制在伸缩杆的周围，线圈两端引出电极与控制线路连接。

磁致伸缩式爆震传感器安装在发动机上，它将发动机振动的频率变换成电压信号，来检测爆震强度。

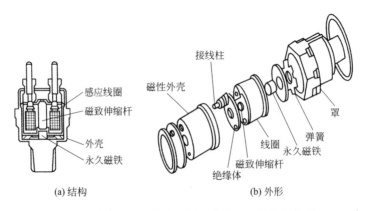

图 8-9　共振型磁致伸缩式爆震传感器的结构与外形

（2）工作原理　当发动机因爆震而使缸体产生振动时，传感器的伸缩杆就会随之产生振动，感应线圈中的磁通量变化率会发生变化，根据电磁感应原理可知，在感应线圈内会产生一个交变电动势，即传感器有一个信号电压输出，输出电压的高低取决于发动机缸体的振动强度和振动频率。当传感器的固有振动频率和发动机缸体的振动频率相同时，即当发动机缸体的振动频率达到 6~9kHz 时，传感器将产生共振，此时振动强度最大，传感器的感应线圈中产生的感应电压最高。磁致伸缩式爆震传感器的输出特性如图 8-10 所示。

2. 共振型磁致伸缩式爆震传感器的检测

各种爆震传感器的检测方法都是相似的，共振型磁致伸缩式爆震传感器与 ECU 的接线如图 8-11 所示。

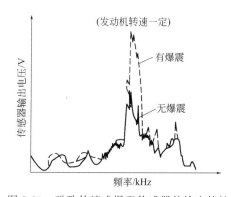
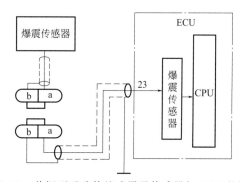

图 8-10 磁致伸缩式爆震传感器的输出特性　　图 8-11 共振型磁致伸缩式爆震传感器与 ECU 的接线

爆震传感器的检测方法有：万用电表检测法和示波器测波形法 2 种。

（1）万用电表检测法

① 关闭点火开关，脱开爆震传感器接线端，脱开 ECU 接线器。

② 用万用表测量 ECU 爆震传感器信号输入端与爆震传感器信号输出端子 a 之间的连线是否导通。如果不通，则应检查线路及接线器。

③ 如果检查上述线路无问题，再检查传感器 b 端子与搭铁间是否导通。如果不通，说明搭铁不良。

④ 如果检查 b 端子搭铁良好，可进一步脱开爆震传感器接线器，单独测量 a、b 两端子电阻应接近于 0Ω。如不符合，则说明该传感器已损坏应更换。

（2）示波器测波形法　检测时，将传感器的连接线断开，将示波器的信号测量线与传感器的信号线相连，敲击缸体以使传感器产生信号，观察示波器的波形变化，所测波形应与标准波相符；若测得波形不对或无波形，或在缸体振动较大时，波形振幅基本不变，则可能是传感器损坏，应更换传感器。

三、火花塞座金属垫型爆震传感器

火花塞座金属垫型爆震传感器是由压电元件制成的，又称为垫圈型压力传感器或压力检测式爆震传感器，其结构如图 8-12 所示。它安装在火花塞的垫圈与发动机缸体之间，能根据燃烧压力直接检测爆震信息，并将燃烧压力转换成电压信号输出。一般每缸火花塞都安装一个火花塞座金属垫型爆震传感器。

当发动机发生爆震时，在燃烧期间传感器输出的电压信号波形的振幅将增大，输入 ECU 后，经过滤波处理，根据其值的大小即可判定有无爆震产生。爆震传感器的输出电压波形如图 8-13 所示。

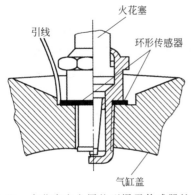

图 8-12 火花塞座金属垫型爆震传感器的结构

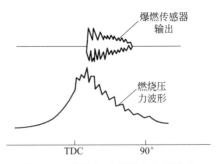

图 8-13 爆震传感器输出电压波形

第二节

碰撞传感器的识别与检测

在汽车安全气囊系统中,传感器可分为碰撞传感器和安全传感器两种。碰撞传感器是安全气囊系统中主要的信号输入装置,其作用是在汽车发生碰撞时,检测汽车碰撞强度的信号,并将信号输入安全气囊 ECU,安全气囊 ECU 根据碰撞传感器传送的信号来判断是否引爆气体发生器使气囊充气。

安全传感器又称为防护传感器或保险传感器,主要是用来防止安全气囊系统在非碰撞的情况下发生错误引爆。一般安装在安全气囊 ECU 内部,安全传感器(通常有两个安全传感器)与触发碰撞传感器串联,且一般采用电子式结构。

碰撞传感器的安装位置如图 8-14 所示,一般安装在左、右挡泥板上方,或驾驶室内前

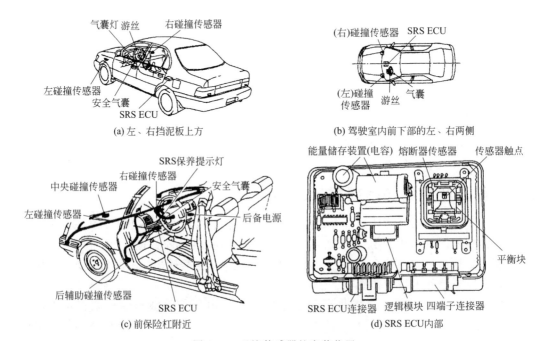

图 8-14 碰撞传感器的安装位置

下部的左、右两侧，或前保险杠附近；安装于安全气囊 ECU 内部的碰撞传感器称为中央传感器。

安全传感器与碰撞传感器的安装位置和连接关系如图 8-15 所示。

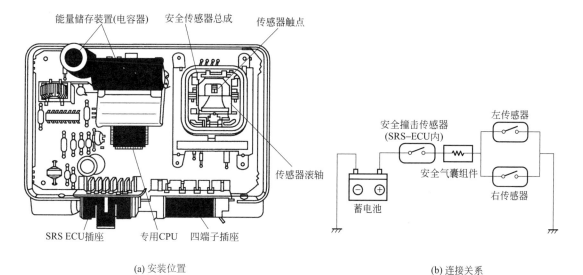

(a) 安装位置　　　　　　　　　　　　　　　(b) 连接关系

图 8-15　安全传感器与碰撞传感器的安装位置和连接关系

碰撞传感器按照结构来分，可分为机械式碰撞传感器、机电式碰撞传感器、电子式碰撞传感器。

碰撞传感器按工作原理可分为机电结合式、电子式和水银开关式三种。

① 机械式碰撞传感器常见的有阻尼弹簧式，没有电子设备，只靠机械力控制气囊电路的接通和切断。

② 机电结合式碰撞传感器是一种利用机械机构运动（滚动或转动）来控制继电器触点动作，再通过触点断开与闭合来控制气囊点火器电路接通与切断的传感元件。常用的有滚球式、滚轴式和偏心锤式三种碰撞传感器。

③ 电子式碰撞传感器没有继电器触点，一般用作中心碰撞传感器，常用的有压阻效应式和压电效应式两种碰撞传感器。电阻应变式碰撞传感器在发生碰撞时应变电阻发生变形，使电阻发生变化，传感器输出信号电压发生变化，当电压值超过预定值时，安全气囊被触发；压电效应式碰撞传感器则是传感器的压电晶体在碰撞时输出电压发生变化，当变化的电压值达到预定值时，安全气囊被触发。

④ 水银开关式碰撞传感器是利用水银（汞）导电的良好特性来控制安全气囊点火器电路的打开与切断，一般用作防护传感器。

一、滚球式碰撞传感器

1. 滚球式碰撞传感器的结构

滚球式碰撞传感器又称为偏压磁铁式传感器，主要由铁质滚球、永久磁铁、导缸、固定触点和外壳组成，其结构如图 8-16 所示。两个触点分别与传感器引线端子连接，滚球在导缸内可移动或滚动，用来感测减速度大小。壳体上印制有箭头

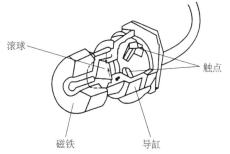

图 8-16　滚球式碰撞传感器的结构

标记，方向与传感器结构有关，有的规定指向汽车前方，有的规定指向汽车后方，因此在安装传感器时，箭头方向必须符合使用说明书规定。

2. 滚球式碰撞传感器的工作原理

滚球式碰撞传感器的工作原理如图 8-17 所示。

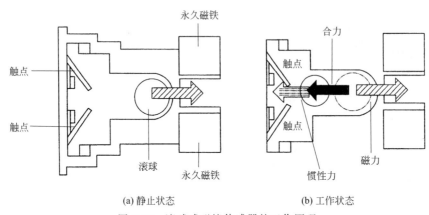

(a) 静止状态　　　　(b) 工作状态

图 8-17　滚球式碰撞传感器的工作原理

汽车没有发生碰撞时传感器处于静止状态，滚球在永久磁铁的磁力作用下，导缸内的滚球被吸向磁铁，静止于磁铁侧，传感器内的两个触点与滚球分离，传感器电路处于断开状态，无碰撞信号输入。

当汽车遭受碰撞且减速度达到碰撞强度设定的阈值时，滚球由于惯性产生的惯性力大于永久磁铁的磁性吸力，滚球克服磁力的作用沿柱状滚道内滚动到两个固定触点侧，并将固定触点接通。当传感器用作碰撞信号传感器时，固定触点接通，并将碰撞信号输入安全气囊 ECU 中；当传感器用作碰撞防护传感器时，固定触点接通，将点火器电源电路接通。

二、滚轴式碰撞传感器

1. 滚轴式碰撞传感器的结构

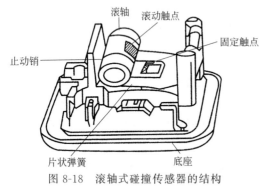

图 8-18　滚轴式碰撞传感器的结构

滚轴式碰撞传感器的结构如图 8-18 所示，主要由止动销、滚轴、滚动触点、固定触点、底座和片状弹簧组成。片状弹簧一端固定在底座上，与传感器的一个引线端子连接，另一端绕在滚轴上；滚动触点固定在滚轴部分的片状弹簧上，并可随滚轴一起转动。固定触点与片状弹簧绝缘固定在底座上，并与传感器的另一个引线端子连接。

2. 滚轴式碰撞传感器的工作原理

滚轴式碰撞传感器的工作原理如图 8-19 所示。

汽车未碰撞时，传感器处于静止状态，滚轴在弹起的片状弹簧作用下滚向靠止动销一侧，滚动触点与固定触点处于断开状态，传感器电路断开，无碰撞信号输入。

当汽车遭受碰撞且减速度达到设定阈值时，滚轴产生的惯性力将大于片状弹簧的弹力。滚轴在惯性力作用下就会克服弹簧弹力向右滚动，使滚轴上的滚动触点与片状弹簧上的固定触点接触。当传感器用作碰撞信号传感器时，滚动触点与固定触点接触后，将碰撞信号输入

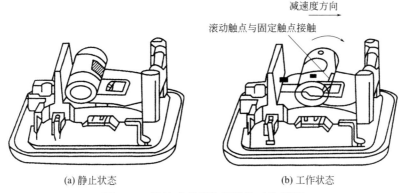

图 8-19 滚轴式碰撞传感器的工作原理

安全气囊 ECU 中；当传感器用作碰撞防护传感器时，滚动触点与固定触点接触后将点火器电源电路接通。

三、偏心锤式碰撞传感器

1. 偏心锤式碰撞传感器结构

偏心锤式碰撞传感器又称为偏心转子式碰撞传感器，属于惯性开关式碰撞传感器。如图 8-20 所示，偏心锤式碰撞传感器主要由壳体、偏心转子、偏心重块、固定触点、转动触点等部分组成。

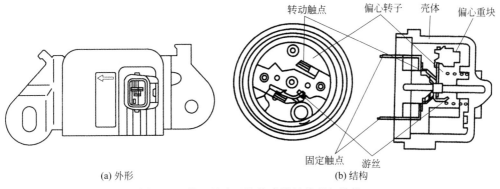

图 8-20 偏心锤式碰撞传感器的外形与结构

转子总成由偏心锤（或偏心重块）、转动触点臂及转动触点组成，安装在传感器轴上。转动臂两端固定有转动触点，转动触点随触点臂一起转动。两个固定触点绝缘固定在传感器壳体上，并用导线分别与传感器接线端子连接。

2. 偏心锤式碰撞传感器的工作原理

偏心锤式碰撞传感器的工作原理如图 8-21 所示。

在汽车未碰撞时，传感器处于静止状态，偏心锤和偏心锤臂在螺旋复位弹簧弹力的作用下顶靠在与外壳相连的挡块上，偏心锤与挡块保持接触，此时转子总成处于静止状态，转动触点与固定触点处于断开状态，开关置于"OFF"位置，如图 8-21(a) 所示，此时安全气囊电路不工作。

当汽车遭受碰撞时，且当偏心锤的惯性力矩大于螺旋复位弹簧弹力作用时，惯性力矩就

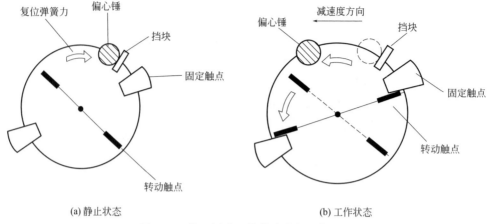

(a) 静止状态　　　　　　　　　(b) 工作状态

图 8-21　偏心锤式碰撞传感器的工作原理

会克服弹簧力矩使转子总成转动,从而带动转动触点臂转动,如图 8-21(b) 所示。当碰撞强度达到设定值时,转子总成将转动到转动触点与固定触点接触闭合的位置,此时碰撞传感器接通 SRS 的搭铁回路,向 ECU 输入一个"ON"信号,安全气囊电路开始工作,进而引爆充气元件向气囊充气。

四、电阻应变计式碰撞传感器

1. 电阻应变计式碰撞传感器的结构

电阻应变计式碰撞传感器的结构如图 8-22(a) 所示,主要由电子电路、电阻应变计、振动块、缓冲介质和壳体组成。应变计的电阻 R_1、R_2、R_3、R_4 制作在硅膜片上,如图 8-22(b) 所示,当硅膜片产生变形时,变电阻的阻值就会发生变化。电子电路包括稳压与温度补偿电路 W、信号处理与放大电路 A,如图 8-22(b) 所示。应变电阻一般都连接成电桥电路,并设计有稳压和温度补偿电路,如图 8-22(c) 所示。

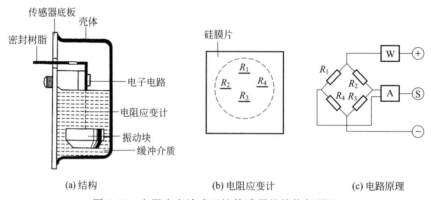

(a) 结构　　　　　　(b) 电阻应变计　　　　(c) 电路原理

图 8-22　电阻应变计式碰撞传感器的结构与原理

2. 电阻应变计式碰撞传感器工作原理

当汽车遭受碰撞时,碰撞传感器的振动块振动,缓冲介质随之振动,进而使应变计的应变电阻产生变形,应变电阻值随之变化。由于应变电阻以电桥电路的方式连接,随着应变电阻阻值的变化,电桥电路的输出电压就发生变化,经过信号处理与放大后,传感器将变化的信号电压输入 SRS ECU。SRS ECU 根据传感器输入的信号电压的强弱便可判断碰撞的强度或碰撞激烈度。当信号电压超过设定值时，SRS ECU 就会立即向点火器发出点火指令引爆点火剂，进而向气囊充气，打开气囊。

五、压电式碰撞传感器

压电式碰撞传感器是利用压电效应制成的传感器（压电效应是指压电晶体在压力作用下，晶体外形发生变化进而使其输出电压发生变化的现象），其主要应用在汽车 SRS 安全气囊中。压电晶体通常用石英或陶瓷制成，在压力作用下，压电晶体的外形和输出电压就会随之变化。

当汽车遭受碰撞时，传感器内的压电晶体在碰撞产生的压力作用下发生变形，从而压电晶体的电阻值发生变化，通过电路的连接后会使电路的输出电压随之变化。传感器将此信号电压输入 SRS ECU，SRS ECU 根据传感器输入的信号电压的强弱即可判断碰撞的烈度。如果信号电压超过设定值，SRS ECU 就会立即向点火器发出点火指令，引爆点火剂使气体发生器给气囊充气，使 SRS 气囊膨胀开，从而达到保护驾驶人和乘员的目的。

六、水银开关式碰撞传感器

水银开关式碰撞传感器的结构如图 8-23 所示，主要由水银、电极、密封圈、密封螺塞及壳体组成。这种传感器是利用水银导电良好的特性制成的传感器，一般用作防护传感器（安全传感器）。

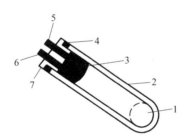

图 8-23　水银开关式碰撞传感器的结构
1—水银（静态位置）；2—壳体；3—水银（动态位置）；4—密封圈；5,6—电极；7—密封螺塞

如图 8-24 所示为水银开关式碰撞传感器的工作原理。在汽车未碰撞时，传感器处于静止状态，水银在其自身重力作用下处于如图 8-24（a）所示位置，传感器的两个接线端子处于不导通状态。

当汽车碰撞且减速度达到设定阈值时，如图 8-24（b）所示，水银产生的惯性力在运动方向的分力将克服其重力的分力使水银向传感器电极端移动，使传感器的两个电极接通。当

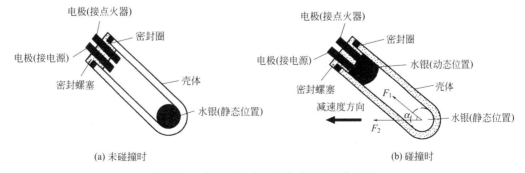

图 8-24　水银开关式碰撞传感器的工作原理

传感器用作碰撞信号传感器时,两个电极接通,将碰撞信号输入 SRS ECU;当传感器用作碰撞防护传感器时,两个电极接通,将点火器电源电路接通。

七、阻尼弹簧式碰撞传感器

1. 阻尼弹簧式碰撞传感器的结构

阻尼弹簧式碰撞传感器用于整体式安全气囊。阻尼弹簧式碰撞传感器的结构如图 8-25 所示,由球体、导向筒、点火针、触发杠杆、平衡弹簧、点火弹簧等组成。它装在方向盘的气囊内,一旦汽车发生碰撞,其可使点火剂点燃,让充气装置的气体发生剂燃烧而使气囊充气膨胀。

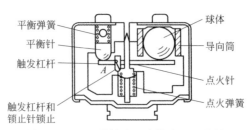

图 8-25 阻尼弹簧式碰撞传感器的结构

2. 阻尼弹簧式碰撞传感器的工作原理

阻尼弹簧式碰撞传感器的工作原理如图 8-26 所示。

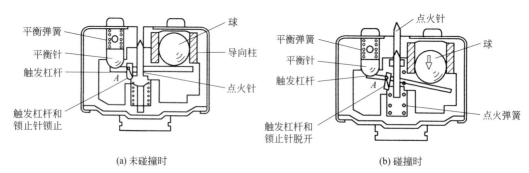

图 8-26 阻尼弹簧式碰撞传感器的工作原理

当汽车发生碰撞时,传感器受到一个向后的惯性力作用,传感器内球体在惯性力作用下沿导向筒向下移动(图 8-26 中箭头所示方向),推动触发杠杆绕支点 A 转动,触发杠杆左端即压缩弹簧;当冲撞减速度达到一定值时,触发杠杆转动到触发杠杆上的锁止针失去作用的位置,此时引燃高速冲击点火剂而点燃气体发生剂。这种方式是非电控方式,其结构简单,只能作为气囊装置发挥作用,且没有可靠的补救功能和自我诊断功能。

八、中央加速度传感器

1. 中央加速度传感器的结构

中央加速度传感器又称为防护传感器或中央安全气囊传感器,中央加速度传感器与电阻应变计式碰撞传感器原理基本相同,但主要用作安全传感器,安装在安全气囊电控单元(SRS ECU)的内部,如图 8-27 所示。其结构及电路如图 8-28 所示,由悬臂、计示电阻及集成电路等组成。计示电阻是一个半导体应变片,半导体应变片两端被悬臂架压住。

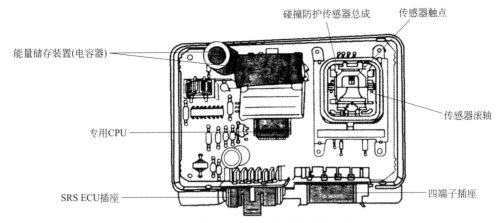

图 8-27　中央加速度传感器的安装位置

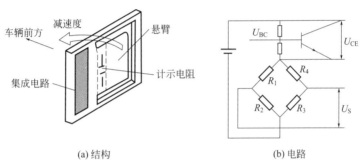

(a) 结构　　　　　　　　　(b) 电路

图 8-28　中央加速度传感器的结构及电路

2. 中央加速度传感器的工作原理

当汽车发生碰撞时，半导体应变片在悬臂架惯性力作用下发生弯曲应变，受压后的半导体应变片的电阻值产生变化，电阻的变化引起集成电路输出电压 U_S 的变化。汽车的速度越快，碰撞后产生的减速度越大，传感器输出的电压越大。由于半导体压力传感器的输出特性受温度影响，因此常采用晶体管的基极-发射极间的电压变化来对温度进行修正。安全气囊 ECU 根据碰撞信号进行分析处理，若需要引爆安全气囊，安全气囊 ECU 便会接通点火电路，如此时前方碰撞传感器的触点同时也闭合，则气体发生器的电路接通，安全气囊引爆。

中央加速度传感器信号处理电路如图 8-29 所示。从主放大器输出的电压与作用在夹板上的加速度成正比，具有对夹板折断或放大器电路有无异常做自我检查的功能。在发动机启

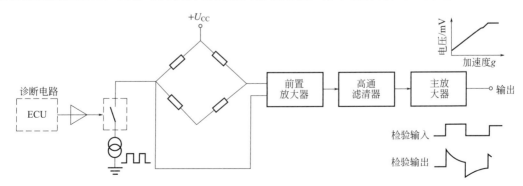

图 8-29　中央加速度传感器信号处理电路

动前进行检验，在点火开关接通后，即能发出 ECU 的故障诊断电路来的检验信号，矩形波电压加于阻抗桥上，若一切正常，则从主放大器输出微分波形。此外，在通常转动时也进行日常检查，预先发现异常情况，引起驾驶人注意。

九、碰撞传感器的检测

1. 碰撞传感器检测的注意事项

① 在检查 SRS 安全气囊系统部件之前，应先关闭点火开关，拔下 SRS 系统熔断器，防止 SRS 系统电路触点误触动。过 90s 待备用电力电容完全放电后进行操作，防止气囊在检测时引爆。

② 检查安全气囊系统时，即使只发生了轻微碰撞而安全气囊并未膨开，也应对碰撞传感器气囊系统及其部件进行检查。

③ 在检查汽车其他零部件时，如有可能对安全气囊系统的碰撞传感器产生冲击，则应在检修工作开始之前，先将碰撞传感器拆下，以防安全气囊误开。

④ 安全气囊系统对零部件的工作可靠性要求极高，SRS 安全系统电气零件均一次性使用，绝不能修复碰撞传感器和 SRS 系统部件，左前和右前碰撞传感器更换时应同时更换。在更换碰撞传感器时应使用新品，且不能使用其他不同型号车辆上的零部件。

⑤ 在检测汽车其他系统时，应特别注意 SRS 系统电路连线是用黄色导线与其他系统电线相区别的，在检测之前应关闭点火开关，拆下 SRS 系统熔断器，防止 SRS 系统带电。

⑥ 安全气囊系统的防护碰撞传感器采用水银开关式碰撞传感器。安全气囊系统的水银开关式防护传感器在更换后，换下的旧传感器不能随意扔掉，因为水银有毒，应做有害物品处理。

当车辆报废或更换 SRS 微机时，应当拆下水银开关式碰撞传感器总成并作为有害废物处理。

⑦ 当碰撞传感器摔碰或其壳体、支架、导线连接器有裂纹、凹陷损坏时，应当更换新件。

⑧ 前碰撞传感器和 SRS 系统的其他部件不能放在太阳下曝晒或接近火源。

⑨ 在安全气囊系统各个总成或零部件的表面上，均标有说明标牌或注意事项，使用与检修时必须遵照执行。

⑩ 碰撞传感器的动作具有方向性，安装时应注意传感器壳体上箭头的指向，一定要按规定方向安装。安装前碰撞传感器时，传感器壳体上的箭头必须指向规定方向。日本日产和马自达汽车使用说明书中规定指向汽车后方，丰田汽车前碰撞传感器安装时则要求传感器壳体上的箭头必须指向汽车前方。

⑪ 前碰撞传感器的定位螺栓和螺母都经过了防锈处理，拆卸或更换前碰撞传感器时，必须同时更换螺栓和螺母。

⑫ 前碰撞传感器的导线插接器装有电路连接诊断机构。安装连接器时，插头和插座应当插牢固。当连接器插头与插座未插牢时，自动诊断系统将会检测出故障并将以故障码的形式存入存储器中。

2. 碰撞传感器的检测

以丰田雷克萨斯 LS400 轿车安全气囊系统碰撞传感器为例，说明碰撞传感器的检测方法。

表 8-2 为丰田雷克萨斯 LS400 轿车 SRS ECU 电控单元插座端子名称及检测数据。

表 8-2　丰田雷克萨斯 LS400 轿车 SRS ECU 电控单元插座端子名称及检测数据

代号	端子代号	端子名称	电路参数
1	IG1	电源（ECU-IG 熔断器）	点火开关置于"OFF"时：0V 点火开关置于"ACC"时：12V
2	$-SR$	右前（RH）碰撞传感器 $-$	两端子间电阻为 755～885Ω
3	$+SR$	右前（RH）碰撞传感器 $+$	
4	$+SL$	左前（LH）碰撞传感器 $+$	两端子间电阻为 755～885Ω
5	$-SL$	左前（LH）碰撞传感器 $-$	
6	$+B$	蓄电池电源（ECU-B 熔断器）	12V
7	IG_2	电源（IGN 熔断器）	点火开关置于"OFF"时：0V 点火开关置于"ON"时：12V
8	E2	搭铁	0V
9	LA	SRS 指示灯	灯亮时：0V 灯灭时：12V
10	D^-	安全气囊组件点火器 $-$	—
11	D^+	安全气囊组件点火器 $+$	—
12	T_C	SRS 诊断触发端子	12V
13	E_1	搭铁	0V
14	ACC	电源（CIG）	点火开关置于"OFF"时：0V 点火开关置于"ACC"时：12V
A	—	电路连接诊断端子	—
B	—	电路连接诊断端子	—

（1）前碰撞传感器电路检查　拔下 SRS ECU 连接器插头，检测插头上 $+SR$ 与 $-SR$ 端子、$+SL$ 与 $-SL$ 端子之间的电阻，如图 8-30 所示，正常电阻值应为 755～885Ω。如果电阻值不在规定范围，说明端子 $+SR$、$-SR$、$+SL$ 或 $-SL$ 至前碰撞传感器之间的线束搭铁或前碰撞传感器电路有故障。

（2）前碰撞传感器搭铁情况检查　检测 $+SR$、$-SL$ 端子与车身搭铁之间的电阻，如图 8-31 所示，正常值应为 ∞。如果电阻值为 ∞，说明线束良好，故障发生在传感器，碰撞传感器需要更换；如果电阻值不为 ∞，说明端子 $+SR$ 或 $+SL$ 至前碰撞传感器之间的线束搭铁，需要修理或更换线束。

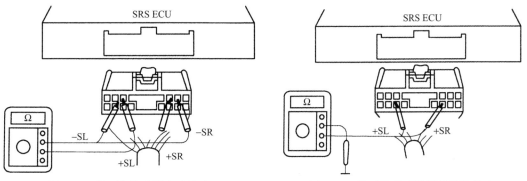

图 8-30　前碰撞传感器电路检查　　　　图 8-31　前碰撞传感器搭铁情况检查

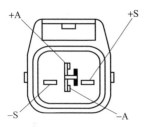

图 8-32 前碰撞传感器电阻检查

(3) 前碰撞传感器电阻检查 脱开前碰撞传感器线束连接器插头，用万用表测量传感器插头各端子之间的电阻值，如图 8-32 所示。各端子间电阻值应符合表 8-3 的规定值；如果不符合规定值，则应更换碰撞传感器。

(4) 前碰撞传感器电压检测 将蓄电池负极电缆端子接好，打开点火开关，用电压表在 SRS ECU 线束插头上检测 +SR、+SL 端子与车身搭铁之间的电压，如图 8-33 所示，正常电压应为 0V。如果电压超过 0V，说明端子 +SR 或 +SL 至前碰撞传感器之间的线路与电源线搭铁短路，需要修理或更换线束与连接器。

表 8-3 前碰撞传感器电阻值

被测端子代号	标准值
+S、+A	755～885Ω
+S、-S	∞
-S、-A	<1Ω

(5) SRS ECU 至前碰撞传感器之间线路检查 拔下 SRS ECU 线束连接器插头，分别用导线将插头上的端子 +SR 与 -SR、+SL 与 -SL 连接起来。然后拔下前碰撞传感器线束插头，用万用表检测传感器插头上的端子 +SR 与 -SR、+SL 与 -SL 之间的电阻值，如图 8-34 所示，正常值应小于 1Ω。如果电阻值大于 1Ω，说明前碰撞传感器至 SRS 电控单元之间线束断路或接触不良，应当修理或更换。

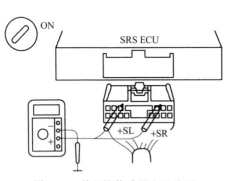

图 8-33 前碰撞传感器电压检测

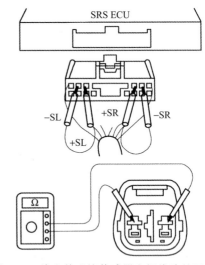

图 8-34 检查前碰撞传感器之间线路是否断路

第九章

汽车速度与加速度传感器的识别与检测

速度和加速度传感器是汽车发动机及底盘集中控制系统中非常重要的传感器,主要有发动机转速传感器、车速传感器、轮速传感器和加速度传感器、横摆角速度传感器五大类。

① 发动机转速传感器即曲轴位置传感器,它也是发动机控制系统中最主要的传感器,不仅是燃油喷射和点火时刻确认曲轴位置的信号源,也是发动机转速的信号源。发动机转速传感器按其结构形式可分为电磁式发动机转速传感器、霍尔效应式发动机转速传感器、光电式发动机转速传感器三种。

② 车速传感器一般用于测量汽车的行驶速度,以便使发动机的控制、自动启动、ABS、牵引力控制系统、活动悬架、导航系统等装置能正常工作,这种传感器主要有簧片开关式、光电式、霍尔效应式、磁阻元件式、电磁感应式等几种,但簧片开关式目前已不多用。

③ 轮速传感器即车轮速度传感器,用于检测车轮速度,并将其转化为电信号输入 ABS(防抱死制动系统) ECU,用于计算车轮的圆周速度。目前轮速传感器在 ABS 中应用越来越广泛,逐步取代了减速度传感器、车身速度传感器和蓄能器压力传感器。轮速传感器主要有电磁感应式和霍尔效应式两种。

④ 加速度传感器分为速度增加的正加速传感器(加速)和速度减少的负减速度传感器(减速)。减速度传感器即加速度为负的加速度传感器,用于检测汽车制动时的减速度,并将减速度信号输入 ABS ECU,实现 ABS ECU 对路面状况的判断和控制。这种传感器一般用在四轮驱动的汽车上,主要有光电式、水银式、差动变压器式、惯性负压式几种。

⑤ 横摆角速度传感器,又称为横摆率传感器、侧滑传感器、翻转角速度传感器、偏摆率传感器、旋转率传感器、偏航率传感器、旋转传感器等。

横摆角速度传感器识别车辆绕垂直于地面轴线方向的旋转角度,记录汽车绕垂直轴线的运动,监测车辆后部因侧滑发生的甩尾,识别车辆实际运动方向,偏转角的大小代表汽车的稳定程度。它的作用类似飞机陀螺,时刻监视着汽车方向的稳定性,确定汽车是发生侧滑或者甩尾,从而使 ESP 发生作用,确保汽车保持相对于垂直轴线的稳定性。没有此信号,控制单元不能识别车辆是否发生转向,ESP 功能将损坏。

电控柴油机中,需要检测发动机转速、车速等信号,用于柴油机的电子控制系统中的转速传感器有发动机转速传感器,有电磁式、霍尔效应式、光电式三种;气缸判别传感器有电磁式、霍尔效应式两种；车速传感器有可变磁阻式、光电式、电磁式、舌簧开关式和霍尔效应式等。

第一节
发动机转速传感器的识别与检测

在化油器车上，发动机转速信号一般取自点火线圈负极。电控发动机出现后，ECU 用发动机转速信号取自曲轴位置传感器，而发动机转速表用转速信号，既有使用曲轴位置传感器的，也有使用点火信号的。曲轴位置传感器的各种形式、识别已进行了详细介绍，在此不再赘述。下面介绍其他形式的发动机转速传感器。

一、柴油发动机用转速传感器

在柴油发动机上使用的电磁感应式转速传感器是从喷油泵处获取转速信号，其转速传感器安装位置如图 9-1 所示。它的工作原理是，在永久磁铁的周围绕有线圈，线圈周围有用铁材料制成的齿轮，当齿轮旋转时，齿轮的齿顶和齿合与永久磁铁之间的空气隙不断变化，使通过线圈的磁力线也发生变化，于是线圈中便产生交变电压。

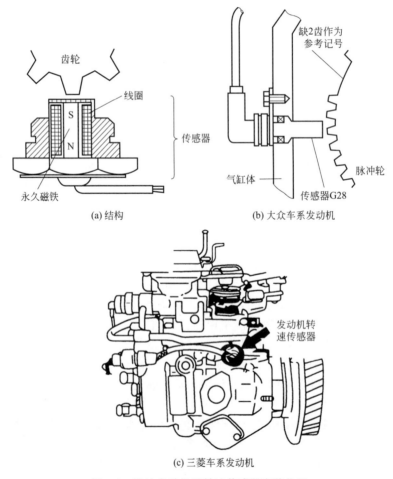

图 9-1　柴油发动机用转速传感器安装位置

柴油机的喷射泵工作时，传感器的齿轮被带动旋转，所以在线圈中便有交流电压产生。交流电压的频率与发动机的转速成正比，该交变电压作为输入信号，经转速表内的 IC 电路放大、整形后就可以使转速表指示出发动机的实际转速。

不管柴油机采用什么供油方式，其发动机转速传感器均是相似的，均用于检测发动机转速和曲轴的位置。ECU 根据此信号计算出喷射始点和喷油量。

1. 柴油发动机用转速传感器的识别

柴油发动机转速传感器一般安装在缸体上或喷油泵上，其结构与安装位置如图 9-1 所示。柴油发动机转速传感器有电磁感应式、霍尔效应式、光电式等多种形式，其中电磁感应式应用广泛。

如图 9-2 所示为磁感应式传感器的工作原理。磁力线穿过的路径：永久磁铁 N 极→定子与转子间的气隙→转子凸齿→转子凸齿与定子磁头间的气隙→磁头→导磁板→永久磁铁 S 极。当信号转子旋转时，磁路中的气隙就会周期性地发生变化，磁路的磁阻和穿过信号线圈磁头的磁通量随之发生周期性的变化。根据电磁感应原理，传感线圈中就会感应产生交变电动势。

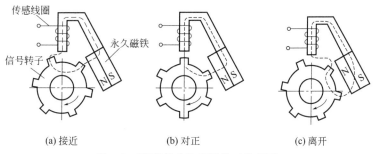

图 9-2 磁感应式传感器的工作原理

由于转子凸齿与磁头间的气隙直接影响磁路的磁阻和传感线圈输出电压的高低，因此在使用中，转子凸齿与磁头间的气隙不能随意变动。气隙如果有变化，必须按规定进行调整，气隙一般设计在 0.2～0.4mm 范围内。

2. 磁感应式发动机转速传感器的检测

采用磁感应式发动机转速传感器的检测，可以参照磁感应式曲轴位置传感器的检测方法来进行，用万用表测阻法是最简单、实用的方法。例如三菱 4D56 柴油发动机转速传感器电路如图 9-3 所示，其线圈电阻在 20℃时测量值应为 1.3～1.9Ω。

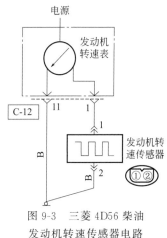

图 9-3 三菱 4D56 柴油发动机转速传感器电路

二、舌簧开关式发动机转速传感器

1. 舌簧开关式发动机转速传感器的识别

舌簧开关式发动机转速传感器的作用是检测发动机转速，传感器可以装在组合仪表内，也可以安装在分电器内部，如图 9-4 所示。

舌簧开关触点由强磁体制成，在装于分电器轴上的磁铁的作用下动作，舌簧开关触点不直接与大气接触，其容器内充有惰性气体。

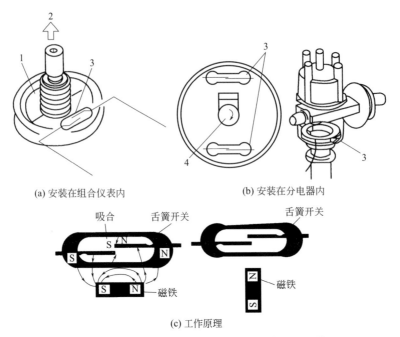

图 9-4 舌簧开关式发动机转速传感器安装位置及工作原理
1—磁铁；2—至转速传感器；3—舌簧开关；4—分电器轴

舌簧开关式发动机转速传感器的工作原理如图 9-4(c) 所示。曲轴转两圈，分电器轴转一圈，分电器内的磁铁也转一圈。当磁铁靠近舌簧开关时，在磁力线的作用下，使触点带磁性。触点的磁性与磁铁近侧极性相同，从而使舌簧开关触点靠本身磁性吸引，使开关导通。磁铁随分电器轴转动后，磁极远离或只有一端靠近舌簧开关时，触点不受磁力线的影响，触点分开。这样，两个舌簧开关在分电器轴上的磁铁作用下，相互以 180°的相位差进行通、断变换，把发动机转速信号输入 ECU。

2. 舌簧开关式发动机转速传感器的检测

舌簧开关式发动机转速传感器的检测，主要检查其信号输出端子是否有脉冲信号产生，如图 9-5 所示。具体检查过程如下。

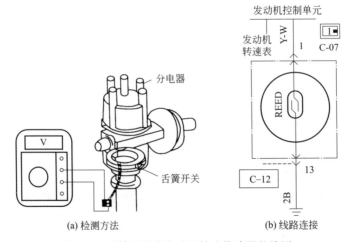

图 9-5 舌簧开关式发动机转速传感器的检测

将分电器从发动机上取下，用万用表电阻挡检测，把两表笔放在信号输出端，用手转动分电器轴，观察是否有导通和断开两种状态交替出现。如果没有，则应更换舌簧开关式转速传感器。

另外一种形式的舌簧开关式传感器是阻断型，其工作原理如图 9-6(a)，为使舌簧开关能闭能开，磁铁必须装在一个转动的轴上，使磁铁转动或用一个转动的齿轮来隔断其磁通。当齿轮的齿处于磁铁和舌簧管之间时，磁通离开簧片，这时触点弹开，如图 9-6(b) 所示。无论采取哪种方法，都可以从触点开闭时发出的信号指示轴的转动位置。

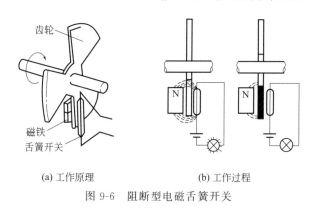

(a) 工作原理　　(b) 工作过程

图 9-6　阻断型电磁舌簧开关

第二节

车速传感器的识别与检测

车速传感器（VSS）用于测量车辆的行驶速度，并将信号送到车速里程表，以电子式或指针式显示出来。对于电控自动变速器，车速信号还用于确定变速器的换挡时刻和变矩器锁止离合器的锁止控制，在巡航控制系统中，车速信号是巡航 ECU 控制设定车速的重要参考依据。但要注意，车速传感器并不是在任何情况下都反映车辆的实际行驶速度，如车轮打滑时、车辆倒退时车速传感器便不能反映车辆的实际行驶状况。

对于装设自动变速器的汽车，车速传感器也叫变速器输出轴转速传感器，用于检测汽车的车速信号，并将该信号输入 ECU，实现 ECU 对变速器的换挡控制及对发动机的控制；同时将车速信号提供给车速里程表，用以指示汽车行驶速度，记录汽车行驶里程。而对于装设手动变速器的汽车，车速传感器仅仅将检测到的车速信号提供给车速里程表，用于指示汽车行驶速度，记录汽车行驶里程。

车速传感器一般安装在变速器输出轴附近的壳体上或速度表内，其类型主要有舌簧开关式、电磁感应式、光电式、霍尔效应式、可变磁阻元件式、多普勒雷达式等几种。常用的有舌簧开关式、可变磁阻式、电磁感应式、光电式和霍尔效应式几种。

一、舌簧开关式车速传感器

1. 舌簧开关式车速传感器的识别

舌簧开关式车速传感器用于旧式汽车的车速报警系统中，在新型的轿车中很少用到，其结构如图 9-7 所示。舌簧开关（图中的簧片开关）是一个内装两个细长触点的小玻璃管，触点由铁、镍等容易被磁铁吸引的强磁性材料制成。舌簧开关传感器置于车速表的转子附近，

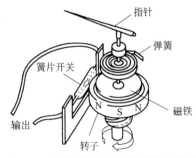

图 9-7 舌簧开关式车速传感器的结构

当车速表驱动轴转动时，带动转子和永久磁铁旋转，使磁铁的 N、S 极靠近或远离舌簧开关的触点。在变化的磁场作用下，舌簧开关的两触点有时互相吸引而闭合，有时相互排斥而断开，从而形成了触点的开关作用。

舌簧开关式车速传感器的工作原理如图 9-8 所示。

从图 9-8(a) 中可以看出，当永久磁铁的 N、S 磁极从接近舌簧开关到逐渐离开时，舌簧开关的上、下两个触点变为两个不同极性的磁极，从而互相吸引，使舌簧开关闭合。

从图 9-8(b) 中可以看出，当永久磁铁的 N 或 S 极接近舌簧开关的触点时，触点变为两个同一极性的磁极，从而互相排斥，使舌簧开关断开。

因为舌簧开关式车速传感器的永久磁铁一般是四极的（两个 N 极和两个 S 极），所以控制部分连续工作时，车速表驱动轴每回转一圈，传感器就会输出四个脉冲信号。ECU 根据传感器输入的脉冲信号即可计算出汽车的速度，并在速度指示仪表上显示出来。

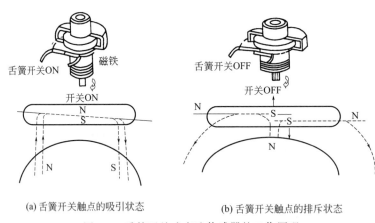

(a) 舌簧开关触点的吸引状态　　(b) 舌簧开关触点的排斥状态

图 9-8 舌簧开关式车速传感器的工作原理

2. 舌簧开关式车速传感器的检测

用指针式万用表电压挡检测舌簧开关式车速传感器，把两个表笔接在传感器连接器插头两端子上，转动起动机 1～2s，观察电压表指针是否有脉冲电压产生，若无脉冲电压产生，说明传感器有故障。

二、电磁感应式车速传感器

1. 电磁感应式车速传感器的识别

电磁感应式车速传感器也称为变磁阻式（VR）车速传感器，用于检测自动变速器输出轴的转速，电控单元（ECU）根据该传感器提供的信号计算车速，并以此作为换挡控制的依据。电磁感应式车速传感器安装在自动变速器输出轴附近，如图 9-9 所示。

电磁感应式车速传感器主要由永久磁铁和线圈组成如图 9-10(a) 所示。由于电磁感应式车速传感器安装在自动变速器输出轴附近的壳体上，当输出轴转动时，输

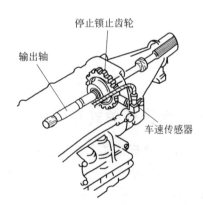

图 9-9 电磁感应式车速传感器安装位置

出轴上的停车锁止齿轮随其一起转动,从而使齿轮上的凸齿不断地靠近或离开车速传感器,使通过传感器线圈内的磁通量不断变化,进而在线圈上产生一个周期变化的感应电压,如图 9-10(b) 所示。

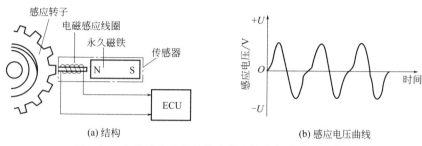

图 9-10　电磁感应式车速传感器的结构与感应电压曲线

汽车行驶的车速越快,输出轴的转速就越快,传感器线圈中产生的感应电压的脉冲频率也就越高,电控单元便根据感应电压脉冲的大小计算汽车的行驶速度。

在部分装有自动变速器的汽车上,变速器的输入轴转速传感器也采用电磁感应式转速传感器,以用来检测变速器的输入轴转速,并将检测的信号输入 ECU,使 ECU 更精确地控制换挡过程。此外,ECU 还将该信号和来自发动机控制系统的发动机转速信号进行比较,计算出液力变矩器的传动比,使油路压力控制过程和锁止离合器的控制过程得到进一步优化,以改善换挡感觉,提高汽车的行驶性能。

2. 电磁感应式车速传感器的检测

电磁感应式车速传感器的检测方法有电阻检测、输出信号检测和单件检测三种。

(1) 电阻检测　如图 9-11 所示,检测时断开车速传感器连接器接头,用万用表测量传感器两接线端子间的电阻。不同自动变速器的车速传感器感应线圈的电阻值不同,一般为几百到几千欧姆,如果偏大或偏小,都应检查线路。

(2) 输出信号检测　举升车辆,用手转动悬空的驱动车轮,同时用万用表测量车速传感器的两接线端子间有无脉冲感应电压。若万用表指针有摆动,说明传感器有输出的脉冲电压,传感器工作正常;否则说明传感器有故障,应进一步检查传感器转子及感应线圈是否脏污。若脏污,应进行清洁后再进行测试。若传感器仍无脉冲电压产生,说明传感器已经损坏,则应及时更换。

(3) 单件检测　拆下车速传感器,用一根铁棒或一块磁铁迅速靠近或离开传感器,同时用万用表测量传感器两接线端子间有无脉冲电压产生,如图 9-12 所示。如果没有感应电压或感应电压很微弱,说明传感器有故障,应进一步检查。再试验确认有故障后,应更换传感器。

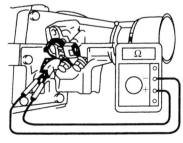

图 9-11　车速传感器的电阻检测

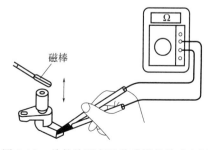

图 9-12　单件检测车速传感器的脉冲电压

而对于变速器输入轴电磁感应式车速传感器，检测方法与电磁感应式车速传感器的检测方法基本相同，在此不再叙述。

3. 电磁感应式车速传感器的检测示例

别克轿车车速传感器安装在自动变速器延伸壳体的外侧，它是一种磁感应式车速传感器。该车速传感器的齿盘与差速器、主减速器行星齿轮架总成相连接，所以它可以监测变速器的输出转速。该信号用于控制换挡模式、主油路油压、变矩器锁定离合器（TCC）的结合和分离。

（1）电磁感应式车速传感器的检测　主要检测其信号电压和传感器线圈电阻值。电磁感应式车速传感器输出电压随车速的变化而发生变化，其变化范围为0.5～200V。车速传感器电阻值在20℃时，应为981～1471Ω。

（2）变速器输入轴转速传感器的检测　别克轿车变速器输入轴转速传感器安装在变速器内部靠近驱动链轮处，其检测如图9-13所示。该传感器也是电磁感应式，它的齿盘与驱动链轮相连接，而驱动链轮又与涡轮轴相连接，所以传感器可监测变速器的输入转速。该信号用于控制主油路压力、TCC结合与分离及变速器的换挡模式，也用于计算合适的挡位和TCC的滑差。

变速器输入轴转速传感器与PCM（动力控制模块）的连接电路如图9-14所示。该传感器的检测内容：检查信号电压和检测传感器头与齿盘间的间隙。

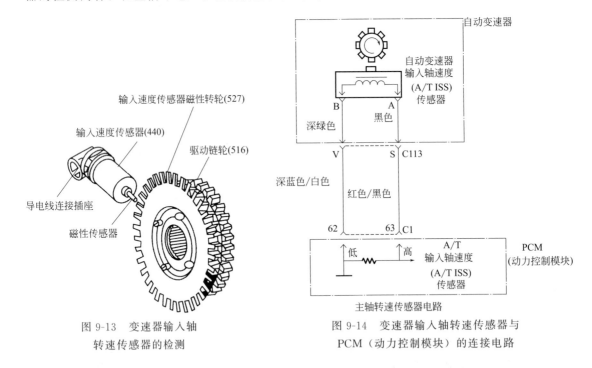

图9-13　变速器输入轴转速传感器的检测

图9-14　变速器输入轴转速传感器与PCM（动力控制模块）的连接电路

① 检查信号电压。将点火开关置于"OFF"位置，拔下输入轴转速传感器连接器插头，再将点火开关置于"ON"位置，启动发动机使其运转，用万用表的交流电压挡测量传感器插座上两端子之间的电压信号，该值应为0.5V。如果电压信号高于或低于规定值，应进一步检查传感器的连接电路导线是否开路、断路。

② 检测传感器头与齿盘间的间隙。传感器头与齿盘间的间隙标准值应为0.08～2.12mm，若检测发现不在规定范围内应进行调整。

三、光电式车速传感器

1. 光电式车速传感器的识别

光电式车速传感器用于数字式速度表上，其结构如图 9-15 所示，由发光二极管（LED）、光电晶体管以及装在速度表驱动轴上带切槽的透光板构成。

光电式车速传感器的工作原理及电路如图 9-16 所示。

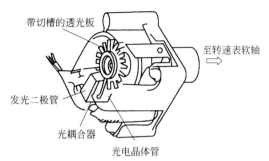

图 9-15　光电式车速传感器的结构

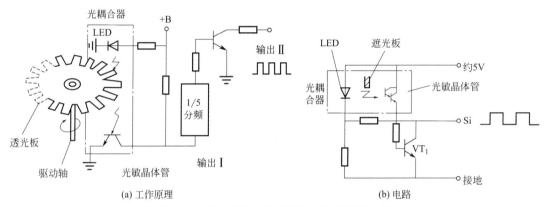

图 9-16　光电式车速传感器的工作原理及电路

由速度表驱动轴驱动的带切槽透光板位于发光二极管和光电晶体管的中间，随着带切槽的透光板的转动，发光二极管发出的光有时能射到光电晶体管上，有时不能射到光电晶体管上。当发光二极管发出的光射到光电晶体管上时，光电晶体管导通，且三极管集电极中有电流通过，因此在 Si 端子上就有 5V 脉冲电压信号输出。当二极管发出的光不能照射到光电晶体管上时，则无脉冲电压信号输出。且脉冲频率取决于车速，在车速为 60km/h 时，仪表挠性驱动轴的转速为 637r/min，而仪表软轴每转一周，传感器就有 20 个脉冲电压信号输出。

如图 9-17 所示为采用光电式车速传感器的数字式车速表的结构及工作原理。该车速表主要由荧火显示屏、微处理器和集成电路组成。车速传感器输出的脉冲信号输入到车速表通过荧光显示屏来显示车速，并将这种脉冲信号输入到时程表、燃油表、温度表等。

2. 光电式车速传感器的检测

光电式车速传感器的检测方法有供电电压检测、输出信号万用表检测和示波器检测三种。

（1）供电电压检测　因为光电式车速传感器为主动式传感器，只有在提供工作电压的情况下才能正常工作，因此可以使用万用表电压挡，在点火开关打开的情况下，测量光电式车速传感器的供电电源和搭铁端子间的电压，正常应为 5V。

（2）输出信号万用表检测　打开点火开关，利用背插法，用万用表的电压挡测量信号端与搭铁端的电压，在转速很慢的情况下，应能够看到电压在 0~5V 间波动。

（3）示波器检测　使用示波器，对输出信号端进行输出信号检测，应与图 9-18 所示的波形相符。

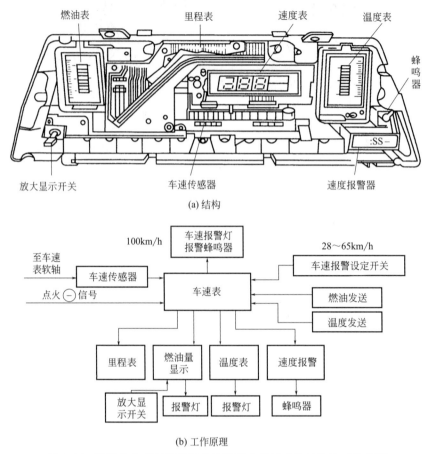

图 9-17 采用光电式车速传感器的数字式车速表的结构及工作原理

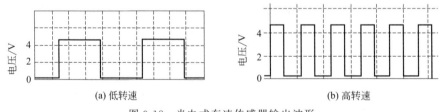

图 9-18 光电式车速传感器输出波形

四、霍尔效应式车速传感器

1. 霍尔效应式车速传感器的识别

霍尔效应式车速传感器主要由触发轮、带导板的永久磁铁、霍尔元件及集成电路组成。该传感器的外形与内部结构如图 9-19 所示。

霍尔效应式车速传感器也是利用霍尔效应的原理制成的。即触发叶轮转动时，其翼片在永久磁铁与霍尔元件间转动，从而使通过霍尔元件的磁通量发生变化，由于霍尔元件用导线连接在电路中，其上通有电流，所以在霍尔元件上产生一个霍尔电压，经集成电路放大整形后输出矩形方波信号，如图 9-20 所示。

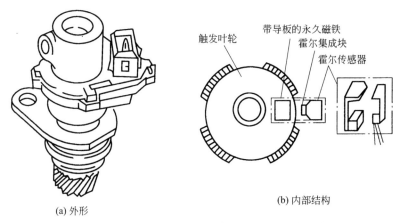

图 9-19 霍尔效应式车速传感器的外形及内部结构

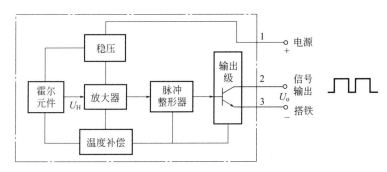

图 9-20 霍尔效应式车速传感器电路

2. 霍尔效应式车速传感器的检测

霍尔效应式车速传感器的检测方法如下。

（1）车速传感器的电源电压检测　关闭点火开关，取下车速传感器的插头后，再接通点火开关，检测车速传感器插头端子 1 与 2 的电压，其标准值应为 12V，否则应检查熔断器、点火开关以及它们之间的连接导线。

（2）传感器输出信号的检测　当汽车行驶时，用示波器检测车速传感器插座端子 3 和 2 之间应有方波信号输出（注意：测试时，车速传感器的插头不能取下），否则为车速传感器损坏。

（3）检测传感器线束的导通性　关闭点火开关，拔下车速传感器的连接插头，然后拔下发动机控制单元的连接插头，用万用表的电阻挡测量传感器连接插头的端子与发动机控制单元的端子之间的电阻值及传感器连接插头的端子与搭铁之间的导通性，均应小于 1Ω，若相差很大或为∞，则说明线束的连接有故障。

五、可变磁阻式车速传感器

1. 可变磁阻式车速传感器的识别

可变磁阻式车速传感器主要由磁阻元件、转子、弹簧、印制电路板和磁环等构成，如图 9-21 所示。可变磁阻式车速传感器安装在变速器的壳体上，如图 9-22 所示，由变速器齿轮驱动。其工作原理如图 9-23 所示。

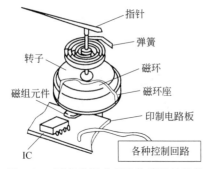

图 9-21 可变磁阻式车速传感器的结构

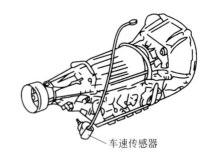

图 9-22 可变磁阻式车速传感器安装位置

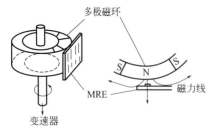

图 9-23 可变磁阻式车速传感器的工作原理

当变速器齿轮驱动传感器轴旋转时，与轴连在一起的多极磁环也同时旋转，磁环旋转引起通过其旁边的集成电路内的磁阻元件的磁通量发生变化；由于磁环上 N 极与 S 极的交替排列，伴随着磁环的旋转使通过磁阻元件的磁通量和磁力线的方向都不断变化，从而使磁阻元件（MRE）的阻值发生变化（且当流向磁阻元件的电流方向与磁力线方向平行时，其电阻值最大；电流方向与磁力线方向垂直时，其电阻值最小，如图 9-24 所示）。由于磁阻元件阻值的变化，磁环每旋转 1 周，在集成电路（IC）的内置磁阻元件（MRE）中就会出现 20 个脉冲电压信号，将此信号通过电路的连接输入比较器中进行比较，再由比较器输出信号去控制晶体管的导通和截止，这样就可以检测出车速。输出信号如图 9-25 所示。

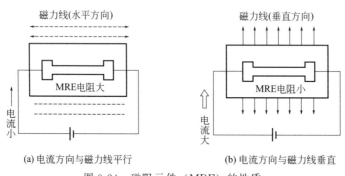

图 9-24 磁阻元件（MRE）的性质

磁阻元件式车速传感器电路如图 9-26 所示。

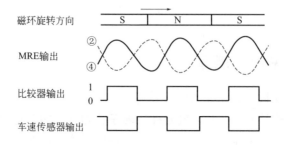

图 9-25 输出信号

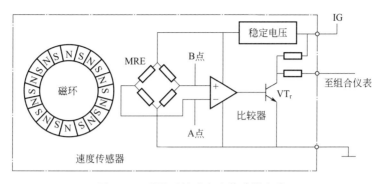

图 9-26　磁阻元件式车速传感器电路

2. 可变磁阻式车速传感器的检测

可变磁阻式车速传感器与 ECU 之间的连接电路如图 9-27 所示。

可变磁阻式车速传感器的检测方法如下。

（1）供电检测方法　在断开可变磁阻式车速传感器连接件的情况下，打开点火开关，用万用表直流电压挡检测与传感器断开的连接件①与②引脚之间的蓄电池电压是否正常。如该电压为 0V，则应检查熔断器以及相关连接导线。

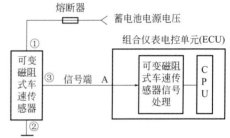

图 9-27　可变磁阻式车速传感器与 ECU 之间的连接电路

（2）输出电压的检测　选择万用表直流电压挡，将两表笔连接在传感器的③与②引脚之间，然后用手转动传感器轴，同时观察万用表是否有脉冲电压信号输出。如万用表指针不动，则应更换新的传感器，否则应检查与传感器连接的导线及其连接件。

（3）搭铁情况的检测　选择万用表电阻挡，检测传感器②引脚与车身搭铁之间的电阻值，该电阻值近似于 0Ω，否则说明传感器搭铁不良。

3. 可变磁阻式车速传感器的检测示例

三菱 V73 轿车使用的磁阻元件式车速传感器安装在变速器上。磁环上共有两对磁极，N 极和 S 极交替排列，因此，在车速传感器轴旋转 1 周时，应输出 4 个脉冲信号。这些脉冲信号被输入车速表。车速表计算输入的脉冲信号，促进指示器显示车速，同时车辆的行驶里程也被计算出来。磁阻元件式车速传感器电路如图 9-28 所示，其实际接线图如图 9-29 所示。

三菱 V73 轿车使用的磁阻元件式车速传感器检测方法如下。

（1）工作电源电压检测　磁阻元件传感器属于无源传感器，因此需要工作电源，点火开关（IG1）电路通过 11 号熔丝为车速表和车速传感器提供电源。检测传感器的工作电源电压如图 9-30 所示。

① 不要断开车速传感器插接器 B-09。

② 将点火开关转到"ON"位置。

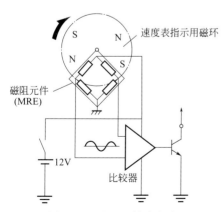

图 9-28　磁阻元件式车速传感器电路

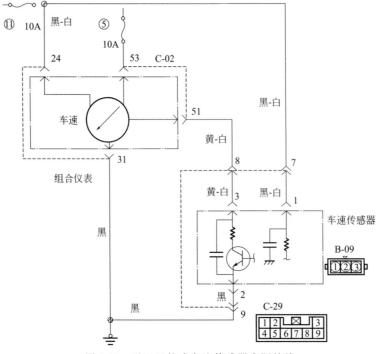

图 9-29 磁阻元件式车速传感器实际接线

③ 用万用表电压挡测量线束侧 1# 端子与接地之间的电压。电压应为蓄电池正极电压,约为 12V。

(2) 搭铁电路的检查 如图 9-31 所示,断开 B-09 插头,用万用表测量线束侧的 2# 端子与地的导通性。正常情况下,其电阻应小于 2Ω。

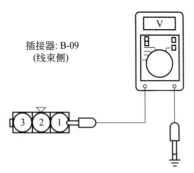

图 9-30 检测传感器的工作电源电压

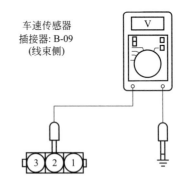

图 9-31 检查车速传感器搭铁电路

(3) 检查车速传感器参考电压
① 断开车速传感器插接器 B-09。
② 将点火开关转到"ON"位置。
③ 用万用表电压挡测量 3# 端子与搭铁间电压。

正常情况下,车速传感器输出信号参考电压约为 9V 或更高,如图 9-32 所示。

(4) 解码器检测 使用 MUT-Ⅱ或 MUT-Ⅲ,进入发动机或自动变速器项目,如果车速传感器或其线路有故障,会输出故障码 DTC P0500。

（5）输出信号检测　拆下车速传感器，如图9-33所示，在1#、3#端子间串入3~10kΩ电阻，同时1#端子接蓄电池正极，2#端子接蓄电池负极，用手转动传感器轴，在转动的同时，用万用表的电压挡测量2#、3#端子间电压，观察是否有脉冲电压信号输出。一般情况下，轴每转1周，输出4个脉冲，说明传感器良好，若无脉冲信号产生，说明传感器已损坏，则应更换传感器。

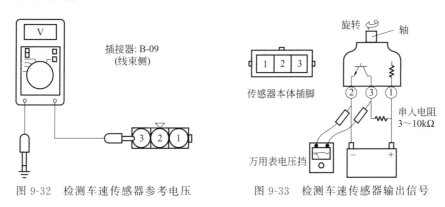

图9-32　检测车速传感器参考电压　　　图9-33　检测车速传感器输出信号

第三节

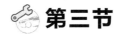

轮速传感器的识别与检测

轮速传感器即车轮速度传感器，用于检测车轮旋转速度，并将其转化为电信号输入控制单元（ECU）。现在，在制动防抱死装置（ABS）、牵引力控制装置（TCS）、电子制动力分配装置（EBD）、电子稳定程序（ESP）等系统中，各个控制单元根据轮速传感器的信号，通过和车速传感器信号的对比，确定车辆是否发生抱死和滑移，从而决定执行器是否作出制动干预。

另外，智能网联汽车的导航系统、车道偏离报警系统、车道保持辅助系统、自适应巡航控制系统等，也需要将采集到的车轮转速信号根据预设的车速计算公式换算成车速信号发送到CAN总线，通过CAN总线获取车速信号。车速信号的准确与否直接关系到智能网联汽车行驶的安全性及可靠性。

轮速传感器的数目和通道的数目不同，则感应齿圈的安装位置就不同。一般来讲，感应齿圈安装在随车轮或传动轴一起转动的部件上，如驱动车轮、从动车轮、半轴、轮毂或制动盘、主减速器或变速器的输出轴；传感器本体安装在车轮附近不随车轮转动的部件上，如半轴套管、转向节、制动底板等位置。

按照汽车上安装的轮速传感器的数量，可以分为四轮速传感器、三轮速传感器、二轮速传感器、单轮速传感器四种形式，可以实现四通道、三通道、二通道、单通道的控制方式。轮速传感器的数目和通道数目不同，感应齿圈安装位置也就不同。一般来讲，齿圈安装在随车轮或传动轴一起转动的部件上，如驱动车轮、从动车轮、半轴、轮毂或制动盘、主减速器或变速器的输出轴上，传感器本体安装在车轮附近不随车轮转动的部件上，如半轴套管、转向节、制动底板等位置，如图9-34所示。

另外，按传感器头的外形分凿式极轴轮速传感器头、柱式极轴轮速传感器头，菱形极轴轮速传感器头相对比较少见，如图9-35所示。

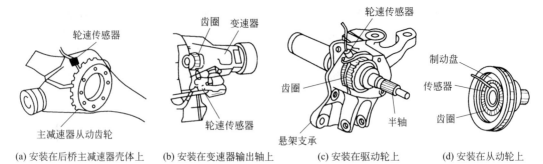

(a) 安装在后桥主减速器壳体上　(b) 安装在变速器输出轴上　(c) 安装在驱动轮上　(d) 安装在从动轮上

图 9-34　轮速传感器安装位置

传感器与感应齿圈的相对安装位置也有三种方式,如图 9-36 所示。

目前使用的轮速传感器主要有电磁感应式和霍尔效应式两种。电磁感应式轮速传感器只适于 15～160km/h 的速度,而霍尔效应式轮速传感器则能克服电磁感应式轮速传感器的不足,因此在 ABS 系统中的应用越来越多。

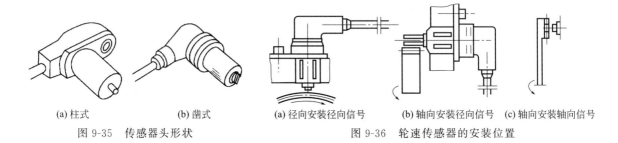

(a) 柱式　　　　(b) 凿式　　　(a) 径向安装径向信号　(b) 轴向安装径向信号　(c) 轴向安装轴向信号

图 9-35　传感器头形状　　　　图 9-36　轮速传感器的安装位置

一、电磁感应式轮速传感器

1. 电磁感应式轮速传感器的识别

电磁感应式轮速传感器由传感头和齿圈两部分组成。传感器齿圈是由磁阻较小的铁磁性材料制成的。电磁感应式轮速传感器的结构如图 9-37 所示,它主要由永磁体、极轴和感应线圈等组成。轮速传感器头与磁性齿圈间的间隙很小,通常在 0.5～1.0mm 范围内。

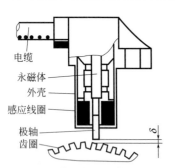

图 9-37　电磁感应式轮速传感器的结构

电磁感应式轮速传感器与电磁感应式车速传感器的工作原理相同,都是利用齿圈转动时与传感器磁头之间的间隙产生变化,从而使通过感应线圈的磁通量即磁场强度发生变化,进而在线圈上产生不同的感应电压的原理制成的。电磁感应式轮速传感器的工作原理及输出电压波形如图 9-38 所示。

2. 电磁感应式轮速传感器的检测

电磁感应式轮速传感器的一般故障有:传感器感应电路(感应线圈)断路或短路;传感器头或齿圈沾染油污;传感器消磁;传感器松动等。检修时主要检查传感器的电阻和输出信号电压。

(1) 检测传感器的输出电压　使被检轮离地,松开驻车制动器,以 30r/min 的转速转动

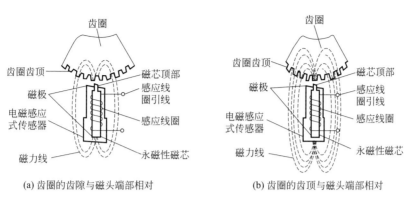

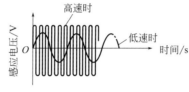

(c) 输出电压波形

图 9-38　电磁感应式轮速传感器的工作原理及输出电压波形

车轮，用万用表测量传感器的输出电压，该值应满足标准规定，若偏大或偏小，应继续全面检测，如果发现传感器损坏，应及时更换传感器。

（2）检测传感器的电阻　拔下传感器连接器插头，用万用表测量传感器两接线端子间的电阻值，该值应符合标准规定，若过大或过小，说明传感器已损坏，应进行更换。

（3）检测传感器磁头与齿圈的间隙　用厚薄规片测量传感器磁头与齿圈之间的间隙，该值应满足标准规定，若不在此范围应进行调整。

3. 电磁式轮速传感器的检测示例

2011 年款别克凯越车系防抱死制动系统中采用的轮速传感器为电磁感应式。前轮速传感器安装在前转向节上，后轮速传感器安装在底板上。其轮速传感器电路如图 9-39 所示。

传感器的检测方法如下。

（1）外观检查　关闭点火开关，检查轮速传感器、连接器、线束和齿环是否有外观损伤以及传感器与脉冲轮之间气隙是否过大。

（2）输出电压检查　关闭点火开关，举升车辆，断开传感器线束。在传感器端子 1 和 2 之间连接电压表，选择交流电毫伏挡，转动车轮同时观察电压表，电压应随车轮转速增加而增加，正常电压应大于等于 100mV。若不符合规定，则更换轮速传感器。

（3）电阻检查　关闭点火开关，断开传感器线束，检测传感器两个端子之间的电阻，标准阻值为 800～1600Ω。若电阻不在正常范围内，则更换轮速传感器。

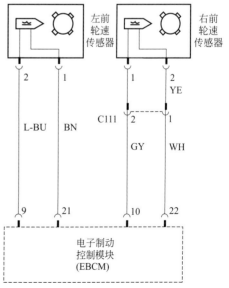

图 9-39　别克凯越车系轮速传感器电路

（4）线束检查　断开控制单元端子和轮速传感器端子（以左前轮速传感器为例），分别检测电控单元端子 9、21 与传感器端子 2 和 1 之间的电阻，电阻值应小于 2Ω。若检测结果不符合规定，应检查或更换线束。

注意：该车轮速传感器不能维修，气隙也无法调节，只能更换。前轮速度传感器环被压装到驱动轴上；后轮速度传感器环与后轮轮毂合为一体。前轮速度传感器环包括 47 个等间距齿；后轮速度传感器环包括 34 个等间距齿。

二、霍尔效应式轮速传感器

霍尔效应式轮速传感器是利用霍尔效应原理制成的。按照信号检出形式，霍尔效应式轮速传感器可以分为三线制和两线制两种。三线制传感器有一根电源线、一根搭铁线、一根信号线；两线制传感器有一根电源线、一根信号兼搭铁线。

1. 霍尔效应式轮速传感器的识别

（1）霍尔效应式轮速传感器的结构　霍尔效应式轮速传感器的结构与原理如图 9-40 所示，主要由永久磁铁、霍尔元件、电子电路和齿圈等组成。永久磁铁、霍尔元件和电子电路封装在轮速传感器壳体内部。该类霍尔效应式轮速传感器脉冲轮有齿轮型、磁环型和孔板型，其中齿轮型和磁环型最为常见。

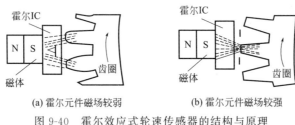

图 9-40　霍尔效应式轮速传感器的结构与原理

2016 年款丰田皇冠、卡罗拉、新威驰、致炫、雷凌等车系前后轮都采用了磁环型转子霍尔效应式轮速传感器。轮速传感器安装位置如图 9-41 所示。

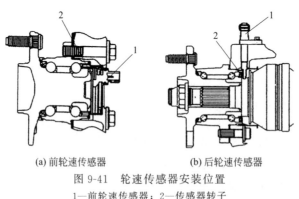

图 9-41　轮速传感器安装位置
1—前轮速传感器；2—传感器转子

（2）霍尔效应式轮速传感器的工作原理　当齿圈转动到齿缝正对传感器头时，永久磁铁的磁力线穿过霍尔元件，通向齿圈的磁力线较为分散，磁场也相对较弱，如图 9-40（a）所示；齿圈转动到凸齿正对传感器头时，永久磁铁的磁力线穿过霍尔元件，通向齿圈的磁力线较为集中，磁场也相对较强，如图 9-40（b）所示。这样在齿圈的转动过程中，由于通过霍尔元件的磁力线密度发生变化，因而引起霍尔元件上霍尔电压的变化，使霍尔元件向外输出一个正弦波电压信号。

霍尔元件在齿轮的运动下产生并向外输出一个"mV"级的正弦波霍尔电压，经放大器放大为"V"级电压，然后送至施密特触发器输出标准的脉冲信号，并产生一定回差以提高稳定性，最后送至输出级再放大输出。

霍尔效应式轮速传感器的电子线路原理如图9-42所示，它的工作电压为8～15V，负载电流为100mA，工作频率为20kHz，输出电压幅值为7～14V。为了适应汽车在各种温度下工作，霍尔轮速传感器的结构采用封闭式，将齿圈与传感器密封在一起，以保证其在恶劣的环境中能可靠地工作。

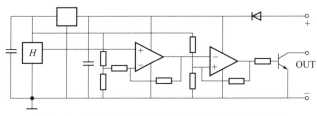

图9-42 霍尔效应式轮速传感器的电子线路原理

2. 霍尔效应式轮速传感器的检测

霍尔效应式轮速传感器的检测方法有外观检查、检查输出电压信号、检测传感器磁头与齿圈的间隙和示波器检测4种。

（1）外观检查 检查传感器的安装是否稳固。检查传感器顶部和传感器转子上有无刮痕、机油或异物，如有应清理干净。检查过程中若没有发现传感器顶部损坏，不要轻易更换轮速传感器。

（2）检查输出电压信号 检查时，关闭点火开关。举升车辆，使四个轮胎离地10cm左右，拔下轮速传感器的导线连接器插头，并用导线将线束插头与轮速传感器插头的电源端子相连。

将万用表（用交流电压挡）的两表笔分别搭接在轮速传感器信号输出端子上（注意正、负极性），测量传感器的输出电压。

打开点火开关，用手转动车轮，万用表应显示交流电压在7～14V范围内。

若检测电压值不符合规定，则应检查传感器与齿圈之间的间隙（标准值为0.2～0.5mm），否则应进行调整或更换传感器。

（3）检测传感器磁头与齿圈的间隙 用厚薄规片测量传感器头与齿圈之间的间隙，如图9-43所示，间隙值应符合标准值，否则应进行调整或更换。

（4）示波器检测 在用示波器检测时，观察所出现的电压脉冲波形应与图9-44所示相似，而且要注意所有脉冲应该均匀出现。脉冲电压波形取决于车轮的转速，正常的车速传感器信号将产生一个正弦波，其波幅高度和频率宽度与车轮速度成比例。当车轮开始转动时，在示波器中部的水平直线开始在零线的上下摆动，当转速增加时，摆动幅度将越来越大。当加速时，轮速传感器的交流信号幅值增加，速度越快，波形越高。当轮速传感器有故障时，其波形将发生相应变化，所以通过波形可以分析出故障所在。

若脉冲波形显示不均匀，通常是轮速传感器或齿圈被制动磨屑所吸附所导致，为此，要从车轮轮毂或差速器上取下轮速传感器进行清洗。

通常最普通的防抱死系统轮速传感器的损坏是传感器根本不产生信号。但是，如果波形是好的，则检查传感器和示波器连线，确定回路没有接地，检查传感器的气隙是否正确，然后再对传感器进行判断。

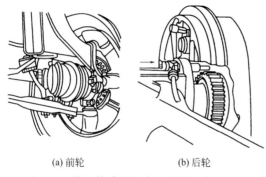

图 9-43　轮速传感器与齿圈之间间隙的测量

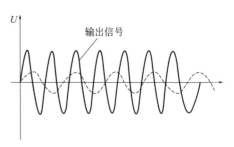

图 9-44　轮速传感器输出的电压波形
实线为高速、虚线为低速。

（5）解码器诊断　在断电情况下，将故障诊断仪与诊断插座连接后，打开点火开关。进入 ABS 工作环境，键入所需的功能代码，结束后退出。在断电后，拆下故障诊断仪即可。

3. 霍尔效应式轮速传感器检测示例

2016 年款丰田凯美瑞混合动力车型前轮采用了齿轮型转子霍尔效应式轮速传感器，轮速传感器转子有 48 个锯齿。后轮采用与丰田皇冠等车系相同的磁环转子型轮速传感器。

2016 年款丰田凯美瑞混合动力车系轮速传感器电路如图 9-45 所示。

轮速传感器的检测方法如下。

（1）外观检查　检查传感器的安装是否稳固。检查传感器顶部和传感器转子上有无刮痕、机油或异物，如有应清理干净。如果没有发现传感器顶部损坏，不要轻易更换轮速传感器。

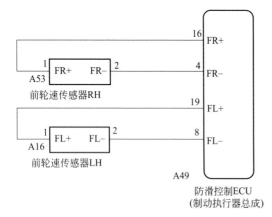

图 9-45　2016 年款丰田凯美瑞
混合动力车系轮速传感器电路

（2）检查传感器供电　图 9-45 中传感器 1 脚为防滑控制 ECUA49 提供 12V 电压，传感器 2 脚为转速信号输入端。关闭点火开关，断开传感器 A53 连接器，万用表调到电压挡，红表笔接 A53 端子 1，黑表笔接车身接地。打开点火开关，标准电压应为 8~14V。如电压不在此范围内，则检查修理线束或更换防滑控制 ECU。

（3）线束检查　断开防滑控制 ECU 和右前轮速传感器连接器，根据表 9-1 所示检测电阻值，检测结果应符合规定。如不符合规定，则应修理或更换线束。

表 9-1　右前轮速传感器线束检测

仪器连接	条件	规定状态
A19/16—A53/1	始终	小于 1Ω
A49/4—A53/2	始终	小于 1Ω
A49/4—车身接地	始终	10kΩ 或更大
A49/4—车身接地	始终	10kΩ 或更大

三、磁阻式轮速传感器

新型轮速传感器除了具备主动型轮速传感器的功能外，还能够检测出车轮的旋转方向。新型轮速传感器内部有两个磁阻，在车轮转动时产生两个信号，把这两个信号叠加在一起后，再发送到电控单元。由于车辆向前或者向后行驶时，两个磁阻发出的信号是不同的，所以电控单元可以根据传感器信号来判断车轮的旋转方向和车辆的实际行驶方向。

现以丰田新皇冠轿车的轮速传感器为例，说明轮速传感器识别与检测方法。

1. 磁阻式轮速传感器的识别

（1）结构　丰田新皇冠轿车的轮速传感器采用磁阻型半导体传感器（MRE传感器）。磁性转子由内置带磁性粒子的橡胶制成，南北共48极，磁极按圆周方向均匀分布的环状垫片，镶嵌在后轮轴承内圈上，与车轮同速度旋转。MRE传感器则安装在轮毂上固定不动，与磁性转子间存在0.5～0.8mm的空气间隙。轮速传感器安装位置如图9-46所示。

（2）工作原理　如图9-47所示，当磁性转子随车轮旋转时，产生磁场变化，传感器内的磁阻值相应变化，经电路处理以脉冲信号输出给ABS ECU。MRE传感器与广泛采用的其他方式轮速传感器比较，它能检测到从0km/h开始的车速。此外，还能够检测到转子的旋转方向，因此系统可以区分车辆向前还是向后的运动方向，为坡道起步辅助控制系统HAC提供制动控制信号。

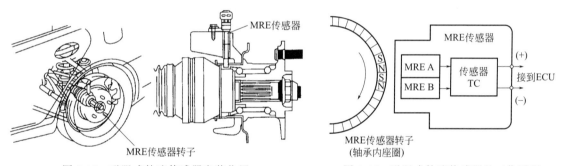

图9-46　磁阻式轮速传感器安装位置　　图9-47　磁阻式轮速传感器的工作原理

2. 磁阻式轮速传感器的检测

现以左前轮速传感器为例，说明磁阻式轮速传感器的检测方法。

左前轮速传感器（S4）与牵引力执行器总成（制动防滑控制ECU）的连接线路及端子位置如图9-48所示。

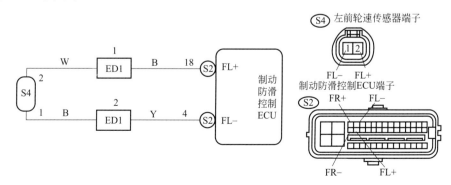

图9-48　左前轮速传感器与制动防滑控制ECU的连接线路及端子位置

(1) 输入电压检测　关闭点火开关,断开轮速传感器连接器,打开点火开关,用万用表检测 S4-2（FL+）与车身搭铁的电压,其值应在 7.5～12V 之间。

(2) 线路导通性检测　关闭点火开关,断开轮速传感器连接器和制动防滑控制 ECU 连接器,用万用表测量左前速度传感器 S4-2（FL+）与 S2-18（FL+）之间、S4-1（FL−）与 S2-4（FL−）之间的电阻,其值应小于 1Ω。

(3) 绝缘性检测　关闭点火开关,断开制动防滑控制 ECU 连接器,用万用表测量 S2-18（FL+）与搭铁之间、S2-4（FL−）与搭铁之间的电阻,其值应大于 10kΩ。

(4) 解码器检测　用解码器检测,如果左前速度传感器或线路有故障,会输出故障码 C0205/32（左前速度传感器异常）、C1272/72（左前速度传感器输出电压低）。

(5) 示波器检测　使用示波器,利用背插法,在不脱开端子的条件下测量,应该输出图 9-49 所示波形,否则应检查线路或更换传感器。

3. 磁阻式轮速传感器检测示例

日产新阳光轿车的轮速传感器采用磁阻型半导体传感器（MRE 传感器）,由电磁组元件、放大电路、壳体等组成。传感器转子为磁环式,转子上的北极（N）和南极（S）充当脉冲轮的齿和齿隙。前轮速传感器安装在转向节上,传感器转子集成在轮毂总成中；后轮速传感器安装在后制动器的底板上,传感器转子安装在后制动鼓上,如图 9-50 所示。

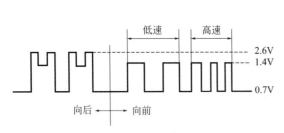

图 9-49　磁阻式轮速传感器输出波形

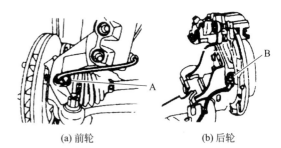

图 9-50　日产新阳光轿车前后轮速传感器安装位置
A—前轮速传感器；B—后轮速传感器

日产新阳光轿车前后轮速传感器电路如图 9-51 所示。ABS 控制单元通过端子 34、18、33、19 分别向左前轮速传感器 E22 的 1# 端子、右前轮速传感器 E39 的 1# 端子、左后轮速传感器 B44 的 1# 端子、右后轮速传感器 B41 的 1# 端子提供传感器所需的 12V 电压。传感器的 1# 端子为信号输入端子。

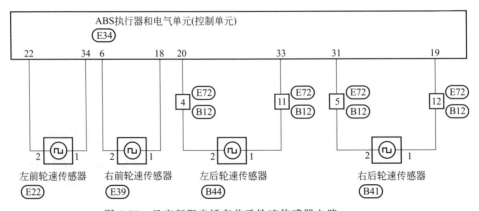

图 9-51　日产新阳光轿车前后轮速传感器电路

轮速传感器的检测方法如下。

由于磁阻式轮速传感器内部有集成电路，因此检测时请不要直接测量传感器端子电压或电阻。

（1）传感器外观检查　关闭点火开关，断开 ABS 控制单元和传感器连接器，检查 ABS 控制单元线束连接器和接地之间的导通性，检查结果应如表 9-2 所示。如不符合规定，则修理或更换线束。

表 9-2　线束检查

连接器	端子	导通性
E34	34/22—车身接地	不导通
	16/6—车身接地	
	33/20—车身接地	
	19/31—车身接地	

（2）检查线束（线速之间）　关闭点火开关，断开 ABS 控制单元和轮速传感器连接器。在向左和向右转动方向盘或移动轮罩中的中心线束时，检查 ABS 控制单元与轮速传感器线束连接器之间的导通性。

① 电源电路的线束检查如表 9-3 所示。如不符合规定，则检查或更换线束。

表 9-3　电源电路的线束检查

端子	导通性	端子	导通性
E34/34—E22/1	导通	E34/33—B44/1	导通
E34/18—E39/1	导通	E34/19—B41/1	导通

② 信号电路的线束检查如表 9-4 所示。如不符合规定则检查或更换线束。

表 9-4　信号电路的线束检查

端子	导通性	端子	导通性
E34/22—E22/2	导通	E34/20—B44/2	导通
E34/6—E39/2	导通	E34/31—B41/2	导通

注意：由于磁阻式轮速传感器内部有集成电路，因此检测时请勿直接检测传感器端子电压或电阻。

第四节

加速度与减速度传感器的识别与检测

加速度可以分为速度增加的正加速度（加速度）和速度减小的负加速度（减速度）。

在汽车运行过程中，汽车控制系统经常需要获得汽车的加速度来了解汽车的运行状态，再对其进行控制，这就出现了加速度传感器在汽车上的应用。在汽车的安全气囊系统、防抱死系统、电子控制悬架系统、自动变速器系统、汽车防盗系统上都应用了各种加速度传感器。

汽车上使用的加速度传感器很大一部分是 MEMS 加速度传感器。MEMS 是微电子机械系统的英文（Micro Eleetro Mechanical Systems）缩写。

应用 MEMS 技术的加速度传感器有压阻式 MEMS 加速度传感器、电容式 MEMS 加速度传感器、谐振式 MEMS 加速度传感器。

在制动过程中所用的加速度传感器，由于是测量车辆纵向速度降低的快慢程度，因此也被称为减速度传感器，按照测量原理的不同，减速度传感器可以分为光电式、水银式、压阻式、开关式等几种。

一、光电式减速度传感器

如图 9-52 所示，光电式减速度传感器由两个发光二极管（LED）、两个光电晶体管（即光敏三极管）、一块透光板和信号处理电路等组成。

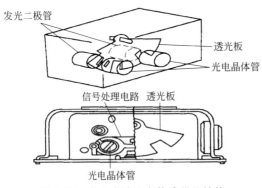

图 9-52 光电式减速度传感器的结构

光电式减速度传感器的工作原理如图 9-53 所示。

透光板位于发光二极管和光电晶体管的中间，如图 9-53(a) 所示，其上有开口。随着透光板的摆动，发光二极管发出的光或透过透光板 [图 9-53(b)]，或被透光板挡住 [图 9-53(c)]，从而使光电晶体管时而导通时而截至，从而向外输出电压信号。

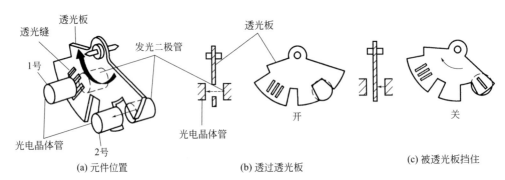

图 9-53 光电式减速度传感器的工作原理

汽车匀速行驶时，透光板静止不动，传感器无信号输出。当汽车减速时，透光板沿汽车纵向摆动，如图 9-54 所示。透光板摆动角度随着减速度的变化而变化，两个光电晶体管的"导通"与"截止"状态也就随着变化。减速度越大，透光板摆动角度越大。根据两个光电晶体管的输出信号，就可将汽车减速度区分为四个等级，见表 9-5 所示。ABS ECU 接收到传感器信号后，就可判定出路面状况，从而采取相应的措施，以保持车辆行驶的平稳性。

表 9-5 减速度（减速率）的等级

减速率	低减速率1	低减速率2	中等减速率	高减速率
光电晶体管1	开	关	关	开
光电晶体管2	开	开	关	关

续表

减速率	低减速率1	低减速率2	中等减速率	高减速率
透光板位置	光电晶体管1（开） 光电晶体管2（开）	关　开	关　关	开　关

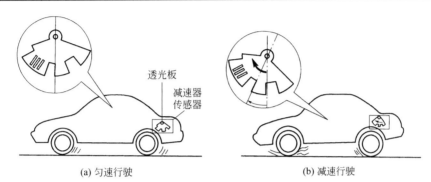

(a) 匀速行驶　　　　　　　　(b) 减速行驶

图 9-54　匀速或减速行驶时传感器透光板的位置状态

二、水银式减速度传感器

水银式减速度传感器装用在日本日产 4×4 全轮驱动汽车上，安装在排挡杆的后部，其外形如图 9-55(a) 所示，安装位置如图 9-55(b) 所示。水银式减速度传感器主要由玻璃管和水银组成，如图 9-56 所示。

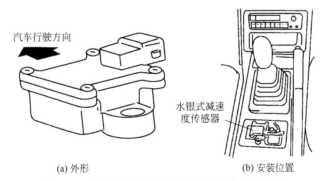

(a) 外形　　　　　　　　(b) 安装位置

图 9-55　水银式减速度传感器的外形与安装位置

如图 9-57 所示为水银式减速度传感器的工作原理。

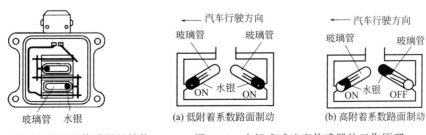

图 9-56　水银式减速度传感器的结构　　　图 9-57　水银式减速度传感器的工作原理

图 9-57 中,水银式减速度传感器可以检测前后两个方向的加减速度,当然也可以横置,作为左右方向上的加减速度传感器。当汽车高速急转弯时,横向加速度超过设定值,水银在惯性作用下移动,传感器电路断开,向 ABS ECU 输入一个低电平信号。ABS ECU 接收到横向加速度超过设定值的信号后,立即发出控制指令,修正左、右车轮制动分泵压力,从而提高 ABS 的制动性能。横向加速度传感器在高级轿车和赛车上采用较多。

当汽车在低附着系数路面上制动时,汽车减速度较小,水银在玻璃管内基本不动,如图 9-57(a) 所示,此时传感器电路接通,ABS ECU 便按低附着系数路面上的控制程序控制制动系统工作。

当汽车在高附着系数路面上制动时,汽车减速度较大,如图 9-57(b) 所示,传感器玻璃管内的水银在惯性力作用下前移,此时传感器电路断开,于是 ABS 控制电路断开,在高附着系数的路面上汽车以不用防抱死方式的制动也能保持稳定性。

三、差动变压器式减速度传感器

差动变压器式减速度传感器是利用耦合变压原理工作获得加速度信号。该传感器由固定的线圈和可移动的铁芯构成,铁芯在制动减速惯性力的作用下沿线圈轴向移动,可导致传感器电路中感应电量的连续变化。

差动变压器式减速度传感器的结构如图 9-58(a) 所示,日本的三菱汽车上装有这样减速度传感器。

差动变压器式减速度传感器的工作原理如图 9-58(b) 所示。汽车正常行驶时,差动变压器线圈内的铁心处于线圈中部位置,当汽车制动减速时,铁心受惯性力作用向前移动,从而使差动变压器内的感应电流发生变化,以此作为输出信号来控制 ABS 系统工作。

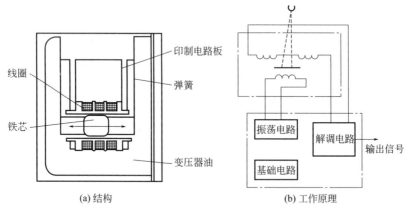

图 9-58 差动变压器式减速度传感器的结构与工作原理

四、压电式减速度传感器

压电式减速度传感器又称压电式减速度计。它也属于惯性式传感器,它是利用某些物质如石英晶体的压电效应,在减速度传感器受振时,质量块加在压电元件上的力也随之变化。当被测振动频率远低于减速度传感器的固有频率时,则力的变化与被测减速度成正比。

常用的压电式减速度传感器的结构如图 9-59 所示。

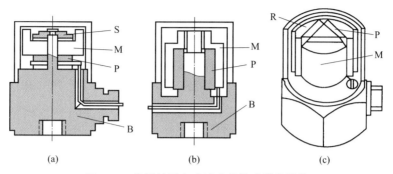

图 9-59 常用的压电式减速度传感器的结构
S—弹簧；M—质量块；B—基座；P—压电元件；R—夹持环

五、压阻式减速度传感器

压阻式减速度传感器也称为惯性压阻式减速度传感器、应变计式减速度传感器，由惯性压阻元件组成的电桥、恒压电路、抗干扰及温度补偿电路等组成。紧急制动时，传感器上的质量块随减速度的大小产生相应的惯性力，施加在压阻元件上，从而改变电桥的电阻，打破了电桥电路的平衡，使传感器输出的电压信号发生变化，即输出一个随减速度变化的电压差。

现以三菱汽车V31、V33车型使用的应变计的半导体型减速度传感器为例，介绍其识别与检测方法。

1. 应变计的半导体型减速度传感器的识别

应变计的半导体型减速度传感器的结构如图9-60所示，其由塑料壳、配重块及包含放大电路、降噪电路和其他元件的复合集成电路组成。壳内装有硅油，以确保最佳动态性能。

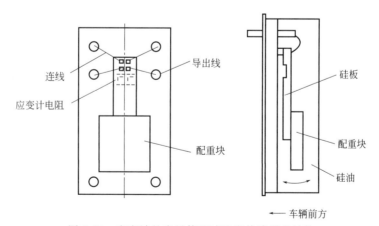

图 9-60 应变计的半导体型减速度传感器的结构

配重块悬挂在硅板上一端，硅板上贴有应变片。当车辆加速或减速时，惯性力作用在配重块上，配重块的运动使硅板上的应变片向其中一方拉长或压缩，引起应变片电阻发生变化，通过桥式电路，将电阻的变化转化为电压的变化，代表纵向的加速度或减速度的大小。其内部电路如图9-61所示，输出特性如图9-62所示。

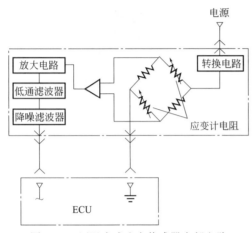

图 9-61 压阻式减速度传感器内部电路

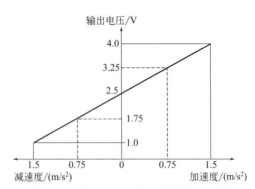

图 9-62 压阻式减速度传感器输出特性

2. 压阻式减速度传感器的检测

压阻式减速度传感器的电路连接如图 9-63 所示。

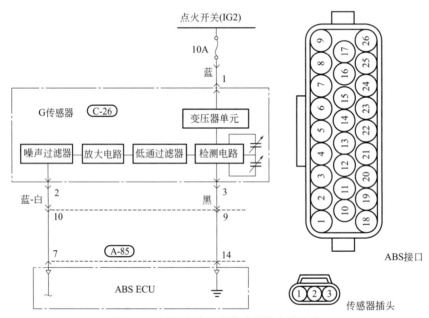

图 9-63 压阻式减速度传感器的电路连接

（1）供电电压的检查　关闭点火开关，断开 G 传感器与 ABS ECU 的插头，打开点火开关，用电压测量压阻式减速度传感器线束侧 1 脚与蓄电池负极间的电压，应为蓄电池电压。

（2）搭铁检查　关闭点火开关，断开 G 传感器与 ABS ECU 的插头，打开点火开关，用电阻挡测量压阻式减速度传感器线束侧 3 脚与蓄电池负极间的电阻，应小于 1.5Ω。

（3）输出信号检查　关闭点火开关，断开 G 传感器插接器，连接专用工具 MB991348（即专用三通插头）测试线束组，在断开的插接器端子间测量，如图 9-64 所示。

使点火开关转到"ON"的位置，读取端子 2 和端子 3 之间的电压，标准值为 $2.4\sim2.6V$。

在连接专用工具 MB991348 的情况下,转动使箭头面朝下,读取在端子 2 和端子 3 之间的输出电压,标准值为 3.4~3.6V。

如果电压值偏离标准值,则确认电源供给线和接地线有无问题,然后更换 G 传感器。

(4) 解码器检测　使用三菱专用解码器 MUT-Ⅱ 进入 ABS 系统,读出数据流,连接方法如图 9-65 所示,相关数据流见表 9-6。

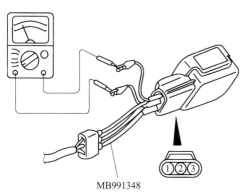

图 9-64　压阻式减速度传感器测量方法

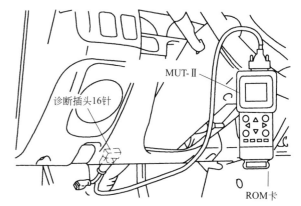

图 9-65　解码器 MUT-Ⅱ 的连接方法

表 9-6　MUT-Ⅱ 有关 G 传感器数据流

项目号	检查项目	检查要求	正常值
32	G 传感器输出电压	车辆处于静止状态(水平)	2.4~2.6V
		车辆处于行驶状态	显示值以 2.5V 为均值波动

如果 G 传感器有故障,查找故障码时会出现代码 32——G 传感器故障。

六、开关式加速度传感器

波许公司 ABS 2S 系统采用的开关型加速度传感器,又称为横向加速度开关,它用于感测汽车的横向加速度。在横向加速度开关中,串联有两对开启方向相反的开关触点,当汽车的横向加速度低于限定值时,两对触点都处于闭合状态,插头两端子通过开关内部构成通路;当汽车的横向加速度超过限定值时,开关中的一对触点在自身惯性力的作用下处于开启状态,插头两端子之间在开关内部形成断路。

开关式加速度传感器的检测如图 9-66 所示。将点火开关置于"OFF"位置,将横向加速度开关线束插头卸下,将欧姆表搭接在横向加速度开关的两个端子上,欧姆表的读数应该为零,如果欧姆表的读数不等于零,则说明横向加速度开关有故障,应更换。

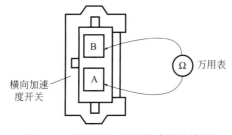

图 9-66　开关式加速度传感器的检测

第五节
横摆角速度传感器与组合传感器的识别与检测

一、横摆角速度传感器

横摆角速度传感器一般安装在车辆中部变速杆旁、后备厢上方、后座椅下方、转向柱下方偏右侧。横摆角速度传感器可以单独安装，也可以与侧向加速度传感器一体。

横摆角速度传感器识别车辆绕垂直于地面轴线方向的旋转角度，记录汽车绕垂直轴线的运动，监测车辆后部因侧滑发生的甩尾，识别车辆实际运动方向，偏转角的大小代表汽车的稳定程度。它的作用类似飞机陀螺，时刻监视着汽车方向的稳定性，确定汽车是发生侧滑或者甩尾，从而使 ESP 发生作用，确保汽车保持相对于垂直轴线的稳定性。没有此信号，控制单元不能识别车辆是否发生转向，ESP 功能将损坏。

宝马在 DSC-Ⅲ 中使用单独的横摆角速度传感器。横摆角速度传感器安装在驾驶座椅下面，检测车辆绕中间轴的旋转信号（横摆率信号）并将其发送到 DSC 控制电脑，DSC 控制电脑提供 5V 电压到传感器，传感器在车辆发生横摆时产生一个 0.25～4.65V 的电压。

二、组合传感器

最初的车身姿态控制系统中纵向加速度传感器、横向加速度传感器和横摆角速度传感器都是单独实现的，随着科技的发展，现在基本都使用了传感器总成（Sensor Cluster）的模式，即将其中的两个或三个传感器设计为一体，与 ECU 连接。最常见的组合传感器为横向加速度传感器和横摆角速度传感器的组合。

与 ECU 连接通信的方式有两种，一种是普通线束连接，另一种是采用新兴的 CAN（控制器局域网）总线与控制单元间以双绞线进行通信。

1. 使用一般电线连接的组合传感器

一汽马自达 6 轿车的 DSC 系统采用了组合传感器，组合传感器安装在驻车制动杆的左侧，由横向加速度传感器与横摆角速度传感器组合而成，用以探测车辆横摆率（车辆转角速度）以及横向惯性力并把信号传输给 DSC HU/CM（动态稳定控制液压控制单元）。当传感器探测到旋转转向叉的转动速度所产生的自转偏向力（科氏力）时，就会按比例形成横摆角速度。当传感器探测到作用在硅检测部件上的惯性力时，就会按比例形成横向惯性力。当车辆保持静止时，组合传感器输出横摆角速度信号和横向惯性力信号，电压为 2.5V，并随着横摆角速度以及横向惯性力变动。组合传感器的外形与输出特征如图 9-67 所示。

组合传感器与 DSC HU/CM 的连接和各端子示意及功用如图 9-68 和表 9-7 所示。

表 9-7 组合传感器与 DSC HU/CM 各端子功用

组合传感器端子	DSC HU/CM 端子	名　　称
C	P	组合传感器的功率输出（为传感器提供+5V 电压）
F	S	组合传感器诊断信号（为 3.5～5.0V 电压）

续表

组合传感器端子	DSC HU/CM 端子	名　称
D	T	横摆角速度传感器输出
A	V	—
B	O	横向加速度传感器
E	Y	组合传感器搭铁

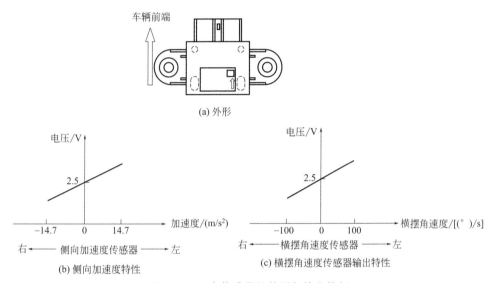

图 9-67　组合传感器的外形与输出特征

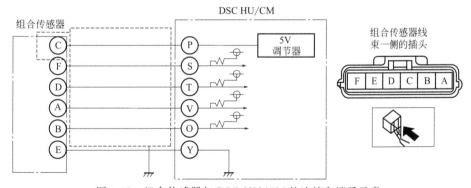

图 9-68　组合传感器与 DSC HU/CM 的连接和端子示意

在检测组合传感器时，应注意不能让传感器跌落，如果传感器受到强烈冲击，应更换。组合传感器的检测方法如下。

(1) 电源检测　将点火开关旋转到接通的位置（发动机关闭），测量组合传感器的端子 C（线束一侧）和地之间的电压，电压应在 4.5～5.5V 之间。

(2) 搭铁电路检测　将点火开关旋转到断开的位置，断开组合传感器，测量组合传感器线束侧的端子 E 与蓄电池负极之间的导通性，正常应导通。

(3) 横向加速度传感器的检测　连接插头，接通点火开关，根据下列内容检查端子 B 和 E 之间的电压。如果不满足要求，说明横向加速度传感器有故障，则应更换横向加速度传感器。

① 水平，B 和 E 之间的电压应为 2.4～2.6V。

② 顶面向上（与水平面上倾 90°），B 和 E 之间的电压应为 3.3～3.7V。

③ 顶面向下（与水平面下倾 90°），B 和 E 之间的电压应为 1.3～1.7V。

(4) 横摆角速度传感器的检测　在静态条件下测定横摆角速度传感器的电压。当摆动速率传感器左右旋转时，测量端子 D 与 E 之间电压，应符合规定，即向右旋转，在 2.5～4.62V 之间波动；向左旋转，在 2.5～0.33V 之间波动。

如果不符合规定，则应更换横摆角速度传感器。

注意：应注意旋转横摆角速度传感器时的旋转位置，因为旋转方向和电压方向相反，所以旋转位置处于相反状态。

(5) 解码检测　诊断 DSC 系统时，可用 WDS 读取故障码，然后根据相关故障码的含义进行相应的维修。当诊断到故障码 C1280、C1730、C1951、C1952 和 C1959 时，参考表 9-8 的故障码设置说明，对组合传感器进行更换或检测线路。

表 9-8　故障码与设置说明

故障码	设　置　说　明
C1280	①横摆角速度传感器水平时输出值大于等于 3,或者小于等于 2 ②横摆角速度传感器输出的电压应保持不变 ③根据轮速传感器、侧面加速度传感器、转向角传感器计算出横摆角速度传感器的估计值，该估计值与横摆角速度传感器的输出值之间的差值超过了规定值
C1730	检测到的组合传感器的电压超过规定范围
C1951	①检测到的侧面加速度传感器的控制器的电压大于等于 4.5V,或者小于等于 0.5V ②在 1s 内,检测大于等于 1.25V 的控制器的电压差在一个周期内出现 8 次
C1952	检测到的横摆角速度传感器的控制器的电压小于等于 3.5V
C1959	①侧面加速度传感器在 0 点的正确值应大于等于 3V,或者小于等于 2 ②从侧面加速度传感器的零件上输出的电压应保持绝对不变 ③根据转向角传感器计算出侧面加速度的估计值，该估计值与横摆角速度传感器的输出值之间的差值超过了规定值

2. 使用 CAN-BUS 连接的组合传感器的检测

新皇冠轿车采用 CAN-BUS 连接的组合传感器，其电路图和端子示意如图 9-69 所示。

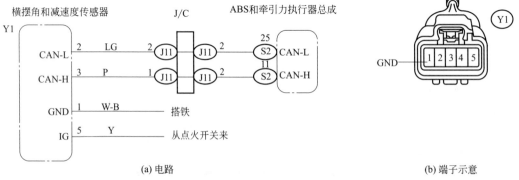

图 9-69　新皇冠轿车采用 CAN-BUS 连接的组合传感器电路和端子示意

检测方法如下。

(1) 电源检测　关闭点火开关，断开横摆角和减速度传感器插头，打开点火开关，用万用表电压挡测量线束端 5 脚与搭铁间电压，正常值应在 10～14V 之间。

（2）搭铁检测　关闭点火开关，断开横摆角和减速度传感器插头，用万用表电阻挡测量线束端 1 脚与搭铁间电阻，正常电阻值应小于 1Ω。

（3）解码器检测　由于该组合传感器使用 CAN-BUS 进行通信。因此检测主要应依靠解码器来进行。组合传感器的故障码见表 9-9。

表 9-9　组合传感器的故障码

故障码	意　义	故障码	意　义
C1279/79	减速度传感器发生故障	C1245/45	减速度传感器故障
C0371/71	横摆角速度传感器输出信号发生故障	C1210/36	未进行横摆角速度传感器零点校正
C1232/32	减速度传感器故障	C1336/39	未进行减速度传感器零点校正
C1234/34	横摆角速度传感器故障	C1381/97	横摆角速度传感器/减速度传感器电源电压故障
C1243/43	减速度传感器故障	U0123	失去与横摆角速度传感器模块的通信
C1244/44	减速度传感器电路开路或短路	U0124	失去与减速度传感器模块的通信

注：C1243/43、C1245/45、C1232/32 具体故障点需查阅维修手册。

第十章

其他传感器的识别与检测

本章所介绍的传感器主要有：应用于电子控制转向系统中的转矩传感器、空调自动控制系统中的日照传感器；应用于汽车灯光控制的光电式光量传感器、装有光电二极管的自动控制用光量传感器；用于检测汽车车灯是否断丝的晶体管式电流传感器、舌簧开关式电流传感器、电阻-集成电路式电流传感器、集成电路式灯泡断丝检测传感器；用于汽车门控电动机上的PTC正温度系数式电流传感器；用于车窗玻璃防霜和结雾的湿度传感器等。

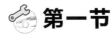

第一节 转矩传感器的识别与检测

转矩传感器主要用于电子控制的转向系统中，如电动助力转向系统、主动转向系统、随速转向系统等。转矩传感器用来测量驾驶人操纵方向盘的转向力矩，并将其转变为电子信号输出至控制单元，从而决定助力的程度和附加角度的大小。

转矩传感器通过检测弹性扭转杆因方向盘的扭矩所产生的变形角度来测量方向盘操纵力矩。当操纵方向盘时，转向扭杆将产生扭转变形，其变形的扭转角与方向盘所受扭矩成正比。因此只要测定扭转角大小，即可知道转向力的大小。

按照测试元件是否与旋转部件接触，转矩传感器可以分为接触式转矩传感器和非接触式转矩传感器。按照工作原理的不同，转矩传感器可以分为霍尔效应式、光电式、电位计式、磁阻元件式、电感式、分相器式等类型。在电子控制的汽车转向系统中应用比较多的是霍尔效应式和磁阻元件式转矩传感器。

一、霍尔效应式转矩传感器

霍尔效应式转矩传感器是利用霍尔效应原理，将驾驶人施加在方向盘上的力矩转换为电信号输送给转向控制ECU。奥迪A6、A7、Q5、Q7等车系采用的霍尔效应式转矩传感器安装在转向机构主动齿轮上。

霍尔效应式转矩传感器结构主要由环形磁铁、定子和定子、霍尔传感器等组成。

在转向力矩传感器上，转向输入轴和转向机构主动齿轮是通过一根扭力杆连接起来的，该扭力杆有一定的抗扭能力。

这种传感器工作时是非接触式的，它利用磁阻效应原理来工作。定子1和定子2之间磁通量强度及方向就是转向力矩的直接量度，由两个霍尔效应式传感器（冗余布置）来测量。根据所施加的转向力矩大小（其实就是扭转角大小），霍尔效应式传感器的信号就在零位和最大位置之间变动。

如果转矩传感器损坏，则必须更换转向器。电控单元识别出故障，并会根据转向角和电动机转子角计算出一个转向力矩替代信号。转向助力功能将逐渐被关闭。

二、光电式转矩传感器

光电式转矩传感器是利用光电转换原理制成的，它具有很高的精确度和可靠性。

光电式转矩传感器由遮光板、扭力杆、光电元件组（包括发光二极管和光敏晶体管）、转矩传感器模块等组成。当方向盘转动时，因转向阻力的存在，扭力杆变形。因此光电元件组输出的光电信号有差异。转向时的扭矩越大，扭力杆变形越大，差异越大，转矩传感器模块则转向 ECU 输出相应的信号。

光电式转矩传感器与光电式方向盘角度传感器的原理基本相同，这里不再赘述。

三、电位计式转矩传感器

电位计式转矩传感器的核心部件是扭力杆和电位计。转向轴中间连接着扭力杆，其作用是将驾驶人作用在方向盘上的转矩转换为扭转角位移。再由电位计将扭转角位移转换为相应的电压输出。

汽车转向时扭力杆的扭转变形使电位计滑片与电阻有相对转动，电位计的电阻相应改变，通过集电环输出相应的电压信号。

四、磁阻元件式转矩传感器

为了感知驾驶人的转向意图，在转向轴中安装一根扭杆。为了测量转动和与此相应的转矩，在扭杆的一侧安装一个磁阻传感器。该传感器检测固定在扭杆另一侧的多极磁轮的磁场。多极磁轮转动，磁阻传感器中的磁阻元件电阻发生变化，从而引起输出电压的变化。该变化的电压经过放大器电路放大后输送到转向控制 ECU，ECU 根据此信号计算转矩。

第二节

光量传感器的识别与检测

光量传感器是一种检测光能的传感器。光量传感器的有日照传感器、光电式光量传感器等类型。

一、日照传感器

1. 日照传感器的识别

日照传感器的结构如图 10-1 所示，主要由壳体、滤波器及光电二极管组成。它通过光电二极管可检测出日光照射量的变化。光电二极管对日光的照射变化反应敏感，而自身不受温度的影响，将日照变化转换成电流变化，根据电流的大小就可以知道准确的日照量。如图 10-2 所示，日照传感器一般安装在仪表板的上侧，

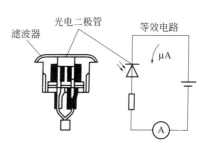

图 10-1 日照传感器的结构

这里容易检测日照的变化。

日照传感器用于汽车自动空调控制系统中,由于它不受环境温度的影响,能够准确地检测出日光照射量的变化,把日光照射量转化为电流,根据电流的大小判断日光照射量,并把信息送入空调 ECU,使 ECU 根据此信号调整车内空调吹出的风量与温度。

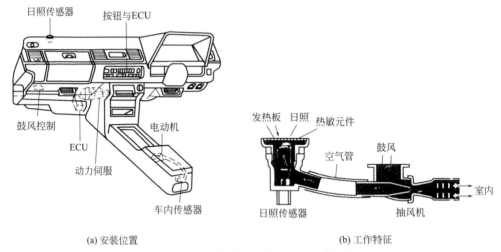

图 10-2　日照传感器安装位置及工作特征

2. 日照传感器的检测

拆下仪表板上的杂物箱,拔下日照传感器导线连接器,用布遮住传感器,测量日照传感器连接器端子 1 与 2 间的电阻值,在正常情况下,电阻值应为∞,应不导通。掀开日照传感器上的布,并用灯光照射日照传感器,继续测量连接器端子 1 与 2 间的电阻值,在正常情况下应为 4kΩ。当灯光逐渐从传感器上移开时,即光照由强变弱时,日照传感器的电阻值应当增加。

另外,还可以拔下传感器连接器,连接好蓄电池和电流表。将传感器放在强光区,测量 1 号端子与蓄电池负极间电流;再将传感器放在弱光区,测量 2 号端子与蓄电池正极间的电流。测量结果为强光区电流应大于弱光区电流,若不符合规定,则应更换传感器。

二、光电式光量传感器

1. 光电式光量传感器的识别

(1) 光电式光量传感器的结构　光电式光量传感器安装在仪表板的上方,到傍晚时,它使尾灯点亮,当天色变得更暗时,前照灯被点亮。当对方来车时,还具有变光功能,这些都是自动完成的。

如图 10-3 所示为光电式光量传感器的结构。光电式光量传感器内装有半导体元件硫化镉,硫化镉为多晶硅结构,在传感器中把硫化镉做成曲线形状,目的是增大与电极的接触面积,从而提高该传感器的灵敏度。它的特性是当周围较暗时,其阻值较大;当周围环境较亮时,它的阻值又会变小。

(2) 灯光控制器系统　其电路如图 10-4 所示。当点火开关接通后,也就是把灯光控制器的转换开关置于 AUTO (自动) 挡,控制器获得传感器输入的信号,自动控制尾灯及前照灯的亮灭。当关闭点火开关后,控制器的电源电路被切断,这时与周围环境条件无关,车灯熄灭。此外,利用灵敏度调整电位器可以调整自动亮灯及熄灯的敏感程度。灯光控制器的

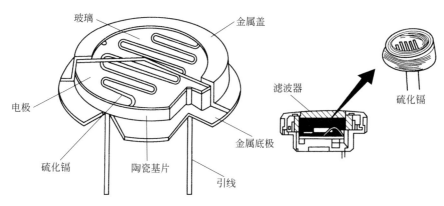

图 10-3　光电式光量传感器的结构

工作情况如表 10-1 所示。

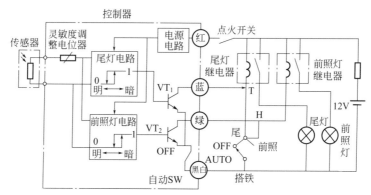

图 10-4　灯光控制器电源电路

表 10-1　灯光控制器的工作情况

周围条件	尾灯电路		前照灯电路		尾灯	前照灯
	输出	TV1	输出	TV2		
明亮(传感器电阻小)	0	OFF	0	OFF	灯灭	灯灭
稍暗(传感器电阻稍大)	1	ON	0	OFF	灯亮	灯灭
很暗(传感器电阻值很大)	1	ON	1	ON	灯亮	灯亮

2. 光电式光量传感器的检测

光电式光量传感器的检测方法与日照传感器的检测方法相似，可以利用改变光照强度，检测传感器电阻的变化情况来判断传感器的工作情况好坏。光照强时，其电阻值小；光照弱时，其电阻值大，若不符合要求，则应更换传感器。

三、装有光电二极管的自动控制器用光量传感器

1. 装有光电二极管的自动控制器用光量传感器的识别

（1）结构　灯光自动控制器可以自动地点亮和熄灭前照灯和尾灯，灯光自动控制器主要由光量传感器、尾灯继电器和前照灯继电器等组成。

如图 10-5 所示为自动控制器用光量传感器的结构，它把自动控制继电器作为混合集成

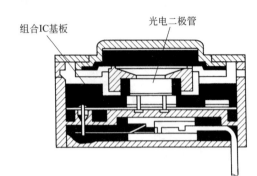

图 10-5 自动控制器用光量传感器的结构

电路的基片,和传感器形成一个整体。

(2)工作原理 如图 10-6(a)所示为光电二极管的工作原理。PN 结上有光照射时,它吸收光能,产生大量的电子和空穴,P 型半导体上产生的电子向 N 型半导体移动,N 型半导体上产生的空穴向 P 型半导体移动。所以,当把半导体分别装上电极并从外部短路时,从 P 侧电极到 N 侧电极有光电流通过,光电二极管就是利用这种现象制作的;光电二极管中的电流与照射到元件上的光量成正比,如图 10-6(b)所示。灯光自动控制逻辑电路如图 10-7 所示,灯光自动控制器的部件工作状况见表 10-2。

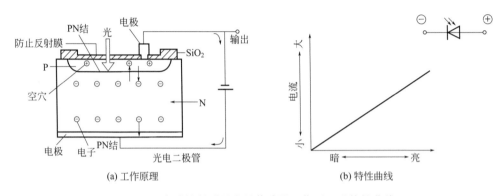

(a) 工作原理　　　　　　(b) 特性曲线

图 10-6 自动控制器用光量传感器工作原理及特性曲线

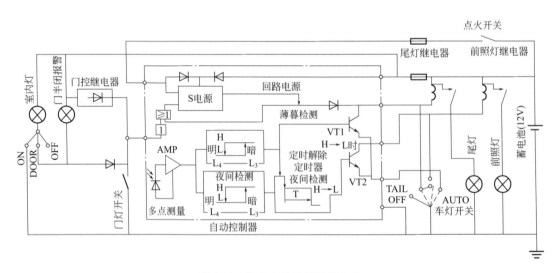

图 10-7 灯光自动控制逻辑电路

表 10-2 灯光自动控制器的部件工作状况

序号	车灯开关	点火开关	驾驶人座上门开关	环境状况	尾灯	前照灯
1	OFF 挡	—	—	—	×	×
2	小灯挡	—	—	—	○	×

续表

序号	车灯开关	点火开关	驾驶人座上门开关	环境状况	尾灯	前照灯
3	前照灯挡	—	—	—	○	○
4	自动挡	ON 挡	OFF 挡	明亮	×	×
5	↑	↑	↑	稍暗	○	×
6	↑	↑	↑	暗	○	○
7	↑	↑	↑	瞬间明亮	○	○
8	↑	OFF 挡	↑	暗	○	○
9	↑	↑	ON 挡	↑	×	×
10	↑	↑	OFF 挡	↑	×	×
11	↑	ON 挡	↑	↑	○	○
12	↑	↑	ON 挡	↑	○	○

注：○表示灯亮；×表示灯灭。

2. 装有光电二极管的自动控制器用光量传感器的检测

装有光电二极管的自动控制器用光量传感器的检测方法与日照传感器相似，可以利用改变环境光照亮度，检测其电阻的变化来判断是否损坏。检查时，随着环境光照的变化，用欧姆表检测输出端，其电阻值应随之变化。光照强，电阻值小；光照弱，电阻值大。否则，应更换该传感器。

四、热释电式红外线传感器

1. 热释电式红外线传感器的识别

热释电式红外线传感器又称红外探头，如图 10-8 所示。它通常安装在汽车内部驾驶人附近，在汽车的防盗控制系统中，它通过红外辐射变化来探测是否有人侵入车内。

热释电式红外线传感器的内部电路如图 10-9 所示。它主要由具有高热电系数的红外热释电体晶片和配合滤光镜片窗口组成。它能以非接触形式，检测出物体放射出来的红外线能量变化，并将其转换成电信号输出。当车内的红外线无变化或变化较小时，无信号输出或输出电信号较弱；当红外线能量变化较大时，它便输出较强的电信号。

图 10-8　热释电式红外线传感器

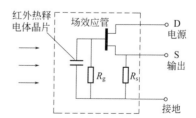

图 10-9　热释电式红外线传感器的内部电路

2. 热释电式红外线传感器的检测

可以利用改变红外线的光照亮度的方法，检测热释电式红外线传感器信号电压的变化来判断其是否损坏。

第三节 湿度传感器的识别与检测

在雨雪天里或者车内外温度较大的时候，车内玻璃，尤其是前挡风玻璃上会凝结出一层雾，严重影响驾驶安全。很多驾驶人没有打开车内空调，通过调节车内湿度来消除玻璃上的雾气这种意识，但车内湿度传感器会自动解决这个问题。湿度传感器可以实时监测车内的空气相对湿度状况。当车内空气相对湿度高于75%时，车内空气中的水分将逐渐凝结成细小水珠，并凝在温差较大的车内壁上，严重影响驾驶人的前方视线。此时，车内安装的湿度传感器便会检测到空气湿度超标，从而ECU会自动打开车载空调系统，并根据车内外的温度合理地自动调节空调温度和排风量，消除车窗内壁的水珠。

湿度传感器主要有热敏电阻式和结露式两种型式。

一、热敏电阻式湿度传感器

1. 热敏电阻式湿度传感器的识别

热敏电阻式湿度传感器主要用于汽车挡风玻璃的防霜和车内湿度的测定。

热敏电阻式湿度传感器上装有由金属氧化物系列陶瓷材料制成的多孔烧结体，传感器就是利用烧结体表面对水分的吸附作用来工作的。当烧结体吸附水分子时，其电阻值发生变化，根据这一变化就可以检测出车内湿度的变化，其结构与特性曲线如图10-10所示。当湿度增加时，传感器的电阻值减少，当相对湿度从0变化到100%时，其电阻值有数千倍变化。这种传感器的电阻值随温度变化而变化，所以给湿度传感器再配以温度补偿热敏电阻后，才能提高测试精度。

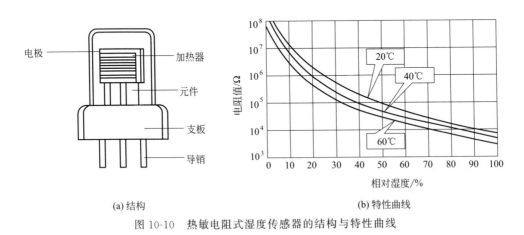

图 10-10 热敏电阻式湿度传感器的结构与特性曲线

2. 热敏电阻式湿度传感器的检测

① 可用万用表测量湿度传感器的电阻大小。当湿度变化时，电阻值应当改变，相对湿度越大，电阻值越小；相反，则其电阻值越大，否则应更换湿度传感器。

② 检测传感器端子间的输出电压。在不同的湿度下，输出电压应符合规定值，否则应进一步检查线束或更换湿度传感器。

二、结露传感器

结露传感器用于检测车窗玻璃的结露,当车窗玻璃湿度较大处于结露状态时,结露传感器使汽车空调运行进行除霜,以确保车内乘员、驾驶人良好的视野,确保行车安全。

结露传感器为密封式,其结构如图10-11(a)所示。它由内部电极、感湿膜片、热敏电阻及铝基板等组成,即在一个陶瓷基板上印制一种高分子半导体电阻材料,引出两端电极,当传感器表面干燥时,分子间接触电阻小,电极两端电阻为1kΩ左右。而当高分子材料吸收水分后,其内部分子空间迅速膨胀,分子间接触电阻变大,使电极两端的电阻率大大增加,其工作特性如图10-11(b)所示。电子控制器通过测试电阻的大小来感知或预知是否发生结露。

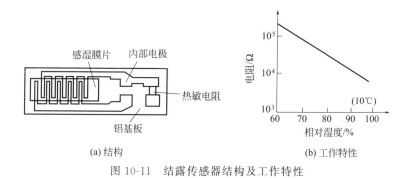

图10-11 结露传感器结构及工作特性

三、空气湿度传感器

空气湿度传感器的所有功能都集中在传感器壳体中。为了能够进行自动除霜功能的自适应控制,空气湿度传感器检测空气湿度、传感器处的相关温度和风窗玻璃湿度三个测量值。

在外界温度很低的情况下,风窗玻璃上部的三分之一会变得非常冷,因而容易起雾。为了能测量该区域的空气湿度,空气湿度传感器安装在后视镜的根部。

1. 测量空气湿度

测量空气湿度,就是确定驾驶室内气态水(水蒸气)所占的比例。空气吸收水蒸气的能力取决于空气温度。空气温度越高,吸收的水蒸气就越多。若富含水蒸气的空气冷却下来后,水分就会冷凝。形成细小水滴并随着在风窗玻璃上。

湿度是通过薄层电容传感器测量的。如图10-12所示,空气湿度传感器的工作模式相当于平行极板电容器。

电容器的电容,即存储电能的容量,取决于电容极板的表面积、间隔以及两极板之间填充材料的特性,此材料叫作电介质。空气湿度测量的基本原理如图10-13所示。这种特殊的电容器可以吸收水蒸气。吸收的水分改变了电介质的电气特性,从而改变了电容器的电容量。所以测得的电容值就表示了空气湿度。传感器电子装置将所测的电容值转换成电压信号。

2. 在传感器处测得的相关温度

为了确定空气湿度,测量位置附近的温度也必须确定。此温度是很重要的,因为空气湿度非常依赖空气的温度。若湿度测量点距温度测量点太远,则该空气湿度可能不准确,因为温度的差异会导致湿度的不同。

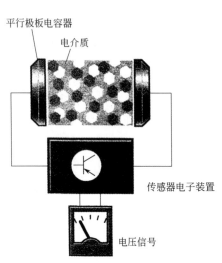 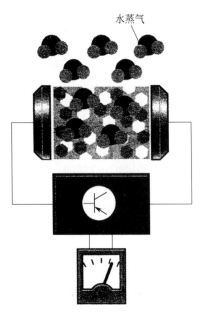

图 10-12　空气湿度传感器的基本结构　　　图 10-13　空气湿度测量的基本原理

3. 测量挡风玻璃温度

测量一个物体（这里是挡风玻璃）的红外线辐射，是用一个高灵敏度的红外线辐射传感器进行的。如果挡风玻璃的温度发生变化，在平垫圈发出的热辐射中，其红外部分也会变化。该传感器检测这种变化，并且传感器电子装置将其转换成电压信号。挡风玻璃温度测量原理如图 10-14 所示。

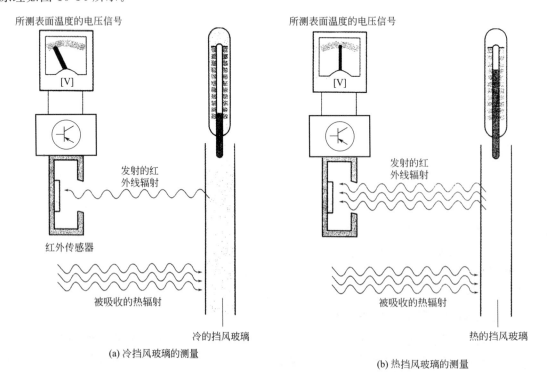

图 10-14　挡风玻璃温度测量原理

奥迪 Q5、A5、A4 等车型采用湿度传感器，传感器的电压在 0～5V 之间线性变化，由此，可以通过湿敏电容湿度传感器测得湿度值，其控制电路如图 10-15 所示。

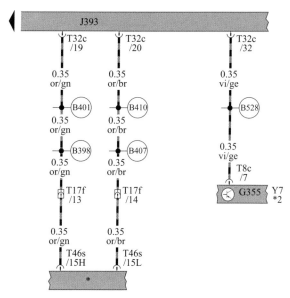

图 10-15　湿度传感器的控制电路

G355—空气湿度传感器；J393—舒适/便捷系统的中央控制单元；T8c—8 芯插头连接；T17f—17 芯插头连接，棕色；T32c—32 芯插头连接；T46s—46 芯插头连接；Y7—自动防眩的车内后视镜；

B407—连接 2（舒适/便捷系统 CAN 总路线，LOW），在主导线束上；

*—见适用的电路图；*2—见基本装备所适用的电路图

第四节

电流检测用传感器的识别与检测

电流检测用传感器有晶体管式、舌簧开关式、电阻-集成电路式等几种。

一、晶体管式电流传感器

晶体管式电流传感器内部设有检测电流用的电阻，使负荷电流流过该电阻，并利用运算放大器（OP 比较电路）将其电压降值与基准电压进行比较，当电流检测电阻上的电压降低于或高于基准电压时，比较器的输出电流点亮报警灯，说明电路有故障，应给予及时检测或更换。

如图 10-16 所示为晶体管式电流传感器电路。制动灯灯丝断开检测系统的电路如图 10-17 所示。这种传感器也可以应用在尾灯电路中。在车上使用 2～4 个灯的电路中，如有 1 个或 1 个以上灯丝断线或总功率不足时，报警灯便被点亮。

电流传感器具有适应灯泡电流的电压补偿特性，其特性曲线如图 10-18 所示。

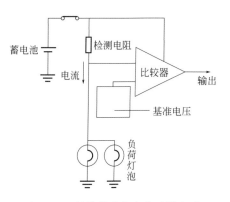

图 10-16　晶体管式电流传感器电路

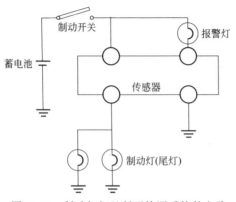

图 10-17　制动灯灯丝断开检测系统的电路

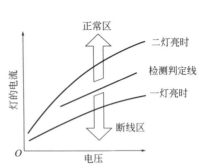

图 10-18　电流传感器的特性曲线

二、舌簧开关式电流传感器

舌簧开关式电流传感器广泛用在汽车照明系统中，主要用于检测制动灯、尾灯、牌照灯及制动灯的灯丝是否有断开的，如果有 1 个或 1 个以上的灯泡断丝时，报警灯点亮。它的外形与结构如图 10-19 所示。舌簧开关式电源传感器在其电流线圈的外面绕有电压补偿线圈，它的作用是防止电压的变化引起传感器的误动作，在该装置骨架的中间设置有舌簧开关。

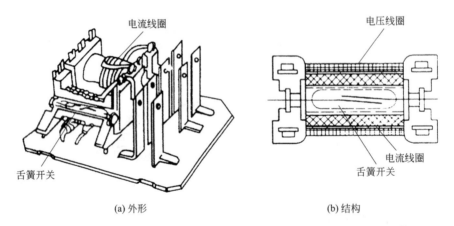

(a) 外形　　　　　　　　　　(b) 结构

图 10-19　舌簧开关式电流传感器的外形与结构

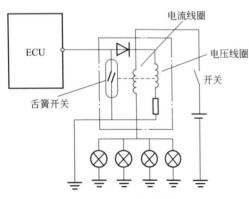

图 10-20　电流传感器的电路

如图 10-20 所示为电流传感器的电路。开关闭合，当灯泡全部工作正常时，若电流线圈中有额定电流流过，则在线圈产生的磁力作用下，舌簧开关闭合。如果有灯泡断丝，相应的电流线圈中的电流就会减少，磁力减弱，使舌簧开关开断开，同时报警灯点亮进行报警。

三、电阻-集成电路式电流传感器

电阻-集成电路式电流传感器用于检测尾灯、牌照灯、制动灯及前照灯是否断丝。当出现断丝时，传感器接通电路，点亮报警灯通知驾驶人。

电阻-集成电路式电流传感器检测灯泡断丝的电路如图 10-21 所示。电路内部有比较放大器 IC1，这是专用于检测灯泡断丝的集成电路，C 点处有基准电压形成。正常情况时电流检测电阻 R_1 上的电流要大于基准电流，A 点电压低于基准电压，比较放大器 IC1 的输出为 0，晶体管 VT_1 截止，报警灯不亮。

当有灯泡出现断丝时，电阻 R_1 上的电流减少，A 点电压升高并高于基准电压，这时比较放大器 EC_1 的输出为 1，晶体管 VT_1 的基极中有电流通过，VT_1 导通，报警灯点亮，向驾驶人发出故障警告。

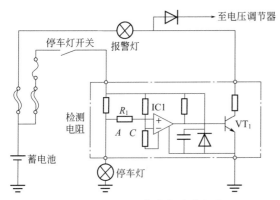

图 10-21　电阻-集成电路式电流
传感器检测灯泡断丝的电路

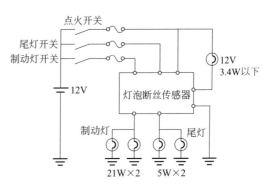

图 10-22　灯泡断丝检测
报警系统电路

四、集成电路式灯泡断丝检测传感器

集成电路式灯泡断丝检测传感器用于检测前照灯、尾灯、制动灯、牌照灯的灯丝状况，它可以检测出灯泡全部点亮时的电流与 1 个灯泡灯丝断开时的电流变化量，然后将断丝或功率不足的信息通过点亮报警灯方式向驾驶人报警，该报警系统电路如图 10-22 所示。

集成电路式（IC）灯泡断丝检测传感器是利用集成电路比较器进行检测的，其特性可用图 10-23 说明，在图中 c 设定在灯全亮时的电流特性 a 与 1 个灯泡断丝电流特性 b 的变化范围之间，由此可以检测出灯泡有无断丝。

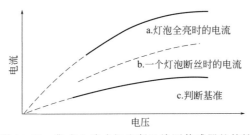

图 10-23　集成电路式灯泡断丝检测传感器的特性

五、制动器摩擦片磨损检测传感器

1. 制动器摩擦片磨损检测传感器的识别

磨损检测传感器用于检测汽车制动器摩擦片的磨损情况。安装在制动钳摩擦片上的传感

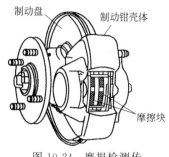

图10-24 磨损检测传感器的安装位置及结构

器如图10-24所示。当制动摩擦片超过磨损允许的限度时，摩擦片磨损情况的检测方法有两种，一种方法是使磨损检测传感器本身被磨损，另一种方法是使其接触磨损检测传感器，然后将此磨损情况转变为电信号输入电控单元，并接通报警电路。

如图10-25所示为磨损检测传感器在盘式制动器上的安装情况。磨损检测传感器用一个安装在摩擦片中的U形金属丝检测，U形金属丝的顶端就处在制动器摩擦块的磨损极限位置上，制动器摩擦片没有磨损到极限位置时，输出电压为0，当磨损到规定限度时，U形金属丝部分被磨断，电路断开，这时输出电压为高电平，异常信号输入电控单元中或通过电阻R接通报警电路，使灯泡点亮。

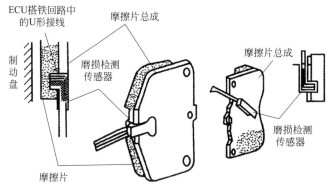

图10-25 磨损检测传感器在盘式制动器上的安装

2. 制动器摩擦片磨损检测传感器的检测

大众CC轿车摩擦片过薄报警系统是由带有传感器的特殊摩擦片、ECU和警告灯组成的。传感器的跨接线置入该特殊摩擦片的一定深度处，当摩擦片磨损到只有2.0~2.2mm的极限厚度时，摩擦片便将传感器的跨接线磨损而断路，该断路信号立即被输送至ECU，ECU便接通报警指示灯电路，使指示灯闪亮，发出警告信号。大众CC轿车制动器摩擦片磨损检测传感器与仪表电控单元的连接电路如图10-26所示。

在车轮制动器摩擦片过薄报警系统的使用中，最常出现的故障是制动器摩擦片还未到更换时，报警系统便报警，警告灯闪亮。造成警告灯闪亮的原因主要：制动器摩擦片磨损到了极限程度（正常），应该予以更换；报警系统本身有故障。车轮制动器摩擦片磨损报警系统的检测方法如下。

① 关闭点火开关，拔下左、右轮传感器插头，若警告灯仍亮，则故障在仪表控制单元，应予以更换；若警告灯闪亮停止，则说明传感器线路正常，而传感器本身有故障，需进一步检查。

② 在关闭点火开关的状态下，插入一侧传感器插头（不插另一侧）。当打开点火开关后，观察警告灯的情况，若警告灯不亮，则说明该侧传感器可能无问题；若警告灯闪亮，则说明该插入侧的传感器损坏。

③ 用同样的方法对另一侧传感器进行检测，若警告灯亮，则说明该传感器有故障。由于损坏的传感器不可拆修，故应更换新件。

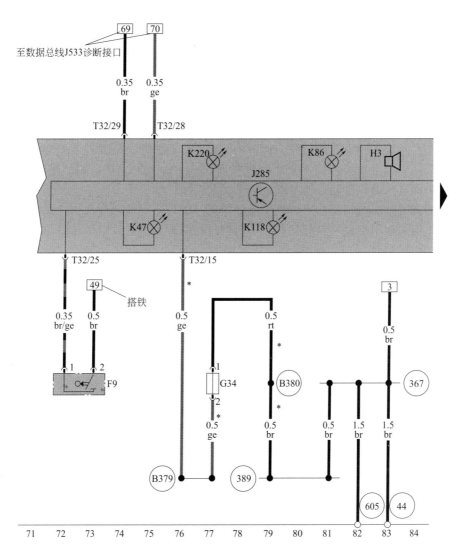

图 10-26　大众 CC 轿车制动器摩擦片磨损检测传感器与仪表电控单元的连接电路

F9—手制动器指示灯开关；G34—左前制动摩擦片磨损检测传感器；H3—警报蜂鸣器和警报器；J285—仪表板控制单元；K47—ABS 指示灯；K86—驱动防滑控制指示灯；K118—制动系统指示灯；K220—轮胎压力监控显示指示；T32—32 芯插头连接；44—搭铁点（左侧 A 柱下部）；367—搭铁连接 2（在主导线束中）；389—搭铁连接 24（在主导线束中）；605—搭铁点（在转向柱上）；B379—连接 1（制动摩擦片磨损显示，在主导线束中）；B380—连接 25（制动摩擦片磨损显示，在主导线束中）；

* —仅用于配备制动摩擦片磨损显示的车辆；

sw—黑色；bl—蓝色；ro—红色；ge—黄色；ws—白色；li—淡绿色；gn—绿色；rs—粉红色；br—褐色；gr—灰色；or—橙黄色

④ 检查 T32/15 与车身搭铁之间的电压，该电压约为 5V。

⑤ 检查 T32/15 与摩擦片磨损检测传感器端子 2 之间的线路导通性，该线路应导通。

⑥ 检查摩擦片磨损检测传感器端子 1 与搭铁之间的线路导通性，该线路应导通。

第五节 雨滴传感器的识别与检测

雨滴传感器又称为雨量传感器,用于汽车自动雨刷系统、智能车窗系统,感知车外是否下雨及雨量的大小,自动调节雨刷运行速度,为驾驶人提供良好的视野,提高雨天驾驶的方便性和安全性。一般在刮水器控制开关置于"AUTO"位置时,可实现刮水器的自动控制。

在汽车自动雨刷系统中,如刮水器开关置于自动(AUTO)挡,则当雨滴传感器感应到挡风玻璃表面有水时,自动启动刮水电动机。

雨滴传感器通常安装在前挡风玻璃中间的顶部,靠近后视镜,通常在内视镜支架座的下方。雨滴传感器壳体密封要求良好,并用不锈钢材料制成。通过硅胶垫粘贴在前挡风玻璃的内侧。

根据检测雨滴的方法不同,雨滴传感器分为流量型雨滴传感器、电容式雨滴传感器、压电式雨滴传感器和光电式雨滴传感器4种类型。常见的有压电式、光电式和电容式雨滴传感器3种。

一、压电式雨滴传感器

压电式雨滴传感器的结构如图10-27所示,由振动板、压电元件、放大器、壳体及阻尼橡胶构成,其核心部分是压电元件。

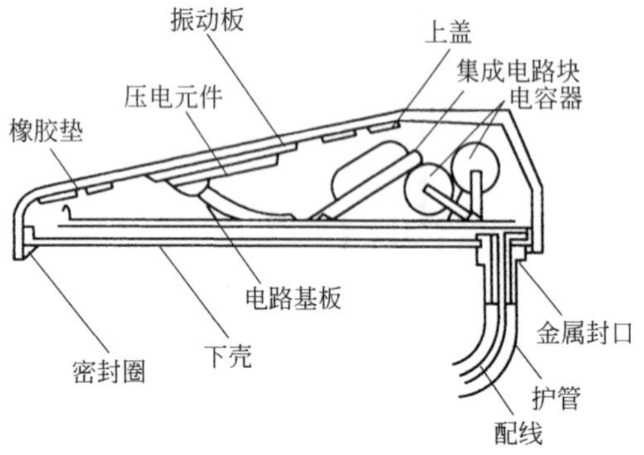

振动板的功用是接收雨滴冲击的能量,按自身固有的振动频率进行弯曲振动,并将振动传递给内侧压电元件上,压电元件把从振动板传递来的变形转换成电压信号。压电式雨滴传感器压电元件的结构如图10-28(a)所示。它是在烧结钛酸钡陶瓷片两侧加真空镀膜电极制成的,当压电元件上出现机械变形时,两侧的电极上就会产生电压,如图10-28(b)所示。当雨滴滴落在振动板上时,压电元件上就会产生电压,电压大小与加到板上的雨滴的能量成正比,一般为0.5~300mV。放大器将压电元件上产生的电压信号放大后再输入刮雨器放大器中。放大器由晶体管、IC块、电阻、电容等部件组成。

图10-27 压电式雨滴传感器的结构

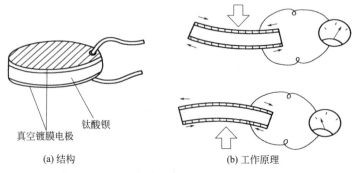

(a) 结构　　　　　　　　(b) 工作原理

图10-28 压电式雨滴传感器压电元件结构及工作原理

振动板通过阻尼橡胶才能在外壳上保持弹性,阻尼橡胶除了可以屏蔽车身传给外壳的高频振动外,它的支撑刚性还可以避免对振动极的振动工况产生干扰。

汽车上所用的间歇式刮水系统的构成如图10-29所示。该系统由雨滴传感器代替了无级调整式间歇刮水器系统内设定刮水间歇时间的可变电阻器。雨滴传感器安装在发动机盖板上,从其承受的雨滴强度与频率感知雨量的大小。间歇式刮水系统根据实际雨量自动控制雨刷器的动作次数,使它在3~52次/min范围内变化。为了使汽车在小雨中行驶方便,刮水器可置于"AUTO"(自动)挡位,如果想使刮水器任意动作,可按下"MIST"开关,则刮水器在按下状态中,以"LOW"方式动作。无雨时,如将刮水器置于"AUTO"位置,则刮水器将以3次/min的速度间歇动作。

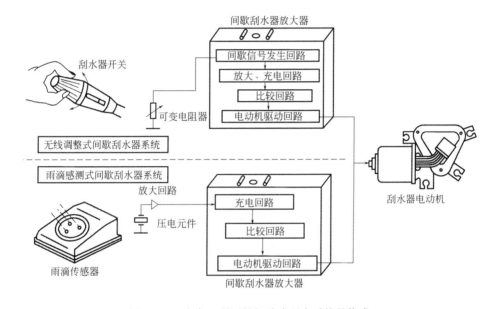

图10-29 汽车上所用的间歇式刮水系统的构成

自动刮水器控制系统电路如图10-30所示,当雨滴触及传感器表面时,在传感器内部产

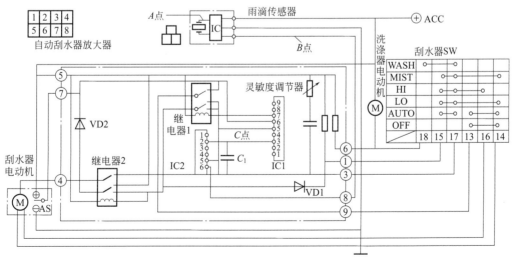

图10-30 自动刮水器控制系统电路
AS为自动停止机构(电动机回转时连接"−"侧,电动机停止时连接"+"侧)

生随雨滴强度和频率变化的电压（A 点在压电元件上产生与雨滴运动能量成正比的电压波形），该电压波形经传感器内部放大电路放大（B 点），存入功率放大器内的充电电路。当存入充电电路的电压信号达到一定值（U_0）时，经过比较电路输入刮水器驱动电路，刮水器随即开始动作。

由于间歇时间（t）与充电电路电压达到 U_0 的速度成正比，所以雨滴能量越高，车速越快，间歇时间也越短；反之则长。

二、光电式雨滴传感器

1. 光电式雨滴传感器的识别

（1）结构　光电式雨滴传感器由 2 个可以发出红外线的发光二极管（LED）、1 个可以接收红外线的光电二极管、1 个透镜和雨滴传感器胶带组成，如图 10-31 所示。

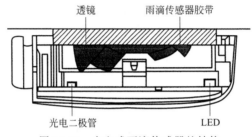

图 10-31　光电式雨滴传感器的结构

（2）工作原理　无雨滴时光电式雨滴传感器的状态如图 10-32(a) 所示。此时两个发光二极管发的光会通过挡风玻璃的反射作用反射到光电二极管上面。

有雨滴时光电式雨滴传感器的工作状态如图 10-32(b) 所示。此时挡风玻璃被浸湿，玻璃表面的光学特性发生了变化，光线发生折射，反射的光线将会减少，光电二极管接收到的光也将减少，于是信号电压就发生了变化。

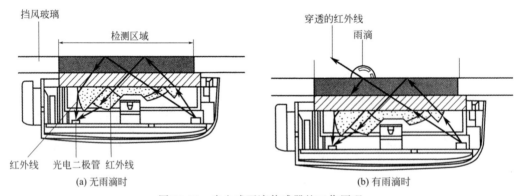

图 10-32　光电式雨滴传感器的工作原理

例如，奥迪 A6L（C6）轿车电控智能刮水组合开关具有间歇、间歇分级、单触刮水、刮水 4 种功能。根据雨量不同，雨滴传感器具备 4 种功能：自动启动刮水器开或关，以 7 种速度工作；雨天会自动打开前照灯，关闭刮水器，停止 5s 再刮水一次；雨天车辆停止后自动关闭车门和车顶。当刮水臂位于间歇时，上述功能启用，雨滴传感器有 4 种敏感程度可以选择。手动选择总是处于优先位置。

2. 光电式雨滴传感器的检测

2016 年款丰田皇冠车系雨刮洗涤系统中采用了光电式雨滴传感器，其电路如图 10-33 所示。

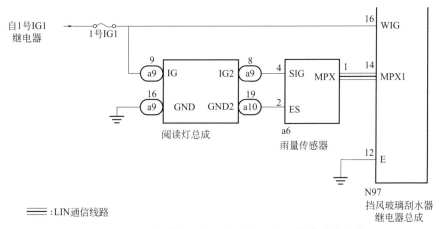

图 10-33　2016 年款丰田皇冠车系光电式雨滴传感器电路

光电式雨滴传感器 a6 端子 4 来自阅读灯总成连接器 a9 端子 8 提供的 12V 蓄电池电压；端子 2 为接地端，通过阅读灯总成连接器 a10 端子 19 在阅读灯内部接地；端子 1 输出传感器信号，通过 LIN 通信线路输送到 N97 挡风玻璃刮水器继电器总成。

光电式雨滴传感器的检测方法如下。

（1）检查光电式雨滴传感器供电　关闭点火开关，拆下雨滴传感器，断开其连接器（图 10-34）；打开点火开关，用万用表电压挡检测端子 4 与车身接地之间的电压，标准电压为 11～14V。

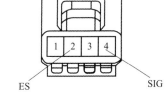

图 10-34　光电式雨滴传感器 a6 端子

（2）检查传感器输出信号　正常连接好光电式雨滴传感器 a6 连接器，使用示波器检测传感器端子 1 输出波形。点火开关打开时应产生脉冲波形。

第六节
视觉传感器的识别与检测

视觉传感器主要用于自适应巡航控制系统、车道偏离预警系统、车道保持辅助系统、汽车并线辅助系统、自动刹车辅助系统中的障碍物检测和道路检测等。

摄像头有单目摄像头和双目摄像头 2 种。有红外摄像头和普通摄像头之分，红外摄像头既适合白天工作，也适合黑夜工作；普通摄像头只适合白天工作，不适合黑夜工作。目前使用的主要是红外摄像头。

广义的视觉传感器主要由光源、镜头、图像传感器、模数转换器、图像处理器、图像存储器等组成，如图 10-35 所示，其主要功能是获取足够的机器视觉系统要处理的最原始图像。把光源、摄像机、图像处理器、标准的控制与通信接口等集成一体的视觉传感器常称为一个智能图像采集与处理单元，内部程序存储器可存储图像处理算法，并能使用 PC 机，利用专用组态软件编制各种算法下载到视觉传感器的程序存储器中,视觉传感器将 PC 机的灵活性、PLC 的可靠性、分布式网络技术结合在一起,用这样的视觉传感器和 PLC 可以更容易地构成机器视觉系统。

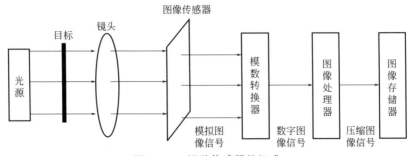

图 10-35 视觉传感器的组成

狭义的视觉传感器是指图像传感器,它的作用是将镜头所成的图像转变为数字或模拟信号输出,是视觉检测的核心部件,主要有 CCD 图像传感器和 CMOS 图像传感器。

一、CCD 图像传感器

CCD 图像传感器用于判断倒车时的障碍物,给出危险告警,运动中判断周围的物体距离自己多近,是否不安全,并提示;自动驾驶时识别地面的色线,使行驶路线不偏离等。

CCD 图像传感器主要由一个类似马赛克的网格、聚光镜片以及垫于最底下的电子线路矩阵所组成。CCD 是一种特殊的半导体器件,能够把光学影像转化为数字信号。CCD 上植入的微小光敏物质称作像素。一块 CCD 上包含的像素数越多,它提供的画面分辨率也就越高。CCD 的作用就像胶片一样,但它是把光信号转换成电荷信号。CCD 上有许多排列整齐的光电二极管,能感应光线,并将光信号转变成电信号,经外部采样放大及模数转换电路转换成数字图像信号。

二、CMOS 图像传感器

CMOS(Complementary Metal Oxide Semiconductor)的中文全称为互补性氧化金属半导体。CMOS 图像传感器是利用 CMOS 工艺制造的图像传感器,主要利用了半导体的光电效应,其与 CCD 的原理相同。

CMOS 图像传感器与 CCD 图像传感器一样,可用于自动控制、自动检测、摄影摄像、视觉识别等各个领域。

CCD 和 CMOS 图像传感器的主要参数有像素、帧率、靶面尺寸、感光度、信噪比和电子快门等。

CCD 和 CMOS 图像传感器的差异如下。

(1) 制造上的差异 CCD 和 CMOS 同为半导体,但 CCD 集成在半导体单晶材料上;CMOS 集成在金属氧化物的半导体材料上。

(2) 工作原理的差异 主要区别是读取视觉数据的方法,CCD 从阵列的一个角落开始读取数据;CMOS 对每一个像素采用有源像素传感器及晶体管,以实现视觉数据读取。

(3) 视觉扫描方法的差异 CCD 传感器连接扫描仪,在最后一个数据扫描完成之后才能将信号放大;CMOS 传感器的每个像素都有一个将电荷转化为电子信号的放大器。

(4) 感光度的差异 CMOS 的每个像素都包含了放大器与 A/D 转换电路,过多的额外设备压缩单一像素的感光区域的表面积,因此在相同像素下,同样大小的感光器尺寸,CMOS 的感光度会低于 CCD。

(5) 分辨率的差异　CMOS 的每个像素的结构都比 CCD 复杂,其感光开口不及 CCD 大,相对比较相同尺寸的 CCD 与 CMOS 感光器时,CCD 感光器的分辨率通常会优于 CMOS。

(6) 噪声的差异　CMOS 的每个感光二极管旁都搭配一个 ADC 放大器,如果以百万像素计,那么就需要百万个以上的 ADC 放大器,虽然是统一制造下的产品,但是每个放大器或多或少都有微小差异存在,很难达到放大同步的效果,对比单一一个放大器的 CCD,CMOS 最终计算出的噪声就比较多。

(7) 成本的差异　CMOS 应用半导体工业常用的 MOS 制程,可以一次将全部周边设施整合于单芯片中,节省加工芯片所需负担的成本和良率的损失;相对地,CCD 采用电荷传递的方式输出信息,必须另辟传输信道,如果信道中有一个像素故障,就会导致一整排的信号拥塞,无法传递,因此 CCD 的良率比 CMOS 低,加上另辟传输通道和外另 ADC 等,CCD 的制造成本相对高于 CMOS。

(8) 耗电量的差异　CMOS 的影像电荷驱动方式为主动式,感光二极管所产生的电荷会直接由旁边的晶体管做放大输出;但 CCD 却为被动式,必须外加电压让每个像素中的电荷移动至传输通道。而这外加电压通常需要 12V 以上,因此 CCD 还必须要有更精密的电源线路设计和耐压强度,高驱动电压使 CCD 的电量远高于 CMOS。

CCD 摄像机和 CMOS 摄像机在使用过程还涉及诸多工作参数。就当前技术现状,CCD 摄像机的灵敏度和解析度均比 CMOS 高,为了能够确保视觉识别的精度和准确度,一般选用 CCD 摄像机作为图像传感器。

第七节

存储式反射镜用传感器的识别与检测

一、存储式反射镜用传感器的识别

存储式反射镜用传感器是指自动存储记忆、调整车门外反射镜的上下、左右方向上角度的一种装置。它由上下和左右方向的 2 组位置传感器组成,其结构和安装位置如图 10-36 所

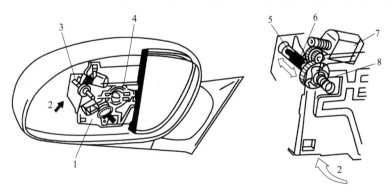

图 10-36　存储式反射镜用传感器的结构和安装位置
1—上下方向位置传感器;2—A 向视图;3—左右方向位置传感器;4—反射镜支架;5—永久磁铁;
6—霍尔元件;7—电动机(左右方向调整);8—驱动轴螺钉

示。它由安装在反射镜的把柄上的霍尔元件和埋入在驱动反射镜用驱动轴螺钉后端部的永久磁铁所构成。

二、存储式反射器用传感器的检测

以丰田雷克萨斯 LS400 型轿车存储式反射镜用传感器为例,说明其检测方法,如图 10-37 所示。

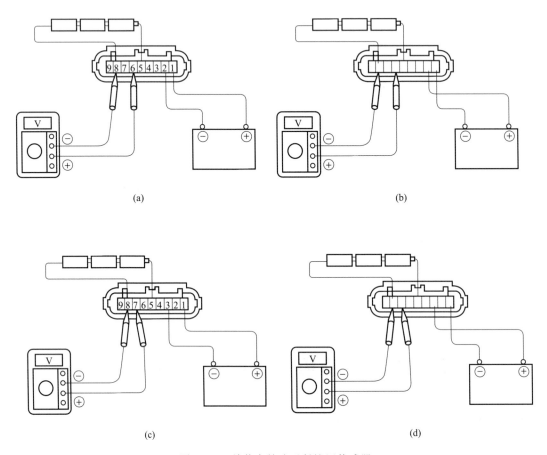

图 10-37　检修存储式反射镜用传感器

① 将 3 节 1.5V 的干电池串联起来后,其正极接传感器端子 5,负极接传感器端子 8。

② 将电压表的正测试棒接传感器端子 6,负测试棒接端子 8。

③ 将蓄电池正、负极接端子 1、2,如图 10-37(a) 所示,其正极接 1,负极接 2;图 10-37(b) 中正极接 2,负极接 1。检测反射镜在最高位置和最低位置之间移动时的电压表所指示的电压值:最低位置时,其值为 2.8～5.0V;最高位置时,其值为 0～0.9V。当反射镜由低至高变化时,电压表所指示的电压值应逐渐减小。若检测的结果不符合规定的值,则应更换存储式反射镜用传感器。

④ 如图 10-37(c)、(d) 所示,将电压表正极接端子 7,负极接端子 8,蓄电池正、负极接端子 1 和 3,观察反射镜由最左位置向最右位置移动时电压的变化情况,见表 10-3。

表 10-3　反射镜位置移动及电压变化情况

反射镜位置		最左	左右	最右
电压/V	左反射镜	2.8～5.0	逐渐减小	0～0.9
	右反射镜	0～0.9	逐渐增大	2.8～5.0

第八节
燃油含水率传感器的识别与检测

一、燃油含水率传感器的识别

目前，电控柴油机的燃油粗滤器普遍带有油水分离器，燃油含水率传感器安装在柴油发动机油水分离器的下方，它是用来探测燃油滤清器中油的含水量的，燃油中的含水量信息被该传感器传送给 ECU，一旦燃油含水量超过传感器的两电极高度时，就会进行报警，提示驾驶人放水。含水率传感器能够在启动后立即向 ECU 触发一个约 1s 的高电平，否则需考虑该传感器是否已损坏。

二、燃油含水率传感器的检测

燃油含水率传感器的检测方法如下。

（1）检测电阻　采用万用表电阻挡，检测燃油含水率传感器②端脚到 ECU 的 A 端脚之间的电阻值，以检查外连接线路是否有断路或短路现象。

（2）供电电压的检测　在拆卸燃油含水率传感器连接件的情况下，打开点火开关，采用万用表直流电压挡，检测传感器线束侧①端脚与搭铁之间的电压是否为 12V 电压。

（3）搭铁的检测　在断开燃油含水率传感器连接件的情况下，采用万用表电阻挡检测燃油含水率传感器线束侧的③端脚与蓄电池负极之间的导通性，正常的电阻值应小于 1Ω。

（4）电阻值的检测　采用万用表电阻挡检测燃油含水率传感器三个端脚之间的电阻值，各端脚之间的正常电阻值见表 10-4。

表 10-4　三个端脚之间的电阻正常值

检测的端脚	①与②端脚之间	②与③端脚之间	①与③端脚之间
电阻值/kΩ	—	约 4	1.5～2.5

三、燃油含水率传感器的检测示例

长城汽车 GW2.8TC 型柴油机的燃油含水率传感器与 ECU 的电路连接如图 10-38 所示。燃油含水率传感器有 3 个接线端子，1 号端子接电源、2 号端子接 ECU 的 K40 端子（信号）。

燃油含水率传感器的检测方法如下。

（1）外线路检查　用万用表的电阻挡测量燃油含水率传感器的 2 号端子与对应的 ECU 的 K40 端子之间的电阻值，判断外线路是否存在短路及断路故障。

（2）传感器电压值测量　关闭点火开关，拔下燃油含水率传感器，打开点火开关，测量

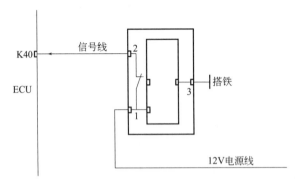

图 10-38　长城汽车 GW2.8TC 型柴油机的燃油含水率传感器与 ECU 的电路连接

线束侧插头 1 号端子与搭铁之间电压值应为 12V 电压，3 号端子电压值为 0V。

（3）传感器电阻值测量　1 号与 2 号端子之间电阻值应为无限大，2 号与 3 号端子之间电阻值应为 4MΩ 左右，1 号与 3 号端子之间电阻值应为 1.5~2.5MΩ。

若故障指示灯常亮，故障码含义为"燃油含水率传感器故障"。可能的故障原因：插拔过程中传感器针脚弯曲、传感器线路虚接，导致信号端子输出电压信号偏差过大；燃油中含水量过大，使两个电极长期处于导通状态，系统便会一直点亮故障指示灯。

 第九节
空调压缩机锁定传感器的识别与检测

一、空调压缩机锁定传感器的识别

空调压缩机锁定传感器安装在空调压缩机的内部，用于检测压缩机的转速，压缩机每转 1 圈，锁定传感器产生 4 个脉冲信号输送给空调 ECU。如果压缩机转速与发动机转速之比小于预定值，则空调 ECU 便使压缩机停转，指示器以约 1s 间隔闪光 1 次。

二、空调压缩机锁定传感器的检测

空调压缩机锁定传感器的检测如图 10-39 所示。

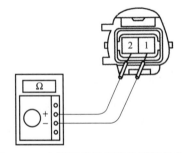

图 10-39　空调压缩机锁定传感器的检测
1,2—端子

测量传感器插接器端子 1 和 2 之间的电阻，在 25℃ 时电阻值为 530~650Ω；在 100℃ 时电阻值为 670~890Ω，否则，应更换传感器。

第十节 汽车导航传感器的识别与检测

汽车导航系统开始只用于显示估计到达目的地的时间和将要行驶的距离,并用作罗盘和方向盘传感器。后来把交通地图编制成数字化数据库的形式,可利用电子地图及在地图上指示当前汽车所处的位置等,这样就要有更多的传感器才能满足各种功能的需要。

汽车导航系统利用车内 GPS 信号接收机接收至少 4 颗 GPS 卫星的信号,确定汽车在地球坐标系的位置,再与汽车导航仪中的电子地图进行匹配,从而将汽车所在的位置在导航仪的显示屏中显示出来。但是当汽车行驶在隧道、高层楼群、高架桥、高山群涧、密集森林等地段时,将与 GPS 卫星失去联系,这时导航系统自动转入自主导航,由车速传感器检测出汽车的行进速度,通过微处理器的数据处理,由速度和时间算出前进的距离,由地磁场传感器直接检测出汽车的前进方向和行驶路线状态。汽车导航系统传感器包括罗盘传感器、车轮转差方向传感器、车速传感器等。

一、罗盘传感器的识别

罗盘传感器通过对地球磁场的感应来测定汽车的方向。该传感器的结构如图 10-40 所示。在环状铁芯上缠绕着励磁线圈,而两个互成直角的感应线圈绕在具有高导磁率的环状铁芯的磁场中心。

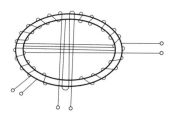

图 10-40 罗盘传感器的结构

二、罗盘传感器的检测

利用地磁制成的罗盘传感器因地磁的强度很小,故很容易受到外界的磁场干扰。因为这种传感器信噪比比较小,当外界的干扰信号和有用信号在同一数量级时,就会使之无法正常工作,所以当汽车经过一条隧道、驶过一座铁桥、与一辆大型卡车并排行驶或把扬声器等强磁场体靠近传感器时,地磁会暂时被扰乱,致使传感器无法正常工作。这种类型的传感器出现故障时,首先看有无上述干扰地磁的现象发生,然后用数字式万用表逐级测量传感器的信号输出是否随汽车方向改变而相应地变化,如发现传感器本身有问题时,可以把传感器有关连接线拆开,对两个线圈进行电阻测量;如发现电阻为零或∞,则说明传感器本身有短路或断路发生。

附录

汽车导线线径、颜色代码与标志

为了便于检测时在线束中查找导线，在电路图中，一般要对导线的线径、颜色甚至所属的电气系统做出标志。

一、导线线径

导线线径是指导线的截面积，一般用数字表示导线的截面积（单位：mm^2）。导线截面积是指经过换算而统一规定的线芯截面积，不是实际线芯的几何面积，也不是各股线芯几何面积之和。

导线的截面积主要是根据其工作电流的选择，但对于一些工作电流特别小的电气，如指示灯电路，为了保证应有的机械强度，汽车电气中导线的截面积不得小于 $0.5mm^2$。各种低压导线标称截面积允许负载电流值见附表1。

附表1　各种低压导线标称截面积允许负载电流值

导线标称截面积/mm^2	1.0	1.5	2.5	3.0	4.0	6.0	10.0	13
允许负载电流值/A	11	14	20	22	25	35	50	60

二、汽车导线颜色

为了便于汽车电路系统的连接与维修，汽车用导线一般使用颜色区分。有单色导线和双色导线，部分车型还有三色导线。

为了便于识别各导线属于哪个电气系统，日本车系的各电气系统都有基准色。如黑色一般用于启动、预热及搭铁线路；白色用于充电系统；红色用于照明系统；绿色用于信号系统；黄色用于仪表系统；蓝色用于其他辅助系统等。不同辅助色的条纹则表达了该系统内的分支。也有的车系标注了导线径和颜色时，还标注了其所系统或线路的代码。

电路图上多以字母（主要是英文字母）表示导线颜色及其条纹颜色。日本常用单个字母表示，个别用双字母表示，其中后一个是小写字母，中国标准大体上与此相同。美国常用2~3个字母表示一种颜色，如果导线上有条纹，则字母较多。德国的不同汽车公司的电路图导线颜色代号各不相同，在读图时要注意。常见车型导线颜色代码见附表2。

附表 2　常见车型导线颜色代码

颜色	中国	英国	美国	日本	本田现代	德国	桑塔纳2000	帕萨特	奔驰	宝马	法国
黑	B	Black	BLK	B	BLK	SW	pr	BK	BK	SW	BL
白	W	While	WHT	W	WHT	WS	br	WT	WT	WS	W
红	R	Red	RED	R	RED	RT	vcr	RD	RD	RT	R
绿	G	Gree	GRN	G	GRN	GN	vc	GN	GN	GN	GN
深绿		Dark Green	DK GRN					DKGN			
淡绿		Light Green	LT GRN	Lg	LT GRN			LTGN			
黄	Y	yelLGw	YEL	Y	YEL		am	YL	YL	GE	Y
蓝	BI	Blue	BLU	L	BLU	BL	az	BU	BU	BL	BU
淡蓝		Light Blue	LT BLU	Sb	LT BLU			LTBU			
深蓝		Dark BLue	DK BLU					DKBU			
粉红	P	Pink	PNK	P	PNK			PK	PK	VS	
紫	V	Violer	PPL	PU	PUR	VI	li	PL	VIPL(YI)	VI	VI
橙	O	Orange	ORN	Or	ORN			OG		OR	
灰	Gr	Grey	GRY	Gr	GRY		ci	GY	GY	GR	G
棕	Br	Brown	BRN	Br	BRN	BK	max	BR	BR	BR	BR
棕褐		Tan	TAN					TN			Br
无色		Clear	CLR					CR			

三、汽车导线标志

汽车导线标志各国虽然不同，但总体来看主要有以下四种。

① 以颜色为导线标志。按电路的重要程度将导线编号，重点线路导线选用醒目的颜色。在 JB/Z 116—75 中，规定单色导线颜色为红、蓝、白、黑、棕、紫、灰、绿、粉，双色导线主要颜色是红/白、红/黑、白/红、白/黑、棕/红、棕/白、棕/黑、绿红、绿/白、绿/黑等。

② 以有一定含义的颜色作为导线标志。这种标志优点是能较快地识别导线属于哪个电路系统，能大致找到控制开关。如果一个开关控制的电气属于一个系统，则底色就全部相同，靠条纹来区分。

③ 以数字和字母作为导线主要标志，颜色作为辅助标志。当电路特别复杂时，仅用颜色作为导线标志容易混淆，因此在导线上印上数字或字母作为各条电路识别标志，可做到准确无误。

④ 用有一定含义的数字、字母作为主要标志，颜色作为辅助标志。

电气上各种接线柱实行了有一定含义的数字或字母标记，比如 30 表示与蓄电池火线正极直接相接的接线柱，50 是起动机磁力开关线圈接线柱，31 是搭铁接线柱……欧洲许多国家都沿用这些接线柱标记。

导线的截面积标注在颜色代码前面，单位为 "mm^2" 时不标注。例如，1.25R 表示导线截面积为 $1.25mm^2$ 的红色导线；1.0G/Y 表示导线截面积为 $1.0mm^2$ 的双色导线，主色为绿色，辅助色为黄色。

参 考 文 献

[1] 栾琪文.汽车电控柴油机结构原理与维修.北京：机械工业出版社，2007.
[2] 宋年秀，刘超，杜燕蕊.怎样检测汽车传感器.北京：机械工业出版社，2007.
[3] 姜立标.汽车传感器及其应用.北京：电子工业出版社，2010.
[4] 舒华.汽车电子控制技术.北京：人民交通出版社，2002.
[5] 麻友良.汽车电器与电子控制系统.北京：电子工业出版社，2007.
[6] 司传胜.汽车故障诊断与维修.北京：中国电力出版社，2007.
[7] 温国标.汽车电气设备构造与检修.北京：机械工业出版社，2008.
[8] 于文海.车载网络系统原理与检修.北京：电子工业出版社，2008.